Coacher avec la PNL

Caisse à outils
du pédagogue du XXIe siècle

2e édition

La *Chronique Sociale* est à la fois un organisme de formation et de recherche et une maison d'édition. Fondée à Lyon en 1892, elle s'est préoccupée dès ses origines de sensibiliser aux évolutions de la société et de suggérer une organisation de la vie collective plus solidaire et plus respectueuse des personnes.

Actuellement, les ***Éditions de la Chronique Sociale*** publient des ouvrages et des jeux pédagogiques qui contribuent à mettre en œuvre ces orientations. Issus de pratiques professionnelles et sociales, ils sont au service de tous ceux qui s'efforcent de mieux comprendre le monde.

Chacun pourra s'approprier ces outils et les utiliser, tant pour son développement personnel que pour une action collective efficace.

Pour plus d'informations :
www.chroniquesociale.com

Couverture : Sur une proposition de l'auteure

Responsable des Éditions : André Soutrenon

Correction : Gil Mozzo

Imprimeur : Sepec

Chronique sociale, Lyon, Dépôt légal : novembre 2014

Impression & brochage sepec - France - Numéro d'impression : 01692141104

IMPRIM'VERT®

PEFC™ 10-31-1470 / Certifié PEFC / Ce produit est issu de forêts gérées durablement et de sources contrôlées. / pefc-france.org

Christiane Grau Martenet

Coacher avec la PNL

Caisse à outils

du pédagogue du XXIe siècle

2e édition

Pédagogie
formation

l'essentiel

Chronique Sociale 1, rue Vaubecour - 69002 Lyon
Tél. : 04 78 37 22 12

Remerciements

Ma gratitude va aux personnes qui depuis de nombreuses années participent à mes formations. Par leur engagement et leurs intérêts, elles m'ont amenée à grandir, à poursuivre mes recherches et à réaliser jour après jour ma vision d'un monde en croissance, où chacun peut danser sa vie originale en harmonie avec tous les autres.

Mes remerciements sincères s'adressent particulièrement à Yannick Claivaz, Catherine Beysard, Angeline Borgeaud, Catherine Gagliardi et Anne Lugon, pour leurs encouragements et la relecture critique de certaines parties du livre.

Pour les aides techniques et le soutien inconditionnel, merci à mon amie Ana Paula Damasceno.

Merci encore à mes filles Violaine Martinella-Grau et Anne-Christel Zeiter-Grau, pour leurs critiques pertinentes et la relecture finale.

Je veux aussi exprimer ma reconnaissance aux formateurs qui ont initié mes apprentissages, aux auteurs à qui j'ai emprunté des idées.

Coacher avec la PNL

Préface

J'aimerais commencer cette préface en remerciant Christiane qui me fait l'honneur de cette invitation. Notre rencontre remonte à quelques années lorsqu'avec une amie commune, Georgette Lima, nous avons débuté la PNL au Portugal avec Christiane comme formatrice. Différents cours de *Technicien* et *Praticien* en PNL ainsi que d'autres séminaires thématiques furent réalisés. Lors de ma propre formation de *Maître Praticien* conduite par Christiane, nous sommes allés plusieurs fois en Suisse, en France, en Belgique ce qui nous a permis de rester en relation et de consolider notre envie de maîtriser tous les outils que la PNL nous propose. À partir de là, Christiane a éprouvé la nécessité de mettre dans un livre beaucoup des contenus qui ont été travaillés dans ces cours, maintenant c'est fait. Ce livre, en plus de constituer un manuel pour les formations en PNL, peut aussi favoriser le développement personnel des gens et leur évolution en tant qu'êtres humains, les aidant ainsi à affronter leurs difficultés au quotidien.

Le titre du livre *Coacher avec la PNL – La caisse à outils du pédagogue du XXIe siècle,* est en soi un défi pour tous ceux qui travaillent dans les domaines de l'éducation, de la formation, de la relation d'aide, du sport et autres professions de l'humain.

La Programmation neurolinguistique (PNL), est fondamentalement une théorie d'apprentissage qui défend qu'il vaut mieux s'intéresser à comment les choses fonctionnent, plutôt que de savoir pourquoi elles ne fonctionnent pas, ce qui permet de potentialiser les ressources personnelles de l'individu, ou comme le dit Bach[1] « *Apprendre c'est découvrir ce que l'on sait déjà.* », rappelant, Ausubel[2] pour qui le «... *facteur le plus déterminant dans l'apprentissage est ce que l'élève sait déjà* ».

En soi, le processus d'apprentissage est fondamentalement un processus de communication et la communication un *sport de contact.*

Pour que le message passe, il est nécessaire que qu'il y ait d'abord une connexion émotionnelle faisant appel au système limbique de l'interlocuteur (élève, athlète, client, etc.). C'est seulement une fois la barrière relationnelle dépassée, lorsque l'interlocuteur est de notre côté, confiant et intéressé, qu'il est possible de lui faire passer les informations. Dès lors les faits, les images, les idées et théories peuvent être travaillés par la logique du cortex.

On a longtemps considéré que parler du cerveau c'était parler de l'esprit, de la raison et de l'intelligence.

1. Richard Bach, 1992, p. 46-47.

2. Ausubel, 1978.

Aujourd'hui, nous savons que nos émotions, sentiments et valeurs ont un rôle extrêmement important dans la façon de gérer notre vie intellectuelle et affective, pour travailler plus efficacement, apprendre mieux et plus intelligemment, mieux communiquer et vivre de façon plus harmonieuse avec les autres.

De l'énorme potentiel de notre système nerveux (on possède des milliards de neurones et de circuits synaptiques), nous n'utilisons que le 10 %. Que faisons-nous des 90 % restants ? Sans aucun doute, si nous les passions à utiliser davantage nos émotions, à leur donner de l'attention plutôt qu'à les reléguer au second plan, la maximisation de notre potentiel cérébral deviendrait une réalité, ce qui nous rendrait plus efficace, compétent et heureux.

Ainsi, la PNL crée et met à notre disposition des techniques et des outils précis, originaux et efficaces pour communiquer, pour savoir utiliser notre meilleur potentiel intellectuel, déterminer nos objectifs et valeurs, puis utiliser efficacement les compétences de nos modèles.

Decker et Denney (1992), dans *You've got to be Believed to be Heard*, affirment que le succès du professeur, et par conséquent de l'élève, n'est pas tant le résultat de ce qui est enseigné (contenu), mais de la capacité du professeur à instaurer une relation de qualité avec l'élève.

Comment réussir cela ?

Chacun de nous développe un modèle du monde spécifique et unique comme décrit dans ce livre. Cette notion est essentielle car recueillir des informations précises sur l'autre est à la base de n'importe quelle relation efficace.

Pour donner un exemple de cette situation, je vous parlerai de ce qui se passe avec les professeurs d'éducation physique et les entraîneurs sportifs. Le rôle du professeur/entraîneur est très important dans la formation et le développement des jeunes sportifs, tant pour augmenter leur rendement que dans des effets contre-productifs, comme par exemple l'abandon.

Cette importance est confirmée par la littérature sur l'intervention du professeur/entraîneur sportif, qui démontre que l'entraîneur est un des principaux facteurs de l'abandon du sport par les jeunes. En effet, de nombreux entraîneurs interagissent avec les jeunes comme s'ils étaient adultes et experts, sans faire de distinction entre jeunes inexpérimentés et athlètes d'élite performants, physiquement et psychologiquement matures.

D'autres raisons sont liées aux objectifs des professeurs/entraîneurs. L'analyse des réponses d'un groupe d'entraîneurs a révélé leur préoccupation du développement physique, psychologique et social des jeunes ; nous vérifions malgré cela dans la réalité de l'entraînement, un important conflit de valeurs et une forte centration sur la performance.

L'observation de terrain nous montre aussi que les entraîneurs n'ont pas besoin de papiers (ils peuvent utiliser la peur, l'intimidation, la coercition, pour transformer quelques enfants en athlètes médaillés d'or), qu'ils ne connaissent pas les bases nécessaires à l'entraînement des capacités sportives, à la sécurité et au succès des jeunes. Plus grave encore, *certains ne savent même pas qu'ils ne savent pas ce qu'ils devaient savoir.*

Feltz (1992), précise qu'environ 80 % des enfants qui s'initient au sport, abandonnent. La façon d'agir des professeurs/entraîneurs en est l'une des causes les plus significatives. De ces 80 %, environ 60 % résultent de mauvais traitements, de conduites punitives, d'entraînements excessifs, de *compétitionite* aiguë, de manque de renforcements positifs et autres actions négatives des entraîneurs.

Abascal et Ucha (1994) dans une étude en école d'initiation sportive, avec 457 nageurs, ont mis en évidence que 4 garçons sur 10 et 3 filles sur 10, abandonnent le sport à cause de difficultés avec leurs entraîneurs.

Au contraire, Eugenio George Lafita, entraîneur du *Volleyball Cubain* fut considéré comme le meilleur entraîneur du XXe siècle pour les résultats sportifs, comme pour la formation globale de ses athlètes (Ucha, 2011).

Alors que devons-nous faire en tant que professeur/entraîneur ? À mon avis, cinq domaines fondamentaux doivent être travaillés (dont la communication, les mécanismes d'apprentissage, la gestion du stress et des émotions) pour que l'entraîneur puisse créer et développer un climat dans lequel chaque membre de l'équipe trouve un maximum d'occasions de réussite.

Même si je n'ai ici ni la place ni le temps d'évoquer ces cinq domaines, je ne voudrais pas manquer de souligner certains aspects relatifs à l'apprentissage et à la poursuite de l'excellence (expertise). Ainsi, dans le processus de décision (qui est continu), certains aspects sont conscients et verbalisables, pour d'autres la verbalisation est presque impossible. Les premiers sont désignés dans la littérature comme *connaissances déclaratives* et les autres comme *connaissances procédurales*. Les connaissances déclaratives résultent des connaissances de base du sport spécifique. La connaissance procédurale est inconsciente et automatique, elle est utilisée en situation de grande contrainte temporelle et se manifeste dans l'action que l'athlète effectue sur la base des informations qu'il recueille dans l'environnement, et en fonction de cette information « il sait » qu'il doit réaliser quelques actions spécifiques. Si on lui demande pourquoi il a réagi de cette façon, probablement répondra-t-il « parce que ça doit être ainsi ».

Cette connaissance s'acquiert au fil de nombreuses heures de *pratique délibérée*. La littérature mentionne une dizaine d'années ou dix mille heures de pratique (20 heures par semaine, 50 semaines par an) pour qu'un athlète devienne un champion. Toutefois, cet entraînement, en plus de la durée, doit également tenir compte de la qualité de la pratique. La recherche sur la qualité et la quantité de la pratique a démontré que les deux aspects sont prédictifs et déterminants de la réussite (Baker & al. 2003). La pratique de la qualité est structurée de manière à garantir la flexibilité et un haut niveau d'exigence (le plus proche possible de la réalité).

La flexibilité s'applique aux situations-problèmes, aux méthodes utilisées (vidéo, visualisation mentale) au temps (horaires, séances). La pratique correctement orientée produit l'élargissement des représentations mémorisées, ce qui permet à l'athlète d'avoir une connaissance approfondie des situations. Ainsi, les professeurs/entraîneurs doivent tenir compte de cette situation et préparer leurs athlètes dans ce sens-là, orienter leur pratique pour atteindre cet objectif.

Dans ce sens, ce livre/manuel est un excellent moyen pour tous ceux qui interagissent « avec autrui » pour acquérir et développer les outils nécessaires à une intervention efficace, parce que nous voyons que les différents chapitres de cet ouvrage contiennent ces thématiques et d'autres relatives à la santé et au bien-être psychologique du professeur/entraîneur.

Ainsi, les thématiques et l'excellence de l'auteure, acquises depuis de nombreuses années de pratique de formatrice en PNL et d'utilisation de différents outils de coaching, constituent la garantie que cet ouvrage sera un instrument d'une importance fondamentale, tant pour les enseignants/entraîneurs et tous ceux qui collaborent avec eux, que pour le développement efficace des élèves/athlètes et pour tous ceux dont l'excellence constitue un objectif de vie et d'intervention professionnelle.

José Alves, Ph. D.
Professeur à CESPU – Institute Universitaire des Sciences de la Santé
Master Praticien en PNL

Références

Abascal, J. L. & Ucha, F. G., « Relación de la motivación con otros factores de personalidad en uno equipo infantil de natación », *1 Conferencia Internacional de Deportes de Alto Rendimiento*. La Habana, 1994.

Alves J., *Œltima Lição ? Como Tornar a Aprendizagem Eficaz,* Edições ESDRM, 2010.

Baker J., Horton, S., Robertson-Wilson, J. & Wall, M., « Nurturing sport expertise : Factors influencing the development of elite athlete », *Journal of Sports Science and Medicine*, 2, 1-9, 2003.

Feltz D.-L., « Understanding motivation in sport : A self-efficace perspective », in G.-C. Roberts (Ed.), *Motivation In Sport*, Human Kinetics, 1992, p. 93-105.

Martens R., *Coaches Guide to Sport Psychology*, Human Kinetics, 1987.

Ucha F.-G., « Psicologia do Desporto aplicada ao papel do treinador », in J. Alves e A. P. Brito (Eds.), *Manual de Psicologia do Desporto para Treinadores,* Visão e Contextos, 2011, p. 23-46.

Pédagogie, *coaching* et PNL

Les acquisitions ne se font pas comme l'on croit parfois, par l'étude des règles et des lois, mais par l'expérience. Étudier d'abord ces règles et ces lois, en français, en art, en mathématiques, en sciences, c'est placer la charrue devant les bœufs.

C. Freinet

En tant que formatrice de travailleurs sociaux et d'enseignants depuis plus de trente ans, il me paraît évident – et c'est banal de le souligner – que les nouveaux paradigmes de nos sociétés occidentales, exigeant de plus en plus de performances dans tous les champs de l'expérience humaine, mettent tous les âges et toutes les couches de la population sous pression. Dès lors, émerge une forte demande d'aide de la part des enfants et adolescents en difficultés sociales ou scolaires, des retraités et adultes en recherche de sens, des familles, des couples, des professionnels de l'éducation, de la santé, du social, des services ou de l'industrie.

Agir pour élever des personnes en perpétuelle adaptation au monde, en vue de les aider à réaliser de manière équilibrée leur plein potentiel physique, affectif, intellectuel et social, n'est pas une petite affaire. Favoriser le déploiement du meilleur possible, contribuer à construire des personnalités, nécessite de remplir un nombre considérable de conditions.

Beaucoup d'ouvrages traitent de la croissance des êtres humains. Beaucoup d'approches, en psychologie, en développement personnel, en coaching, en thérapies de toutes sortes, prétendent détenir la clé des changements utiles à une qualité de Vie satisfaisante. Mais comment s'y retrouver ? Quelle approche choisir pour soi-même ou pour aider les autres à atteindre leurs objectifs ?

Mon but ici est de rassembler, à partir de ma compréhension et de mes expériences personnelles et professionnelles, de multiples approches réparties dans de nombreux ouvrages publiés sur des dizaines d'années. L'intérêt de cette synthèse réside dans son *aspect pratique*. J'ai choisi celles qui m'apparaissent les meilleures théories et techniques pour éduquer, former, coacher… puis j'ai présenté de manière cohérente et opérationnelle COMMENT les utiliser pour favoriser l'évolution humaine.

Traditionnellement et étymologiquement, c'est à la pédagogie que revient la tâche de conduire les enfants, petits et grands, de les éduquer, et les professionnels de la relation d'aide s'y réfèrent pour exercer leur activité. Mais à une époque où l'esprit analytique règne encore en maître, favorisant l'individualisme forcené, la fragmentation sociale, la réduction du monde à des chiffres, à des statistiques et des données désincarnées, la notion de pédagogie change. Il faudrait distinguer les théories, notions, méthodes, modèles, systèmes, dispositifs, démarches, styles et autres mouvements pédagogiques. Ce riche vocabulaire ne fixe toutefois pas vraiment les concepts de manière consensuelle.

Je n'ai pas la prétention d'avoir inventé ou réinventé la pédagogie, j'en choisis ici surtout *l'axe méthodologique, les règles et procédés utiles* à favoriser le meilleur apprentissage. En tant que théorisation de l'action éducative, la pédagogie réunit des savoirs scientifiques et pratiques, des compétences relationnelles et sociales, soit toutes les qualités requises de la part de l'enseignant pour transmettre les connaissances et assurer l'éducation. Dans ce sens, on peut considérer qu'elle ressemble au *coaching,* ou que le *coaching* est une pédagogie.

Le *coaching*, initialement réservé au monde sportif, entre aujourd'hui en force dans le domaine de la psychologie, du développement personnel, de l'entreprise et intéresse tout un chacun sans toutefois être encore considéré comme une méthode pédagogique par les milieux académiques. Ceci s'explique peut-être par le fait que malgré l'existence de nombreuses associations de *coachs,* les définitions du *coaching* dépendent de la pratique professionnelle des *coachs* qui les ont formulées.

Cependant, presque toutes les définitions soulignent les *éléments-clés* caractéristiques de cet accompagnement :

- c'est le client lui-même qui clarifie ses objectifs avant de s'engager rapidement dans l'action, grâce à une relation personnalisée avec le coach qui l'invite à développer son potentiel ;
- l'accent est mis sur l'émergence de solutions concrètes, propres à la personne ou à l'équipe ;
- le processus se concentre sur la situation présente du coaché et sur ce qu'il est prêt à mettre en œuvre pour atteindre ses objectifs avec un maximum d'autonomie.

Dans son acception courante, le *coaching* s'applique souvent au monde de l'entreprise et, pour diverses raisons, il nécessite impérativement une **réflexion éthique.** En outre, ce terme risque parfois de maintenir l'intervention dans la recherche obsessionnelle de la performance, même si les bons *coachs* sportifs et artistiques favorisent l'accès de leur client à l'ensemble de ses ressources, pour l'aider à devenir de plus en plus lui-même. Cet aspect rejoint les théories pédagogiques à privilégier aujourd'hui.

Au début du XXIe siècle, la PNL constitue l'une des approches parmi les plus rapidement et durablement efficaces en *coaching*. Si la PNL s'avère si précieuse, c'est qu'elle précise *quatre axes* d'un travail de qualité :

- elle clarifie de manière simple la compréhension du comportement humain, compréhension de plus en plus confirmée par les neurosciences ;
- elle pose les bases d'une communication dont l'efficacité n'est pas due au hasard ;
- elle préconise une méthodologie structurée, respectueuse de l'individualité propre du client ;
- elle développe un grand nombre de stratégies de changement originales ; elle offre au professionnel une diversité d'outils à partir desquels il crée une démarche particulière, compte tenu, d'une part, de la structure de fonctionnement du client, d'autre part de l'interaction spécifique que ce dernier entretient avec la réalité pour qu'elle lui pose problème.

Le *coaching*, enrichi de la PNL, s'affranchit résolument des démarches qui mettent l'accent sur la compréhension du passé. C'est donc une pédagogie dynamique qui suscite chez le client l'émergence de ses propres ressources pour faciliter le changement dans la perspective d'un mieux-être, pour mieux vivre en meilleure santé, malgré les contraintes de l'environnement.

C'est une approche de développement personnel utilisable par tous les formateurs dans les divers champs de l'expérience humaine. Si d'emblée, nous prétendons servir tous ces contextes, c'est que la méthodologie préconisée ici s'appuie sur le constat que les mêmes processus, les mêmes lois, sont à l'œuvre de l'infiniment petit à l'infiniment grand, dans le développement personnel et la vie professionnelle, dans les apprentissages scolaires et les entraînements sportifs, dans la croissance humaine et dans la guérison.

Il s'agit d'une forme de pédagogie dynamique où la question n'est plus POURQUOI la personne est en échec, mais **COMMENT** elle va **s'y prendre pour créer un futur à la hauteur de ses aspirations.**

Le cadre d'un *coaching* en PNL se veut ainsi ouvert. C'est souvent une problématique complexe – stress, conflit, angoisse, dépendance, échec, séparation, deuil, chômage, *mobbing* (harcèlement)… – qui amène le client à consulter ou à être dirigé vers un professionnel censé l'aider. La demande n'est pas forcément très claire. Dès lors la frontière entre thérapie, appui pédagogique ou psychologique, éducation, soutien à la résolution de problèmes… et *coaching* n'est pas d'emblée facile à déterminer.

Plus précisément, à partir de l'exploration de l'objectif à atteindre en remplacement de la situation présente insatisfaisante, le coaché apprend activement à créer les changements nécessaires pour :

- installer rapidement un état interne serein ;
- régler les séquelles du passé qui le freinent encore au présent ;
- élaborer son projet de vie et développer les ressources utiles à le réaliser.

Cette démarche est menée par le praticien pédagogue de manière individualisée, compte tenu des caractéristiques du client et de ses valeurs.

Le coach doit être un professionnel compétent, capable d'analyser la demande, d'entendre la souffrance qui la fonde et d'y donner une réponse adéquate. Si à l'issue de l'accompagnement, le *coach* constate que le processus a pris une orientation thérapeutique ou parathérapeutique, il se doit d'avertir son *coaché* que les questions auxquelles il s'affronte dépassent le cadre d'une relation d'aide ordinaire. Il serait en effet prétentieux et illusoire de penser qu'une pathologie qui a mis des décennies à se construire puisse totalement se régler en quelques séances de *coaching*. Ceci étant, en pratiquant la PNL avec compétence, il y a peu de risques d'amplifier les difficultés du *coaché,* même si celui-ci présente une structure pathologique. Écouter, reformuler, conduire au choix d'un objectif avec un bon sens humain s'apprend d'ailleurs plus en pratique qu'en théorie.

Toutefois, il est bien évident que pour conduire une personne sur la voie de sa réalisation personnelle, le formateur doit préalablement s'être spécialisé dans divers domaines et disposer, en plus, de la meilleure pédagogie pour aider.

Aussi, les termes : client, éduqué, *coaché,* élève, explorateur, sujet, personne… pour qualifier le destinataire, et : *coach,* professionnel, praticien, pédagogue, enseignant, formateur, consultant, guide… pour qualifier le professionnel de l'intervention, seront utilisés presque indifféremment dans tout le livre.

Si vous êtes thérapeute, enseignant, entraîneur sportif, médecin, psychologue, infirmier, parent… vous *coachez* d'autres êtres humains et vous avez bien raison de vous approprier une pédagogie inspirée de la PNL pour le faire de façon responsable, autonome, avec enthousiasme et efficacité.

Vous êtes votre principal outil de travail. Vous allez donc développer votre créativité pour harmoniser l'interdépendance entre pensées, corps et émotions dans la perspective de mieux vivre et de réaliser vos objectifs personnels et professionnels dans le respect de qui vous êtes. Les stratégies proposées pour votre client vous sont aussi conseillées, elles vous fournissent l'occasion de devenir de plus en plus décideur de votre propre vie. Dès lors il vous sera facile de les utiliser pour conduire vos semblables sur le chemin qui est le leur.

La PNL dans ses développements récents constitue une approche pédagogique efficace, c'est la grammaire de l'excellence, comme l'annonçait Richard Bandler, l'un de ses deux fondateurs. Les résultats rapidement et durablement atteints, vous amèneront à remarquer que les ressources sont dans la personne et que, grâce à votre habile intervention, elles deviennent opérationnelles. Autrement dit, la PNL offre des techniques spécifiques pour aider efficacement et avec élégance une personne à modifier ses croyances limitantes en croyances aidantes impliquant la confiance dans l'avenir, un sentiment de capacité et de responsabilité, et un sens de valeur et d'appartenance.

Vous avez entre les mains à la fois un manuel de pédagogie pratique et le manuel du praticien en PNL ; vous y trouverez présentées pas à pas, les notions travaillées dans le cadre d'une formation. Toutefois, la PNL s'apprend par l'expérience et pas uniquement dans ce livre.

Cet ouvrage se veut simple, utilisable par tous, avec un minimum de termes techniques et de justifications scientifiques. Ces dernières sont accessibles dans beaucoup de livres spécialisés dont quelques-uns sont cités en bibliographie. Son originalité réside à la fois dans l'utilisation pédagogique du *coaching* et de la PNL, et dans le fait que les outils s'intègrent dans une méthodologie dont les bases sont explicitées et utilisées par un formateur congruent.

La structure de ce livre est construite en *quatre parties distinctes et interdépendantes.*

- Le cadre conceptuel comprend une brève définition de la Programmation neurolinguistique (PNL) et de son éthique, les présupposés pédagogiques du coaching en PNL ainsi qu'un modèle du comportement qui illustre la subjectivité de l'expérience humaine.
- Les bases méthodologiques de l'intervention précisent :
  - les étapes et conditions d'un *coaching* de qualité ;
  - l'organisation personnelle du formateur ;
  - les conditions pour créer et entretenir une relation pédagogique de qualité.
- De nombreuses stratégies de changement sont systématiquement décrites. C'est une riche caisse à outils classés par familles. Ces outils, pour la plupart classiques en PNL, constituent les trames de base que le praticien va combiner entre elles pour développer une démarche ori-

ginale appropriée à la structure du fonctionnement individuel du coaché et aux particularités de son interaction avec l'environnement dans lequel il vit une difficulté.

- Des outils de base pour cerner les spécificités du *coaché* sont finalement mis à la disposition du formateur. Ce sont des tests originaux développés pour cerner le profil de la logique de perception, d'analyse et d'action de la personne avec qui le coach travaille. Ces instruments complémentaires s'avèrent précieux dans la mesure où ils permettent de repérer les caractéristiques relativement stables de la structure de pensée d'une personne et donc, d'en anticiper le comportement.

Première partie

Cerner le cadre conceptuel utile au pédagogue

Toutes les nouvelles grandes idées passent par trois stades. Le premier est le ridicule ; le second suscite l'opposition violente ; puis, finalement, elles sont acceptées comme ayant toujours été « évidentes ».

Arthur Schopenhauer

Il a toujours existé des gens capables d'accomplir ce qui pour d'autres restait un rêve inaccessible, des gens qui savaient utiliser leurs capacités d'une manière exceptionnelle.

Steve et Connirae Andreas

Chapitre 1

Origine et définitions de la PNL

La PNL est une attitude méthodologique dont découle un ensemble de techniques. C'est une certaine façon de comprendre les gens. Une vision du monde.

R. Bandler

Dans les années 1970 et dans la mouvance du courant systémique né du groupe de Palo Alto en Californie, deux docteurs en psychologie, John Grinder et Richard Bandler, commencent à collaborer. Bandler est également mathématicien et Grinder linguiste. Ensemble ils se posent la pertinente question de la différence qui fait la différence entre un psychothérapeute *ordinaire* et son collègue réputé *excellent*. Dès lors, ils observent rigoureusement et modélisent les stratégies des plus grands thérapeutes du moment. Ce sont principalement Milton Erikson, le grand spécialiste de l'hypnose, Virginia Satir, connue pour son rôle clé dans le développement de la thérapie familiale systémique et Fritz Perls, le père de la gestalt-thérapie. Comme précisé par Monique Esser, ces modèles « avaient chacun plus de 30 ans d'expérience et (qu'ils) avaient tous les trois fondé une "école" nouvelle, ces cliniciens se singularisaient par le fait qu'ils pouvaient produire des changements profonds, rapides et durables chez leurs clients, sans souffrances inutiles »[3], ce qui présage déjà de la qualité de leur travail. D'autres chercheurs de premier plan comme Gregory Bateson, Paul Watzlawick, Edward T. Hall, Alfred Korzybski ou Noam Chomsky ont également influencé Grinder et Bandler pour la mise au point des premiers outils de la PNL.

Rapidement il faut associer aux premiers fondateurs d'autres développeurs de grande qualité comme Robert Dilts, Leslie Cameron, Judith Delozier ou encore David Gordon, grâce auxquels le champ d'interventions de la PNL, parti de la psychothérapie, s'étend à tous les secteurs de l'expérience humaine.

Initialement définie comme l'étude de la structure de l'expérience subjective des êtres humains à partir de quoi sont développés des outils de changement leur permettant de réaliser leurs objectifs, cette méthode a élargi sa dimension, notamment grâce aux présupposés qui la fondent. Autrement dit, la PNL est aujourd'hui une approche des plus utiles pour permettre aux

3. M. Esser, *La PNL en perspectives,* Labor, 2003, p. 105.

êtres humains de se réaliser pleinement, dans tous les domaines et à tous les niveaux de leurs vies.

La PNL fournit un mode d'emploi de notre cerveau. Mais pourquoi Programmation neurolinguistique ? La légende veut qu'au printemps 1976, dans une cabane au-dessus de Santa Cruz, Grinder et Bandler terminant une longue séance de plus de 36 heures consacrée au bilan de leurs recherches, aient choisi, en débouchant un vin de Californie, cette locution un peu hermétique pour désigner leur approche.

Programmation évoque le fait que nos comportements résultent d'apprentissages, d'opérations complexes, requérant une coordination précise installée depuis notre enfance. S'il s'agit d'apprentissages, ceux-ci sont forcément réversibles. Nous pouvons donc les démanteler, leur apporter des variantes, des compléments, en fonction de nos choix ultérieurs, en d'autres termes, les déprogrammer ou les reprogrammer s'ils ne sont pas, ou plus satisfaisants.

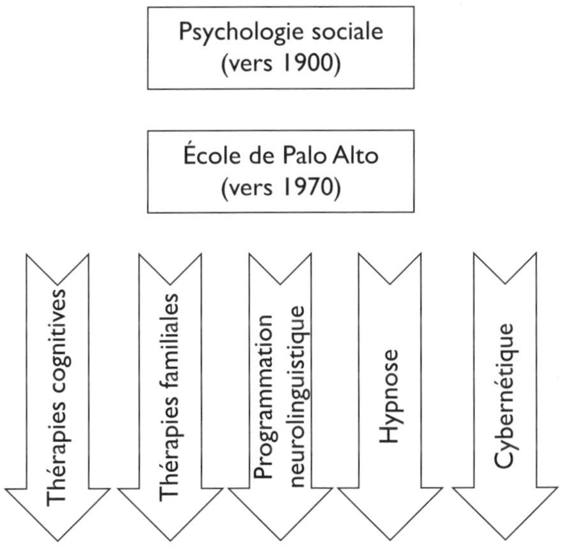

***Fig. 1 :* Historique, sources et applications**

Neuro précise que ces apprentissages sont inscrits neurologiquement et véhiculés par notre système nerveux. Ainsi notre physiologie, nos pensées et nos émotions sont-elles interconnectées et forment-elles un système intégré.

Linguistique souligne que c'est par le langage que nous exprimons nos apprentissages, langage analogique et digital. Le langage analogique est constitué de tout le non verbal (mouvements du corps et autres réactions physiologiques observables) et du paraverbal (intonation, volume, rythme de la voix...). Selon Gregory Bateson, le langage analogique est le plus fiable, il exprime environ le 80 % du message. Le langage digital qualifie le verbal, soit les mots et la syntaxe qui peuvent être analysés indépendamment de la présence du locuteur.

La PNL a évolué et, dans ses récents développements, elle ne se définit plus seulement telle qu'elle était conçue par ses deux fondateurs ; elle doit être considérée à différents niveaux.

C'est un *modèle théorique et conceptuel* toujours basé sur la modélisation de l'excellence, avec une vision humaniste de l'être humain dans une certaine vision du monde, avec ses grilles de lectures, sa méthodologie et les outils de changement qui en découlent. Selon le contexte ou le champ dans lequel cette démarche est appliquée – thérapie, entreprise, éducation, santé, etc. – en fonction d'objectifs spécifiques, elle présente une grande diversité de caractéristiques. Compte tenu de l'efficacité des stratégies de changement qu'elle propose, son utilisation doit être soumise à des règles éthiques, comme n'importe quelle méthode utilisée avec des êtres humains.

Vous le soupçonnez déjà et *« la toile de fond de la PNL est constituée des influences intellectuelles et des connaissances propres à ses créateurs, à savoir la linguistique, la psychologie cognitive, la neurologie, la cybernétique et le fonctionnement des ordinateurs »*[4]. Vous comprenez d'emblée qu'il y aura des chevauchements entre la PNL et d'autres approches en psychologie. D'aucuns diront même que la PNL est un grand plagiat ; ils n'ont pas tout à fait tort dans la mesure où elle est née et continue à se développer par la modélisation des meilleurs leaders dans différents domaines. C'est à la fois l'art et la science de l'excellence humaine. C'est un art dans la mesure où chaque praticien y imprime son style propre et puise dans sa créativité personnelle les hypothèses de travail lui permettant de combiner de façon originale les stratégies de base, comme on le fait dans une construction avec des pièces de LEGO©. C'est une science – certes pragmatique – puisque résultant de la modélisation des meilleurs spécialistes de leur domaine et surtout parce que la pertinence de ses stratégies est de plus en plus confirmée par les neurosciences, grâce au scanner et à l'IRM notamment.

Pour illustrer quelques avantages de la modélisation de l'excellence, l'histoire des dauphins observés par Gregory Bateson[5] me paraît convaincante

4. A. Cayrol et J. de Saint Paul, *Derrière la magie,* InterÉdition, 1984, p 24.

5. G. Bateson, *Vers une écologie de l'esprit,* Tome I, 1977, p. 140-164.

à plus d'un titre. Dans son ouvrage *Vers une écologie d*
en effet l'époque où il participait à une étude sur la
dauphins au *Marine Research lnstitute d'Hawaï.* Il r
apprendre des tours aux dauphins dans l'optique d'u

Le premier jour, quand l'animal faisait quelque chose d'inhab
sauter hors de l'eau, le dresseur donnait un coup de sifflet et lui lan
poisson en récompense. À chaque fois que le dauphin répétait ce compor-tement, le dresseur sifflait et lui lançait un poisson. Très vite, le dauphin apprenait que ce comportement lui garantissait un poisson ; il le répétait de plus en plus et venait chercher sa récompense.

Le lendemain, le dauphin revenait et sautait, espérant un poisson, mais rien ne lui était donné. Le dauphin répétait son saut vainement plusieurs fois, puis tentait autre chose, comme se rouler dans l'eau. Le dresseur sifflait alors et jetait un poisson. Pas de poisson pour le tour de la veille, seulement pour les nouveautés. Le même principe était répété pendant deux semaines. Le dauphin venait, répétait un moment le tour qu'il avait appris la veille, sans résultat. Quand il faisait quelque chose de neuf, il était récompensé. C'était probablement très frustrant pour le dauphin. Le quinzième jour, cependant, il parut soudain apprendre les règles du jeu. Il s'enthousiasma et se lança dans un spectacle époustouflant, comprenant huit figures inédites, dont quatre n'avaient jamais été observées auparavant chez des dauphins. Il avait accédé à un niveau d'apprentissage supérieur. Il semblait comprendre non seulement comment générer de nouveaux comportements, mais les règles définissant *comment et quand* les générer.

Un point encore : durant les quatorze premiers jours, Bateson observa le dresseur jeter des poissons immérités au dauphin hors du contexte de l'entraînement. Questionné à ce sujet, le dresseur répondit : *C'est pour entretenir ma relation avec lui. Si nous n'avons pas une bonne relation, il ne s'embêtera pas à apprendre quoi que ce soit.*

Dans certains milieux, beaucoup pensent que la PNL n'est qu'un ensemble de techniques et de modèles, un genre de boîte à outils comportementalistes. Toutefois, les principes, concepts et outils de la PNL présupposent certaines valeurs qui constituent la base de l'engagement éthique des personnes impliquées dans son développement et son utilisation. Les praticiens de la PNL, les enseignants et les directeurs d'instituts de formation partagent une série de valeurs sous-jacentes qui servent de fondations à leurs pratiques.

La réunion Millenium Project initiée par Robert Dilts à Santa Cruz[6] met en évidence *douze valeurs* principales recommandées par les utilisateurs et

6. Relayée par la Brochure de l'Institut Ressources en janvier 2001.

ıoppeurs de la PNL au seuil du XXIe siècle. Ces valeurs qui définissent ,*eadership* efficace prôné par la communauté PNL, peuvent se regrouper ıtour de *quatre axes d'intérêts* :

- écologie, professionnalisme et communauté concernent les liens du professionnel avec des systèmes plus vastes ;
- respect, amour et diversité sont, elles, plus centrées sur ses relations aux autres ;
- intégrité, créativité et flexibilité sont directement liées à sa manière de se conduire en tant que personne ;
- efficacité, liberté et élégance s'appliquent surtout au coaching à proprement parler, au choix et à la poursuite des objectifs. *(Voir Chapitre 4, partie 1).*

Les présupposés pédagogiques

> Les gens raisonnables s'adaptent au monde. Les gens déraisonnables adaptent le monde à leurs besoins. C'est pourquoi tout le progrès dépend des gens déraisonnables.
>
> *G. B. Shaw*

La pédagogie efficace repose sur une série de présupposés dont la plupart sont empruntés au courant de l'école de Palo Alto. Ils constituent la base de la PNL et fondent nombre de stratégies de changement performantes.

2.1. On ne peut pas ne pas communiquer

Qu'on le veuille ou non, dès que deux personnes sont face à face, elles communiquent. Si elles ne veulent pas communiquer, leur langage analogique l'exprime. D'où la nécessité de se centrer sur l'interlocuteur pour saisir un maximum de signaux de communication. La PNL nomme calibrage cette observation fine des messages verbaux, paraverbaux et comportementaux de l'interlocuteur.

2.2. La carte n'est pas le territoire

> Il y avait cinq petits pois dans une cosse, ils étaient verts, la cosse était verte, ils croyaient que le monde entier était vert et c'était bien vrai pour eux.
>
> *H.-C. Andersen*

Lorsque nous percevons et analysons les informations du monde extérieur, notre fonctionnement humain produit obligatoirement des déformations de la réalité. Ces limites engendrent des omissions, des généralisations et des distorsions de la réalité qui sont propres à chaque individu. Ainsi, il est impossible pour quiconque d'avoir un accès direct et complet à la réalité. Nous nous faisons chacun une carte subjective de la réalité que nous avons tendance à prendre pour *LA réalité* et à partir de quoi nous agissons.

Finalement, lorsque l'interlocuteur comprend autre chose que ce que nous avons cru exprimer, c'est probablement que nos cartes du monde diffèrent. Lorsque vous recevez un tel message de votre client, considérez sa réponse comme une indication sur votre propre façon de lui communiquer un message.

2.3. Chacun fait le meilleur choix parmi ceux qui lui paraissent possibles

On cherche au loin son bonheur quand on oublie de le cultiver soi-même.

J.-J. Rousseau

Le comportement d'un être humain est en principe cohérent avec sa carte du monde. Personne ne veut rater sa vie, mais nombreux sont ceux qui ne savent pas comment s'y prendre pour la réussir. En tant que formateur, vous êtes là pour **élargir les possibilités de choix** de votre client, puisque le corollaire de ce présupposé est que plus on a de choix mieux ça vaut ! Le but général de la PNL, comme celui de la relation d'aide ou de la pédagogie en général, consiste donc à enrichir et à rendre opérationnelles les structures neurologiques profondes de la personne, de manière à lui permettre de remplacer ses anciens modèles peu performants par des comportements plus adéquats. Ces transformations consistent essentiellement à faire émerger les ressources présentes chez le sujet : ses capacités, croyances et valeurs, toute la consistance de son identité et de sa mission, mais également les liens qu'il établit avec le *niveau transpersonnel* dans lequel il s'insère. Il s'agit **d'identifier et d'extraire les ressources présentes avant de les enrichir et de les transformer.** La structure de surface – généralement le comportement – s'exprimera dès lors avec de plus en plus d'efficience.

En outre, le coach va conduire le changement souhaité par son client, en favorisant chez lui l'appropriation de nouveaux modèles (concepts, idées, croyances…) dont l'expérience va enrichir sa carte du monde et donc augmenter ses possibilités de choix.

L'efficacité durable ne peut enfin se concevoir qu'à partir du moment où la personne a intériorisé profondément les stratégies nécessaires à sa réussite. Nous reviendrons sur ce point essentiel à plusieurs reprises dans ce manuel.

2.4. Tout comportement a ou a eu une intention positive

Écoute ton cœur. Il connaît toutes choses, parce qu'il vient de l'Âme du monde et qu'il y retournera.

P. Coelho

Toute personne est plus et autre chose que les comportements qu'elle pose. Nous considérons en PNL que chaque comportement est déclenché par une partie de la personne qui ne sait faire que cela dès le moment où elle en a expérimenté l'efficacité. Ainsi, lorsqu'enfant vous avez constaté que, grâce à la grippe qui vous empêchait de vous rendre à l'école, votre maman vous prodiguait des soins attentifs, vous allez peut-être inconsciemment attraper le virus de la grippe une fois adulte, dans une période où vous aurez besoin d'attirer l'attention de vos proches ou de vous ressourcer. C'est le bénéfice secondaire souvent inconscient que nous appelons intention positive en PNL. En d'autres termes, il y a derrière chaque comportement une intention positive distincte du comportement qui l'exprime. Parfois, même si l'objectif pour lequel un comportement a été créé est atteint, il arrive que la personne continue à générer ce même comportement même s'il est devenu inutile ou destructeur. Par conséquent, en tant que coach, vous savez qu'un changement efficace nécessite d'abord de **s'accorder sur l'intention positive sous-jacente,** avant de guider l'individu à élargir sa carte du monde pour trouver des choix plus appropriés. Ces choix doivent permettre d'offrir à la personne de nouveaux moyens de satisfaire l'intention ou le but positif. C'est ce que les techniques de « recadrage » proposées dans la troisième partie de ce livre, permettent de réaliser.

2.5. Chacun a les ressources nécessaires

Là où croît le péril, croît aussi ce qui sauve.

J. W. von Goethe

Le rapport entre la dimension du problème et celle de la solution est habituellement étroit. Il n'est pas concevable que quelqu'un identifie une situation comme problématique sans disposer d'un certain nombre de moyens pour la gérer.

Si vous connaissez, par exemple, des personnes handicapées mentales, vous savez bien que leurs problèmes, ceux dont elles sont conscientes, sont à la mesure de leurs capacités à les résoudre.

Si les êtres humains font l'expérience de difficultés récurrentes, ce n'est pas forcément par limitation fondamentale objective, mais parce qu'ils ne savent pas comment faire autrement. Soit il leur est difficile d'établir le rapport entre la somme de leurs ressources personnelles disponibles, stockées tout au long de leur vie, et la difficulté du moment ; soit ils ne savent pas comment mettre en œuvre ces capacités ; soit encore ils sont incapables de développer, d'améliorer ce qu'ils connaissent déjà.

La plupart des procédures d'intervention proposées dans la *troisième partie* du livre consistent à conduire le client à prendre appui sur ses propres atouts pour progresser ou résoudre ses difficultés. Autrement dit, vous allez, en bon formateur, lui permettre **d'établir des liens** entre les éléments ressources de sa structure profonde et les contraintes de son environnement, de manière à ce que ses comportements – structure de surface – soient les plus adéquats possibles. Ce ne sont donc pas vos propres stratégies qui seront les plus utiles pour lui, mais celles qu'il possède et qu'il va, grâce à vous, rendre opérationnelles.

2.6. Si quelque chose ne marche pas, essayez autre chose

> Plus que la technique, c'est la philosophie qui sous-tend l'approche, les comportements et les stratégies employées par le thérapeute, qui permettront au patient de recouvrer le mieux-être.
>
> *Erikson M. et Rossi E.*

À partir des modèles de la PNL vous allez savoir reproduire et/ou créer des schémas d'intervention pour aider les gens que vous accompagnez à obtenir ce qu'ils désirent.

Le plus souvent vous allez réussir. Les modèles proposés ici ont été expérimentés et reconnus comme efficients, et si vous les appliquez, vous atteindrez les objectifs poursuivis. En PNL nous considérons que tout ce que quelqu'un peut faire, quelqu'un d'autre le peut également, à condition de s'y prendre de la même façon. C'est la base de l'apprentissage. Il n'existe cependant pas de stratégie unique, à utiliser dans telle ou telle situation ; un grand nombre de facteurs interviennent généralement dans un problème, s'enchevêtrent et se combinent de façon à rendre impossible leur identification complète. C'est la richesse et la complexité du fonctionnement humain. Cette situation n'est pas un obstacle, dans la mesure où il n'y a presque jamais une solution unique à un problème, mais plusieurs possibilités de s'en sortir. C'est pour vous une occasion d'entraîner votre créativité, de développer votre flexibilité. Chaque fois qu'une intervention de votre part ne permet pas de réaliser l'objectif attendu, vous choisissez une autre stratégie jouant sur un autre aspect de la structure du problème et/ou de la personne, et ainsi de suite jusqu'à complète satisfaction. Il n'y a pas de problème insoluble pour celui qui continue à agir, car notre humanité réside dans le fait que nous sommes capables de transformer les contraintes de l'environnement en variables de choix.

Si malgré vos efforts, vous avez l'impression que votre client continue à aller mal, il vous reste la solution de lui conseiller de se comporter physiquement comme si ça allait bien. C'est en effet une façon de donner un message différent à l'inconscient et de commencer habilement à instaurer un changement. *(Voir aussi, partie 1, chap. 3.2)*

2.7. Les êtres humains sont toujours plus complexes que les théories qui les décrivent

Ils ne savaient pas que c'était impossible,
alors ils l'ont fait.
M. Twain

Jamais une personne ne peut être réduite à une théorie, elle est toujours plus et autre chose. C'est la personne qui est remarquable, digne d'admiration et de respect.

Laissez-vous émerveiller par les résultats souvent spectaculaires, respectez vos outils mais ne vous attribuez pas personnellement l'efficacité magique dans laquelle vous entrez avec les outils de *coaching* développé en PNL.

Chapitre 3

Le comportement humain

C'est la perception qui est la cause de la souffrance, nous souffrons de l'interprétation, de l'évaluation des choses, jamais des choses elles-mêmes.

B. Roshi

3.1. Caractéristiques

Ce chapitre présente quelques caractéristiques du fonctionnement de tout être humain dans l'état actuel des connaissances. Les pronoms personnels utilisés concernent donc tout le monde, dans ce cadre, le pédagogue et son élève. Dans la perspective de vous inviter à vérifier vous-mêmes les considérations ci-dessous, nous nous adresserons souvent à vous directement.

Le cerveau humain est une usine qui fabrique une multitude de produits manufacturés. Sa matière première est l'information captée par les cinq sens : longueur des ondes lumineuses touchant la rétine ; durée des ondes sonores venant battre le tympan ; effet d'une molécule sur le canal olfactif. Les aires sensorielles du cerveau élaborent ensuite une idée du monde extérieur à partir de ces éléments. Cette idée est une perception élémentaire qui ne correspond pas au produit fini. La construction cérébrale finale est une perception investie de significations visant à la rendre utile, de simples taches lumineuses se transforment en objets dont nous pouvons nous servir, en personnes que nous pouvons aimer, en lieux où nous pouvons nous rendre.[7]

Autrement dit, il est impossible pour un être humain d'appréhender la réalité de façon objective. Nos analyses portent en effet toujours sur des informations tronquées et modifiées (par sélections, généralisations et distorsions multiples), et prennent, indépendamment de nos facultés intellectuelles, des chemins de traverse liés aux représentations mémorisées, aux structures langagières utiles à la pensée, et aux *métaprogrammes* de gestion de l'expérience, donc à notre structure de logique personnelle.[8] Ce processus fonctionne en boucle continue : structure profonde et structure de surface s'alimentant et se modifiant mutuellement lors d'opérations complexes véhiculées par notre système ner-

7. R. Carter, *Atlas du cerveau – Neurosciences du comportement,* Autrement, 1999, p. 106.

8. R. Bandler & J. Grinder, *The Structure of Magic,* Science & Behavior Books, 1976.

veux, de façon quasi ininterrompue dans un rythme très rapide. L'explication de la boucle comportementale ci-après en détaille le processus.

3.2. Exploration de la carte du monde personnelle

> L'erreur de l'œil dirige l'esprit : ce qui est conduit par l'erreur va nécessairement errer.
>
> *W. Shakespeare*

Chapitre 3

Le traitement des informations provenant de la réalité extérieure s'opère par le sujet lors d'une phase complexe d'activités successives, rapides et en boucle continue. Il se déroule en *trois temps :*

- la perception d'une information par un exercice de sensorialité consciente et surtout inconsciente ;
- le traitement de cette information ;
- la réponse verbale et/ou comportementale apportée.

Cette boucle comportementale produit obligatoirement chez chaque être humain et à chacune des étapes, plusieurs fois, *trois types de transformations de la réalité :*

- Des sélections ou omissions qui occultent certains éléments pour en privilégier d'autres. Sans ce mécanisme nous serions surchargés et noyés par les stimulations extérieures. Bien évidemment, il ne s'agit pas d'en abuser ; en effet, si nous restreignons trop notre perception, nous nous limitons à un modèle très appauvri du monde.
- Des généralisations qui consistent à projeter les caractéristiques d'un cas particulier sur une catégorie entière. Par exemple, une fois que nous avons appris ce qu'est une chaise, nous sommes capables de généraliser cette information et nous pouvons reconnaître des chaises dans tous les styles existants. Grâce à la généralisation, nous établissons des règles que nous appliquons ensuite aux expériences présentant des caractéristiques semblables, ce qui nous permet d'apprendre plus vite et de ne pas recommencer à inventer la roue tous les jours. Ce processus risque souvent de limiter nos comportements à des stéréotypes inadéquats dans des situations particulières.
- Des distorsions qui opèrent des modifications dans les données de l'expérience, nous permettent de manipuler et d'ajuster nos représentations internes, de combiner des parts d'informations qui, en fin de compte, n'ont rien à faire ensemble. C'est ainsi que nous créons des fantasmes et produisons l'art, les croyances et la science notamment.

Plus spécifiquement lors de la perception, les éléments de la réalité extérieure sont captés par le sujet à travers *trois catégories de filtres* :

1. Les filtres neurologiques : Nous percevons les informations par nos cinq sens. Or, les organes sensoriels humains sont limités par comparaison à d'autres espèces. Par exemple, un chien sent des odeurs, entend des sons que nous ne percevons pas. Il est évident que les éléments captés par l'homme sont incomplets et probablement plus ou moins déformés, selon l'état de santé de nos récepteurs sensoriels.

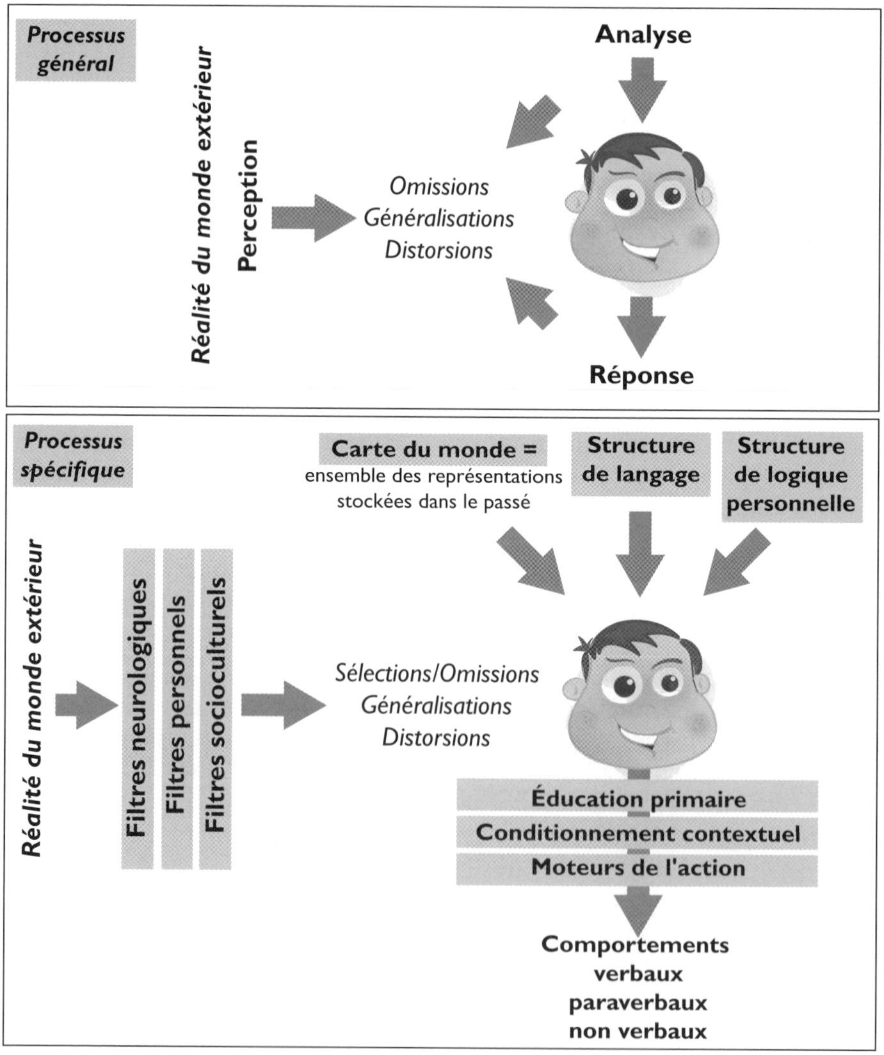

Fig. 2 : **Processus d'une boucle comportementale**

2. Les filtres personnels : L'ensemble des expériences vécues restent, consciemment ou pas, imprimées dans notre système nerveux avec une connotation émotionnelle positive ou négative. Consciemment ou non lorsque nous reconnaissons des éléments qui évoquent notre passé, nous avons tendance à les modifier immédiatement. Les expériences antérieures vont canaliser, orienter, distordre... la nouvelle perception ; ce sont les lunettes roses ou noires que nous chaussons pour nous promener dans la vie.

3. Les filtres socioculturels : Chaque personne grandit en intériorisant les normes et croyances véhiculées dans son milieu, par les symboles et universaux liés à la religion, à l'éducation, à la culture, dans une société donnée, à une période de l'histoire. Parce que nous avons appris, nous veillons à notre cohérence et à celle de notre groupe d'appartenance en y adaptant la réalité dès sa perception.

Déjà au moment de la perception, la réalité se trouve donc privée d'une partie qui la constitue (sélections/omissions). Cette réalité est d'emblée catégorisée (généralisations) pour des raisons pratiques évidentes : il est en effet impossible et non souhaitable pour quiconque de prendre toutes les informations dans leurs spécificités, elles deviendraient inutilisables. Ces deux processus suffiraient à distordre considérablement la réalité ; celle-ci l'est, en plus, par les trois catégories de filtres de perception qui y apportent des modifications plus ou moins importantes.

Les informations sont ensuite analysées, confrontées aux données préexistantes et stockées dans la mémoire. Encore une fois trois sortes de filtres interviennent, modifiant à leur tour encore plusieurs fois la réalité, selon les mêmes processus de sélections, de généralisations, de distorsions. Il s'agit :

- de **la carte du monde** composée de l'ensemble des représentations préalablement stockées dans la mémoire de l'individu ;
- des **structures langagières** apprises dès l'enfance comme langue maternelle et utiles en tant qu'outils de pensée ;
- de la **structure de la logique personnelle** appelée en PNL métaprogrammes de gestion de l'expérience.

À la fin de cette phase les éléments sont réunis pour décider de la réponse à donner. Celle-ci s'exprime le plus souvent par le langage non verbal, accompagné ou non de discours verbal et paraverbal.

Trois autres catégories de filtres interviennent encore lors du passage de la structure profonde, constituée par la représentation finale consécutive à l'élément de réalité considéré, à la structure de surface exprimée par la réponse.

L'éducation primaire. Généralement, les enfants apprennent dès leur plus jeune âge, la manière adéquate de répondre dans toutes sortes de circonstances ; cette éducation conditionne ensuite les structures de surface adoptées pour exprimer les structures profondes.

Le conditionnement contextuel. Les cartes de la réalité se complètent au gré des influences culturelles et sociales autres que celles de la famille, elles nuancent à leur tour l'expression des réponses.

Les moteurs de l'action. Au moment d'agir, la structure de motivation personnelle intervient à son tour caractérisant aussi les structures de surface.

L'ensemble du processus fondateur de la subjectivité humaine est illustré par la *Figure 2*.

Avant de présenter les outils de *coaching* dans la troisième partie de ce manuel, nous détaillerons dans le chapitre suivant les formes que peuvent prendre les logiques personnelles, mais vous imaginez déjà qu'il va être possible de travailler avec votre client, soit :

- sur sa perception de la réalité ;
- sur sa façon de l'analyser ;
- directement sur sa réponse comportementale et/ou verbale.

Structure de la logique personnelle : les métaprogrammes

S'il est toujours délicat d'établir des typologies pour les êtres humains, on peut néanmoins constater qu'au fil de son histoire de vie, l'individu structure de façon plus ou moins rigide ses *patterns* de fonctionnement tant au moment de la perception et de l'analyse de la réalité, qu'au moment du choix de la réponse à donner.

Dans la mesure où, en tant que *coach,* vous vous intéressez probablement davantage à l'efficacité qu'à la Vérité, la PNL vous propose une grille d'analyse de ces *patterns* sous le nom de *métaprogramme.* À vous ensuite d'en vérifier la pertinence pour vous-même et l'utilité pour conduire votre client sur le chemin de son objectif.

Nous définissons un métaprogramme comme une *structure*, ou un *ensemble de patterns polarisés* (schémas récurrents) installés chez la personne, qui détermine sa perception du monde, conditionne le traitement des données perçues et entraîne sa réaction. C'est la *structure de nos logiques personnelles.*

Le mot *pattern* signifie patron ou chablon *:* c'est le modèle en carton ou en papier (ou le schéma graphique) que suit le tailleur pour couper un vêtement, c'est le guide qui en définit le tracé. Il s'agit, pour l'être humain, d'un ensemble de filtres qui lui servent à donner sens à la réalité et influencent ses émotions liées aux diverses expériences.

Les différentes écoles de PNL ne s'accordent pas encore sur les caractéristiques précises du concept, ni sur le nombre, les distinctions et le classement des métaprogrammes. Nous en restons pour le moment à notre typologie présentée en 1996[9] qui les répartit en *trois catégories*, selon qu'ils répondent aux questions *De quoi s'agit-il ? Comment l'interprétez-vous ?* ou *Pourquoi agiriez-vous ?* et les désignent par les appellations suivantes :

- **tris de perception pour les métaprogrammes filtrant le *quoi ;***
- **analyse de l'expérience ou gestion de l'expérience pour les métaprogrammes relatifs au *comment ;***
- **moteurs de l'action pour les métaprogrammes en rapport avec le *pourquoi.***

Le mot métaprogramme peut désigner soit l'ensemble constitué – on parle aussi de métaprofil – soit chacun des éléments (*patterns*) qui le composent ; dans cette dernière acception, on parle des métaprogrammes, au pluriel.

Les métaprogrammes d'une personne sont liés à son système de valeurs et à ses croyances ; profondément enracinés, ils jouent le rôle de matrice dans la fabrication de ses stratégies ponctuelles automatiques.

Pour préciser encore ce concept, nous proposons l'exemple illustré par la *Figure 5* ci-après, en trois scénarios. Lors de la perception d'un élément de réalité, certains êtres humains – qualifiés parfois d'optimistes – sélectionnent presque toujours ce qui est là, ce qu'il y a à prendre dans cette réalité, c'est le verre à moitié plein, selon le dicton populaire bien connu ; on dit qu'ils orientent leur perception en triant par la présence. D'autres – les pessimistes – ont habituellement plutôt tendance à considérer le verre à moitié vide ; on dit qu'ils trient par le manque. Lorsqu'il s'agit de comportements habituels, très fréquents, caractéristiques d'une personnalité et donc prévisibles chez un individu donné, on considère que l'orientation de sa perception est un métaprogramme pivot, dans cet exemple, de présence ou de manque, selon la polarité. Lorsque l'orientation de perception d'une personne varie selon les circonstances entre la présence et le manque, il s'agit de stratégies adaptatives flexibles, compte tenu de l'objectif poursuivi, mais pas de métaprogramme à proprement parler. Par conséquent, en fonction des situations, la personne va pencher plutôt vers un pôle ou vers l'autre par stratégie.

Selon les objectifs visés, certains métaprogrammes s'avèrent aidants ou limitants, mais aucun ne peut être considéré comme bon ou mauvais en lui-même.

D'après notre constat empirique, chaque personnalité est caractérisée par la combinaison de quelques catégories de métaprogrammes pivots, fortement marqués et relativement stables chez les personnes adultes ; c'est le *métaprofil*. Pour chaque personne, le métaprofil constitué de l'ensemble de

---

9. Ou par C. Cudiccio, *Maîtriser l'art de la PNL*, Éd. d'Organisation, 1988, p 97.

ses métaprogrammes pivots, comporte environ six à huit *patterns* polarisés, presque toujours en action et qui contribuent à construire et à consolider son modèle du monde.

L'ensemble des métaprogrammes d'une personne se combinant entre eux constitue sa personnalité, ce qui fait qu'elle est elle-même. (Voir les Tests de Métaprofils, en *quatrième partie* du livre). Nous nous rallions à l'opinion de Bergeret & Reid[10] pour qui cette structuration-là ne peut être remplacée intégralement par une autre, mais peut subir des transformations secondes qu'ils nomment : *aménagements*.

Sur les graphiques des pages suivantes, la ligne brisée symbolise les perceptions successives et sur l'axe vertical, les chiffres indiquent le degré (évalué subjectivement !) de présence au-dessus de la ligne 0, respectivement de manque au-dessous de la ligne 0. Lorsque, selon les situations, le sujet trie parfois par le manque, parfois par la présence (graphique 3) ce n'est pas un métaprogramme pivot chez cette personne.

Ces structures sont donc très rigides et il n'est pas forcément utile de vouloir les modifier dans la mesure où elles constituent à la fois les clés des réussites et celles des échecs de la personne. Il vaut mieux les utiliser comme des ressources à optimaliser, comme des stratégies à modéliser, ce que nous verrons dans la *troisième partie* de ce livre. En termes de PNL, lorsqu'un métaprogramme, assorti de ses stratégies automatiques, constitue une limite à la poursuite d'un objectif nous remplaçons délibérément certaines stratégies automatiques, par des stratégies conscientes, mais nous ne pouvons pas substituer un type de personnalité à un autre.

Enrichie des métaprogrammes, la compréhension du comportement humain peut être schématisée par la *Figure 4*. Celle-ci présente simultanément les principales catégories de filtres possibles aux trois moments de la boucle comportementale. Bien que résumée, la densité de cette figure souligne la complexité de notre fonctionnement ; elle met en évidence la subjectivité de notre qualité de vie. La réalité passe donc au crible de notre carte du monde, recevant à chaque critère l'interprétation de notre logique subjective, et c'est en fonction de ces interprétations que notre État interne (EI) est heureux ou malheureux (nature), serein ou agité (rythme), avec plus ou moins de force et d'amplitude (intensité). Ces classifications sont forcément caricaturales, elles sont le fait d'une généralisation des comportements.

10. J. Bergeret & W. Reid, *Narcissisme et états limites*, Dunod, 2003, p. 63.

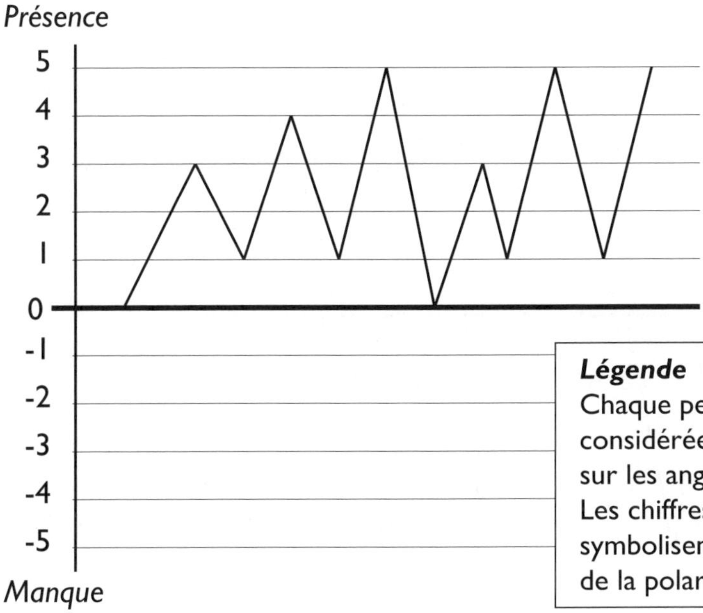

Légende
Chaque perception considérée est située sur les angles de la ligne. Les chiffres de -5 à +5 symbolisent l'intensité de la polarité.

Vous identifierez les métaprogrammes par l'observation de la récurrence de leurs manifestations dans les comportements verbaux et non verbaux du sujet ; ils sont intimement liés aux figures linguistiques et aux submodalités. Les tests de Métaprofils vous permettront, si nécessaire, de confirmer ou pas vos observations.

Cette démarche de repérage ne comporte pas de jugement. Il s'agit de recueillir l'information sur la personnalité et le mode de fonctionnement de quelqu'un pour mieux se synchroniser avec lui et répondre, éventuellement, à son besoin ou à sa demande d'aide. Vous gagnez à respecter le modèle du monde de l'autre, à rencontrer la personne dans ses représentations, ce qui nécessite d'entraîner votre propre flexibilité.

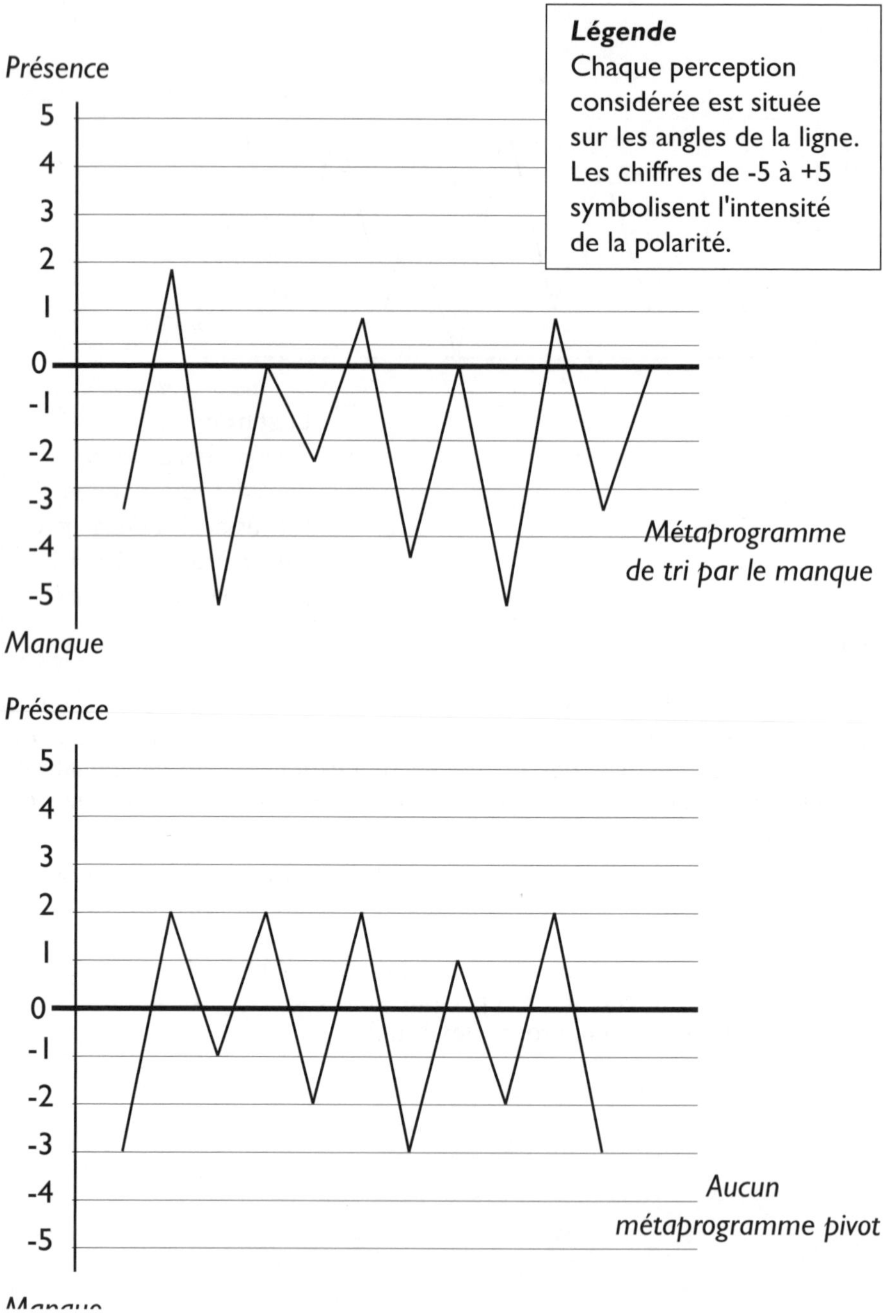

Fig. 3 : **Exemples de métaprogrammes pivots**

Sortes de métaprogrammes

Tris de perception

Au moins *six catégories de critères* interviennent au moment de la perception de la réalité extérieure ; on les situe dans les filtres personnels.

- **La position de perception associée ou dissociée =** lorsqu'elle perçoit la réalité extérieure, toute personne le fait, soit de manière associée, spontanée en impliquant simultanément son corps, ses pensées et ses émotions sans retenue, soit de manière dissociée, neutre du point de vue émotionnel *(voir plus de détails au Chapitre 2.3, Partie 2).*
- **Le cadre de référence =** la personne choisit - consciemment ou non - les informations selon ses propres critères ou influencée par autrui.
- **Le cadrage global ou spécifique =** le sujet introduit un zoom, qui lui permet d'appréhender l'ensemble du champ perceptible ou, au contraire, de repérer tous les détails d'un angle de perception plus petit.
- **Le tri primaire =** lorsque la personne sélectionne des éléments de réalité, elle privilégie généralement deux ou trois des catégories relatives, soit aux personnes, soit aux activités, soit aux lieux, soit aux choses, soit elle recueille des informations diverses.
- **Le filtre sensoriel visuel, auditif ou kinesthésique =** la personne privilégie inconsciemment l'une ou l'autre des catégories d'informations sensorielles.
- **L'orientation de perception =** c'est l'histoire du verre à moitié vide ou à moitié plein, déjà évoquée dans l'exemple sur les métaprogrammes pivots, *Figure 3* ; la personne repère plutôt les éléments présents dans la réalité considérée, ou plutôt ceux qui y font défaut, ce qui manque.

C'est sur cette base largement transformée que la personne va analyser ce qu'elle considère comme la réalité du moment.

Métaprogrammes d'analyse de la réalité perçue

Huit sortes de métaprogrammes ont été retenues au *moment 2* de la boucle comportementale : l'analyse de l'expérience. Ils sont illustrés à la *Figure 3* et présentent les caractéristiques ci-dessous.

- **Représentation sensorielle =** l'information perçue en images, sons ou sensations n'est pas forcément gérée par le même système sensoriel. Il arrive souvent que la personne prenne une information en images par exemple, et l'analyse en sensations ; on parlera alors de système conducteur pour le filtre visuel et de système de représentation principal pour le kinesthésique ; cette distinction à ces deux moments de la boucle comportementale peut s'avérer utile ; vous imaginez aisément que le profil de personnalité change selon que l'information est perçue en images ou en sensations et gérée par l'autre système sensoriel : en particulier, les éléments sélectionnés (ou omis) sur lesquels portera l'analyse seront différents.

- **Filtres de comparaison =** pour analyser une information l'être humain la confronte avec l'ensemble des représentations qui constituent sa carte du monde ; il le fait soit, en soulignant les similitudes entre ce qu'il connaît déjà et la nouvelle information, soit en repérant les différences.
- **Taille du découpage =** certains analysent une information très circonscrite à elle-même, dans un cadre étroit. ce métaprogramme permet souvent plus de précision et se révèle précieux dans certaines professions (comptable, informaticien...), il présente toutefois l'inconvénient de négliger les liens avec les autres éléments du système, ce qui est l'avantage d'une taille de découpage large.
- **Position d'analyse =** comme pour les systèmes sensoriels, vous pouvez observer que la plupart des personnes sont dans des positions différentes associées ou dissociées, aux deux moments de la boucle comportementale. Il est évident que l'analyse en associé sera plus subjective que l'analyse en dissocié, c'est ce qui fait dire à la sagesse populaire que parfois le cœur a ses raisons que la raison ne connaît pas.
- **Processus d'interaction =** dans la relation interpersonnelle, certaines personnes sont *a priori* plutôt en accord et ont tendance à acquiescer à la proposition de l'interlocuteur avant même de la considérer réellement pour l'accepter ou la réfuter éventuellement ; d'autres, à l'inverse, interagissent en désaccord, elles refusent, presque avant de réfléchir, elles ont tendance à dire NON, au mieux OUI MAIS... avant de réfléchir à la proposition pour l'accepter ou non.
- **Orientation du temps =** certaines personnes analysent l'information compte tenu, soit de leurs expériences passées, soit du vécu présent, soit de leurs projets futurs, soit encore de façon transversale, considérant simultanément les liens entre cette nouvelle information et la vie dans sa temporalité globale : vous vous souvenez que les métaprogrammes se combinent entre eux. Par exemple, l'orientation du temps passé, selon que le sujet établit des relations comparatives en similitude ou en différence, va produire une recherche de conformité ou non, avec ce passé.
- **Index de référence =** pour gérer une nouvelle information, certains se réfèrent exclusivement à leurs propres critères, ils ont un index de référence soi ; les autres prennent en compte plusieurs avis, sources

documentaires et autres références pour analyser ce qui leur arrive, ils ont un index de référence autre.

- **Application de l'index de référence =** dès lors que la personne possède, en référence soi ou en référence autre, les éléments pour analyser son expérience, elle va en appliquer les conclusions à elle-même ou à autrui, ce qui donne cinq cas de figures possibles, marquant fortement la personnalité du sujet qui a en métaprogramme pivot l'une des caractéristiques d'application de l'index de référence :
  – de soi à soi ;
  – de soi à l'autre ;
  – de l'autre à soi ;
  – de l'autre à l'autre ;
  – de l'autre à soi et de soi à l'autre (appelé aussi permuté).

Cette dernière catégorie est très fréquente et se manifeste par des fonctionnements du genre : *faites ce que je dis et dites-moi ce que je dois faire.*

Métaprogrammes moteurs de l'action

Les moteurs de l'action se rapportent à la nature de la motivation qui déclenche une action chez le sujet. Ce sont les réponses à la question : *pourquoi le fais-tu ?* Dans le cadre de votre activité pédagogique, ce seront probablement les moteurs de l'action de votre coaché qui vous seront les plus utiles pour l'aider. Voyez le *Chapitre 4.3.3,* pour savoir comment vous synchroniser sur la structure de motivation de votre client.

- **Rapport au temps =** les gens qui ont un métaprogramme **passé** agissent pour accomplir les rêves et projets du passé, continuent à faire ce qu'ils ont toujours fait... à moins que leur processus d'interaction au moment de l'analyse soit un métaprogramme pivot en désaccord, auquel cas ils désaccorderont avec leur propre passé et avec la tradition familiale, par exemple ; ceux qui ont un métaprogramme **présent** vivent et agissent ici et maintenant, sans trop considérer les expériences passées et les conséquences futures ; les autres, qui ont un métaprogramme **futur** agissent maintenant pour préparer demain, donc en fonction des objectifs qu'ils poursuivent.
- **Orientation =** le métaprogramme **aller vers** caractérise les personnes qui agissent pour se rapprocher de leur but, de ce qu'elles désirent, alors que le métaprogramme **s'éloigner de** s'applique à celles qui agissent pour s'écarter, fuir une situation présente qu'elles considèrent insatisfaisante ; on peut noter que l'orientation ne change pas la vitesse de la marche !

- **Opérateur modal =** l'opérateur modal de **nécessité** préside au comportement des gens qui font ce qu'ils font parce qu'ils ne peuvent faire autrement, ils se sentent forcés, contraints par l'environnement ou par un surmoi très fort ; ils sont dans le *il faut, je dois ;* différemment, d'autres gens agissent en fonction de leur envie, ils sont dans l'opérateur modal de **désir,** dans le *je veux, j'ai envie.*
- **Base de motivation =** plusieurs approches en psychologie retiennent *trois axes* de la motivation humaine : l'identité, le pouvoir, la relation. En PNL, nous considérons qu'il s'agit de métaprogrammes ; ainsi, les gens qui mettent principalement leur énergie à grandir, développer leur personnalité, sont poussés par une base de motivation **identité ;** ceux qui agissent pour avoir un impact, une influence sur la situation, les autres, le monde… dans une position hiérarchique ou non, ont un métaprogramme **pouvoir ;** enfin, ceux qui vivent et agissent par et pour les êtres humains qui les intéressent, sont mus par le métaprogramme **relation.**
- **Déclencheur de décision =** au moment de passer à l'action qu'ils ont décidée, certains le font sur leur unique initiative, poussés exclusivement par un déclencheur personnel ; les autres, qui ont aussi décidé d'une action, attendent cependant que quelqu'un les pousse, leur dise : ***vas-y !*** on dit que leur déclencheur de décision est orienté par autrui.
- **Centration de l'action =** au moment de passer à l'action, certains le font en étant sur soi, se plaçant comme tenant et aboutissant de leurs actes. D'autres prennent à ce moment-là davantage en compte autrui, ils sont souvent plus stratégiques, on dit qu'ils ont une centration de l'action sur l'autre.
- **Implication =** les gens qui ont l'initiative de l'action, qui la déclenchent et en assument la responsabilité, sont dans une modalité d'implication proactive ; ceux qui s'intègrent, contournent les obstacles, s'adaptent de plus ou moins bon gré en continuant à s'impliquer, sont dans la réactivité, ce qui les amène à travailler beaucoup car ils se font parfois déloger de leur place par les guerriers au métaprogramme proactivité ; ceux qui n'initient, ni ne choisissent les situations, qui les subissent sans réagir, sont dans la passivité.

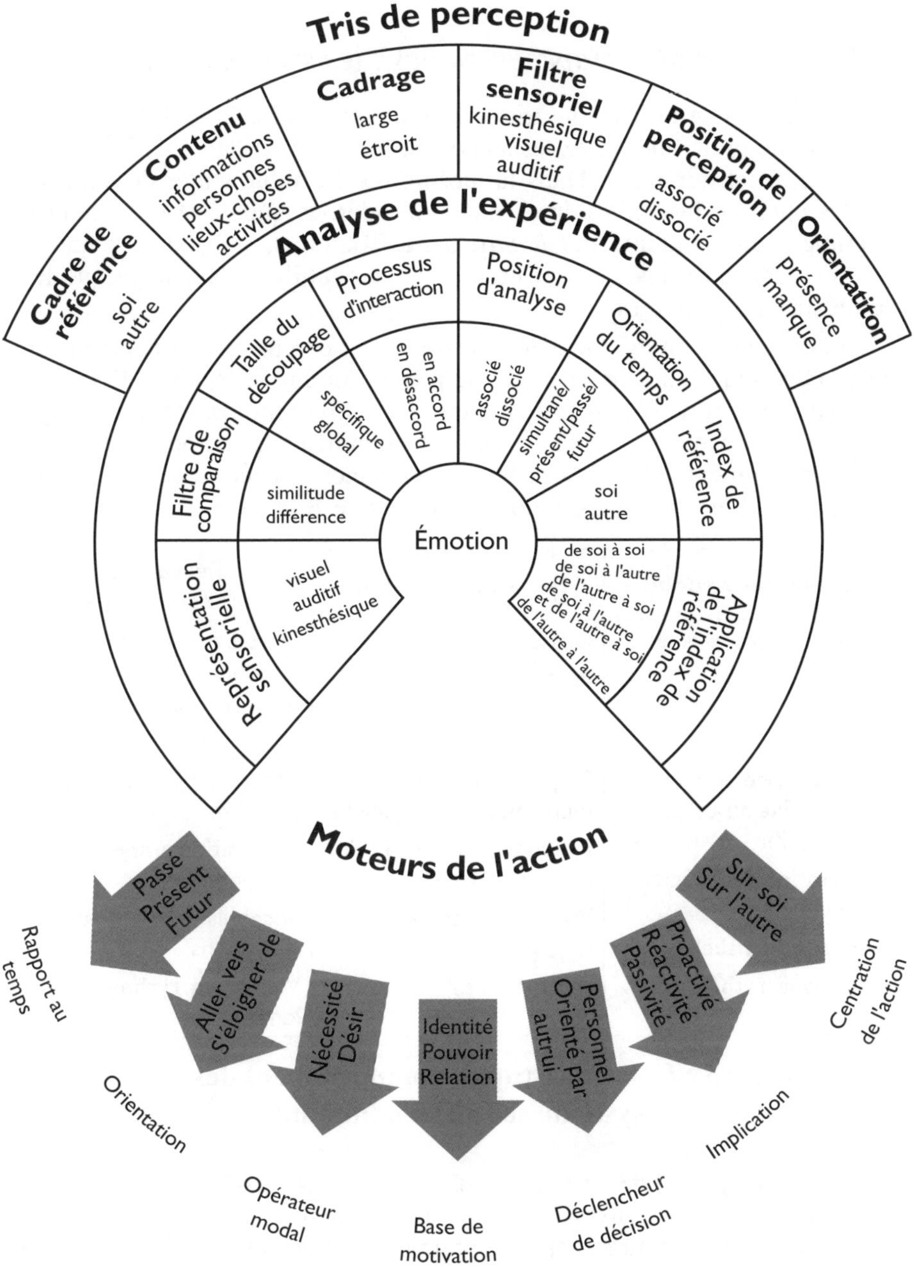

Fig. 4 : **Le comportement humain à la lumière des métaprogrammes**

Une catégorie de métaprogrammes : les systèmes sensoriels

Les fondateurs de la PNL ont très vite remarqué l'utilisation d'un système sensoriel de préférence chez les sujets observés, ils ont alors parlé de système sensoriel dominant. Dans la mesure où il semble s'agir de *patterns* stables chez un individu donné, nous considérons que c'est un métaprogramme comme indiqué au *Chapitre 3.2.2*. Toutefois, puisque cette notion est très connue en PNL et fort utile, nous la détaillons davantage que les autres métaprogrammes.

Les informations du monde extérieur sont donc perçues par la personne au moyen de cinq sens dans une activité plus ou moins consciente. Il se produit, au moment de la perception et/ou de l'analyse du message, un tri qui privilégie un canal sensoriel ou deux. Des indicateurs comportementaux sont fréquemment observables chez les personnes respectivement visuelles, auditives ou kinesthésiques comme le résume le *Tableau 5*

Personne visuelle	Personne auditive	Personne kinesthésique
Gestes dirigés vers le haut. Posture un peu raide.	Gestes d'écoute Posture décontractée.	Gestes qui miment le discours. Posture très décontractée.
Regard dirigé vers le haut ou fixe au centre (voir. *Fig.* 7). Respiration superficielle, rapide. Vocabulaire visuel. Voix aiguë, rythme rapide.	Regard dirigé latéralement ou en bas à gauche. Respiration ample et de rythme moyen. Vocabulaire auditif. Voix bien timbrée, rythme lent.	Regard dirigé vers le bas à droite. Respiration ample et profonde. Vocabulaire relatif aux sensations. Voix grave, rythme très lent.

***Tableau 5* : Caractéristiques comportementales selon le système sensoriel dominant**

En *quatrième partie* de ce livre, vous trouvez *deux tests* sur les systèmes sensoriels que vous pouvez utiliser pour identifier précisément votre préférence ou celle de votre client. Le premier test vous indique la préférence au moment de la perception, le second concerne l'analyse de l'information perçue. Une personne mobilise rarement le même système sensoriel aux deux moments de la boucle comportementale. Parfois, on qualifie de *système conducteur* le canal sensoriel utilisé pour la perception et de *système principal,* celui utilisé pour analyser le message.

Quel que soit son système sensoriel dominant, toute personne se fait parfois des images, écoute des sons et ressent des sensations, bien sûr.

Or, il se trouve que lorsque nous nous faisons mentalement des images, nos yeux se dirigent vers le haut. Lorsque nous entendons des sons ils restent à l'horizontale et lorsque nous ressentons des sensations ils se dirigent en bas à droite. Lorsque nous évoquons des souvenirs du passé (tout proche ou lointain) nos yeux sont orientés à notre gauche et lorsque nous construisons des projets, ils se dirigent vers la droite. Un regard posé en bas à gauche signifie que la personne se raconte un discours dans sa tête, elle est en dialogue interne.

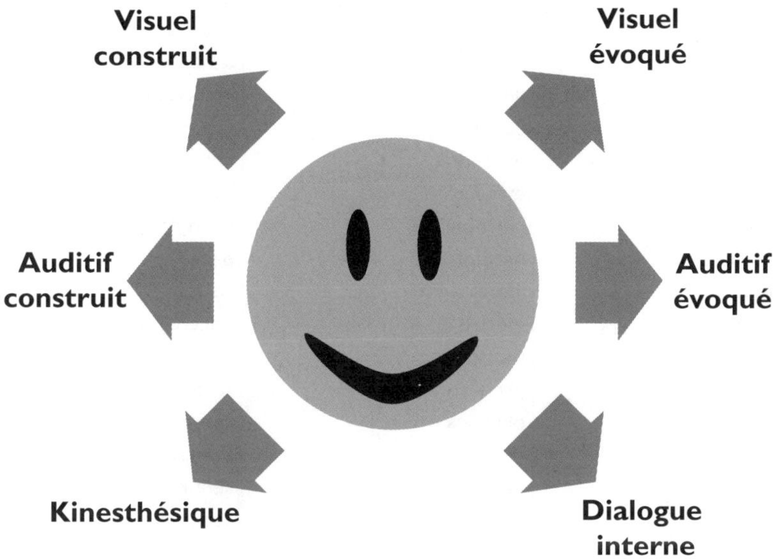

Fig. 6 : **Les clés d'accès oculaires**

Ces observations s'avèrent très précieuses pour suivre en direct la stratégie mentale de votre interlocuteur. Du point de vue du décodage du système sensoriel dominant, c'est la fréquence de positionnement des yeux qui peut donner une indication complémentaire aux autres caractéristiques comportementales présentées sur le *Tableau 5* et/ou aux résultats des tests sur les systèmes sensoriels.

De plus, la *Tableau 7* signale des exemples de prédicats caractéristiques des principaux systèmes sensoriels. C'est une indication fiable et aisément repérable. L'utilisation privilégiée de ces termes sensoriellement situés vous indique précisément certains éléments de la représentation subjective de votre interlocuteur.

Vocabulaire		
Visuel	**Auditif**	**Kinesthésique**
apparaître	accorder	accrocher
avoir l'air de	assourdissant	assiéger, conquérir
avoir un aperçu de	au diapason	avoir un bon contact
beau	audible	baisser les bras
belle comme une image	aux abois	camper sur ses positions
clair	bouche à oreille	contacter
clignoter	chuchoter	coup de main
éblouissant	consonant	de sang-froid
éclairer	criard	dur comme fer
éclaircir	discordant	échapper à
en un clin d'œil	dissonance	embobiner
envisager	écouter	emboîter le pas
être aveuglé	entendre	être d'attaque
faire jour	étouffer	lâcher le morceau
idées brumeuses	harmonieux	main dans la main
idées noires	harmoniser	peser
imaginer	inouï	ressentir
magnifique	mettre en sourdine	s'accrocher
montrer	mot pour mot	saisir
observer	orchestrer	se coltiner
œil pour œil	plein les oreilles	se mettre à table
plein la vue	résonner	s'emparer de
portrait craché	rythmé	sentir
regarder	sourd	submergé par l'émotion
superbe	sourde oreille	tirer les ficelles
voir	sous-entendu	toucher
...	...	...

Tableau 7 : **Exemples de prédicats sensoriellement marqués**

Perceptions et représentations sensorielles : les submodalités de l'expérience subjective

La PNL a encore mis en évidence des distinctions sensorielles considérables dans la manière individuelle d'évoquer une réalité ; il s'agit d'un découpage des images, des sons et des sensations en très petites parties désignées par le terme *submodalités*.

Il y a en effet une quantité presque infinie de nuances sensorielles possibles pour se représenter une situation.

Variations	Submodalités visuelles	Variations
associée	*Position*	dissociée
grande	*Dimension*	petite
proche	*Distance*	lointaine
grande	*Taille du soi*	petite
net	*Contraste*	flou
mobile	*Mouvement*	statique
multicolore	*Couleur*	noire/blanche
faible ou forte	*Luminosité*	mate ou brillante
panoramique	*Champ*	encadré
bidimensionnelle	*Profondeur*	tridimensionnelle
Variations	**Submodalités auditives**	**Variations**
mono/interne	*Localisation*	stéréo/externe
de face de droite du haut	*Origine*	de dos de gauche du bas
fort	*Volume*	faible
grave	*Timbre*	aigu ou rauque
régulier	*Rythme*	intermittent
proche	*Distance*	éloignée
fixe	*Position*	mobile
ample	*Vibration*	étroite
longue	*Durée*	courte
consistante	*Épaisseur*	diffuse
distincte	*Consonance*	brouillée
cristalline	*Qualité*	sourde
Variations	**Submodalites kinesthésiques**	**Variations**
chaude	*Température*	froide
lourd	*Poids*	léger
forte	*Pression*	faible
vibrant	*Mouvement*	statique
interne/partielle	*Localisation*	externe/totale
continue	*Durée*	intermittente
dure/rugueuse	*Consistance*	molle/lisse
rapide, lent	*Rythme*	régulier, irrégulier
abondante	*Humidité*	faible

Tableau 8 : **Inventaire des principales submodalités**

S'il est très important de mettre à jour ces distinctions fines, c'est que chacun d'entre nous ressent dans son état interne des émotions différentes non pas tellement en fonction du contenu de son expérience, mais plutôt de la structure de la représentation qu'il s'en fait. Voir la liste des principales submodalités avec leurs variations sur le tableau aide-mémoire du *Tableau 9*.

Expérience
Variation des submodalités visuelles

- *Pour vérifier vous-même cette affirmation, vous pouvez, par exemple, vous souvenir d'un moment agréable. Vous regardez ensuite attentivement l'image de ce souvenir et vous en notez la couleur, la lumière, la brillance, la taille, la netteté, la proximité, le mouvement, la forme, votre position dans l'image… Vous vous souvenez ensuite d'un moment particulièrement désagréable et vous notez tous les détails visuels caractéristiques de cette autre image. Vous comparez ensuite ces éléments et lorsque vous avez identifié ce qui distingue les deux images, vous appliquez au souvenir agréable, duquel vous ne modifiez pas le contenu, les caractéristiques de l'image du souvenir désagréable.*
- *Autrement dit, si votre image agréable était en couleurs, très lumineuse, petite, éloignée, floue, en mouvement et que vous vous y voyez vous-même, alors que votre image désagréable était tout le contraire, vous faites de votre premier souvenir une image en noir et blanc, peu éclairée, grande, proche, nette, statique, que vous regardez de l'intérieur… et vous vérifiez votre état interne.*

Probablement votre souvenir initialement agréable est moins enthousiasmant avec ces nouvelles submodalités.

Ne soyez pas fâché pour cela, car il vous suffit d'inverser le processus pour retrouver votre première image, celle qui vous rend heureux. Vous avez en plus appris, en faisant cet exercice, qu'en modifiant les submodalités de votre représentation, vous modifiez votre état interne changez donc les submodalités de vos souvenirs négatifs et vous vivrez mieux !

Le même exercice peut être fait avec les submodalités auditives ou kinesthésiques.

Expression de la réponse

> Le langage humain est comme un chaudron fêlé sur lequel on bat la mesure pour faire danser les ours, alors que nous voudrions émouvoir les étoiles.
>
> *G. Flaubert*

Processus

La réalité perçue est donc filtrée par chacun au gré de ses expériences et chacun se crée sa représentation personnelle du monde. À partir des éléments que la personne considère comme la réalité, elle exprime consciemment ou non, des réactions comportementales et/ou verbales. Souvent, elle parle avec d'autres et échange à propos de cette réalité. Ce processus met en évidence la *triple transformation de la réalité* par un même acteur, processus déjà évoqué dans les chapitres précédents, soit :

- l'appropriation d'éléments d'expériences choisis en fonction des filtres neurologiques, personnels et socioculturels de la personne ;
- la représentation sensorielle subjective et détaillée que la personne se fait en intégrant la nouvelle information à sa carte du monde déjà constituée, c'est une structure profonde ;
- les mots que la personne présente à son interlocuteur pour traduire son expérience, c'est une structure de surface.

S'il est évident que le passage de la perception à sa représentation suppose la perte d'un certain nombre d'éléments, il est aussi évident que le passage de la structure profonde à la structure de surface s'accompagne d'une autre perte considérable d'informations.

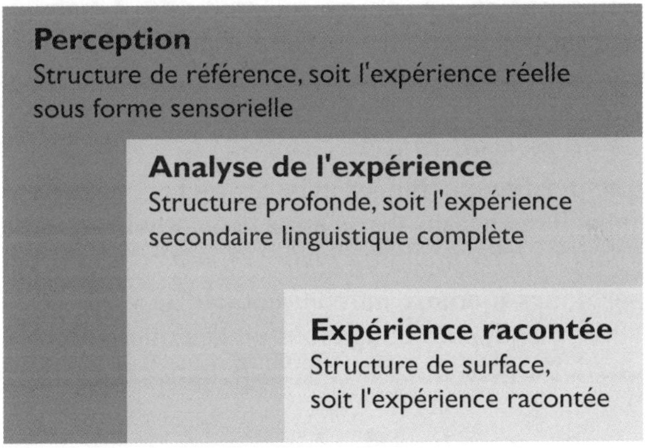

***Fig. 9 :* Le langage verbal**

Analyse du langage verbal : le métamodèle

L'expérience en structure profonde étant riche et complexe, la nécessaire économie d'informations au moment d'en parler avec quelqu'un rend le langage que nous utilisons incomplet et déformé. Sous le nom de métamodèle, la PNL s'est dotée d'un instrument simple pour, d'une part, repérer la nature des transformations opérées par la personne qui parle, d'autre part, la questionner pour qu'elle retrouve, éventuellement exprime, l'information plus complète et exacte.

Pour révéler cette incomplétude langagière, le métamodèle inventorie *onze types de syntaxes* classées selon les trois mécanismes fondamentaux de modifications de la réalité, en omissions, généralisations et distorsions. Ces structures syntaxiques typiques, bien identifiables, sont appelées en PNL violations du métamodèle ; en voici les caractéristiques.

Quatre figures de distorsions

- **L'équivalence complexe** établit une analogie entre un fait ponctuel et une explication générale ; deux situations différentes sont interprétées comme interdépendantes (ex. : *il ne me serre pas la main, il ne me respecte pas*).
- **Le lien cause-effet** ressemble à l'équivalence complexe ; la causalité unit le comportement d'une personne à l'état émotionnel interne de celui qui s'exprime (ex. : *tu me frustres*).
- **La lecture de pensée** consiste à prétendre connaître ce que l'autre pense, dit ou veut faire (ex. : *je sais ce qui convient à mes collègues*).
- **La nominalisation** transforme un processus dynamique, lorsqu'exprimé par un verbe, en un substantif d'état statique ou abstrait (ex. : *elle veut plus de communication à l'école*).

Trois figures de généralisations

- **L'origine perdue** qualifie les avis, les règles ou normes acceptées inconditionnellement sans vérification de la provenance, ni de la validité (ex. : *il faut souffrir pour être belle ; on n'a rien sans peine*).
- **Les opérateurs modaux** introduisent par un verbe de modalité (pouvoir, falloir, devoir) des obligations ou des impossibilités qui bloquent les choix de la personne (ex. : *je dois terminer ce travail pour mercredi !*).
- **Les quantifieurs universels** sont des amplifications exagérées de la réalité introduites par des mots indéfinis tels que : tout, jamais, rien, personne, toujours, etc. (ex. : *personne ne respecte les consignes*).

Quatre figures de sélections/omissions

- **Les verbes non spécifiques** sont ceux qui n'évoquent aucune base sensorielle, ils expriment souvent des abstractions (ex. : *il a réussi*).
- **La suppression du comparatif** sous-entend l'un des termes de la comparaison sans le préciser (ex. : *il est plus compétent*).

- **La suppression de l'index de référence** consiste à ne pas définir le sujet ou le complément de verbe (ex. : *ça m'ennuie*).
- **La suppression simple** occulte l'un ou l'autre élément nécessaire à la précision, ça peut être le contexte ou l'objet du verbe (ex. : *je suis d'accord*).

Chaque figure linguistique révèle donc un type de transformation de la réalité opérée par le locuteur lors du passage de la structure profonde (sa représentation) à la structure de surface (langage) qu'il utilise pour l'exprimer. Pour avoir des informations sur le contenu de cette expérience subjective, son interlocuteur peut le questionner. La PNL a identifié une série de questions confrontantes particulièrement utiles pour le faire, voir Deuxième partie, Chapitre 4 – *Recueil d'informations sur la carte du monde du client.*

3.3. Interdépendance entre corps/comportement, pensée et émotion

Processus

À titre d'exemple pour illustrer simplement ce que la plupart des ouvrages de PNL présente sous le titre Index de computation, nous vous proposons de vous laisser guider à travers une petite expérience classique.

Expérience Interdépendance des trois secteurs du comportement

- *Dans votre esprit (Organisation des Pensées ci-après = OP), pensez, imaginez, visualisez un grand citron bien jaune avec son odeur et sa peau caractéristiques... Imaginez que vous le prenez dans votre main gauche, avant de le couper en deux avec un couteau à scie... Vous regardez l'une des moitiés bien juteuse, avec un pépin que vous enlevez... avant de la porter à votre bouche pour en sucer le jus...*
- *Probablement, vous salivez (Comportement externe : ci-après = CE) déjà, c'est normal car votre cerveau ne fait pas la différence entre l'expérience réelle et l'expérience remémorée ; le lien entre OP et CE est automatique, vous venez de le constater. Selon que vous aimez le citron ou que vous le détestez, cette petite expérience vous aura fait plaisir ou pas (État émotionnel Interne ci-après = EI)... et vous vérifiez ainsi le lien entre (OP) et (EI).*

Bien sûr, si vous aviez, en commençant la lecture de cette expérience, la croyance que ce n'était pas nécessaire de la faire, qu'il suffisait de la lire, vous n'avez pas encore salivé.

Ceci illustre que les croyances constituent la clé qui ouvre ou verrouille les comportements, les autres pensées et les émotions.

Le processus est évidemment semblable si vous commencez la boucle comportementale par l'une des autres entrées. L'exemple de la petite madeleine de Proust est célèbre. Le biscuit pris avec le thé (CE) fait surgir dans l'esprit (OP) du narrateur les images, les sons, l'ambiance… d'une situation dont le souvenir le rend mélancolique (EI)[11].

Agir, penser et ressentir sont interdépendants, l'esprit et le corps font partie du même système (voir *Figure 10 : L'index de computation*). Autrement dit, chaque fois que vous modifiez les éléments de l'un des secteurs du comportement, les deux autres s'en trouvent obligatoirement atteints. Par conséquent, vous pouvez vivre ou revivre en imagination des situations de votre choix. Si vous optez pour celles qui vous sont agréables, elles représentent des ressources précieuses pour rester en forme, heureux et confiant, même dans les situations difficiles. Si vous choisissez les autres, peut-être réussirez-vous à vous sentir déprimé même si vous n'avez aucun problème particulier.

Ce constat ouvre de nombreuses portes d'intervention au formateur puisque le changement peut être introduit à partir de l'un de ces secteurs et modifier en conséquence les deux autres.

Il est cependant possible de mettre délibérément une étanchéité autour des émotions. Cette mise à distance est une dissociation sur laquelle nous y reviendrons dans la *Deuxième partie, Chapitre 1 – Positions de perception.*

En relation avec l'index de computation, Jean-Jacques Crèvecœur[12] développe un concept intéressant, particulièrement utile à la pédagogie en relation d'aide. Il utilise l'interdépendance des trois secteurs du comportement pour décrire les déplacements de l'énergie disponible de chaque individu relativement aux expériences vécues. Il considère que lorsque la personne est centrée, sereine, en équilibre, l'énergie dont elle dispose se trouve répartie équitablement entre le corps, les pensées et les émotions. Si par exemple, cette personne reçoit un choc émotionnel qui la met en colère, une grande quantité d'énergie va se déplacer dans l'EI et donc déséquilibrer la répartition, privant potentiellement l'OP et le CE d'une partie de l'énergie qui serait nécessaire à gérer correctement la situation.

11.S. Huet, *À la recherche du temps perdu, Tome 1 :* Combray, Delcourt, 1998.

12. Conférence : Pièges, difficultés et impasses des processus de guérison, du 17 mars 2010, Estavayer-le-lac

Ce processus est bien explicable si l'on considère le circuit neurologique d'une information captée par les organes sensoriels[13] : le premier décodage au niveau du cerveau reptilien déclenche immédiatement une émotion ; si celle-ci est d'une certaine intensité, elle sature le cerveau limbique, ce qui va faire obstacle au passage de cette information aux zones supérieures du cerveau (corticales et frontales) où elle devrait être analysée.

C'est l'exemple classique de la situation d'examen. Peut-être vous est-il arrivé d'entrer à un examen en sachant que vous connaissez relativement bien votre matière. Vous recevez la question et c'est le trou noir ou, en tout cas, il vous manque un grand nombre d'informations. Vous vous débrouillez vaille que vaille et vous ressortez de la salle d'examen en n'étant pas très fier de votre performance. Au moment où vous refermez la porte, vous retrouvez presque instantanément l'ensemble des réponses que vous n'avez pas été capable de fournir au professeur ou de mettre sur votre feuille quelques instants plus tôt. Que s'est-il passé ? Le stress produit par le décodage de la question a surchargé votre cerveau limbique et a empêché le message de la question d'arriver complètement dans les zones corticales où il pouvait être traité. Votre analyse a donc porté sur un message tronqué et, par conséquent, les réponses n'ont pu être exactes. Une fois la charge émotionnelle tombée, le cerveau limbique libéré a laissé passer la totalité de l'information et vous savez construire les réponses correctes… mais pour l'examen, il est trop tard ! Dans votre position actuelle de formateur, vous pouvez vous en souvenir et choisir parmi les nombreuses stratégies présentées en *troisième partie* de ce livre, de quoi aider votre élève ou votre client à **neutraliser les émotions limitantes** dans ce genre de circonstances.

13. B. Kolb & I. Wishaw, *Cerveau et comportement,* De Boeck, 2002, p. 76-112.

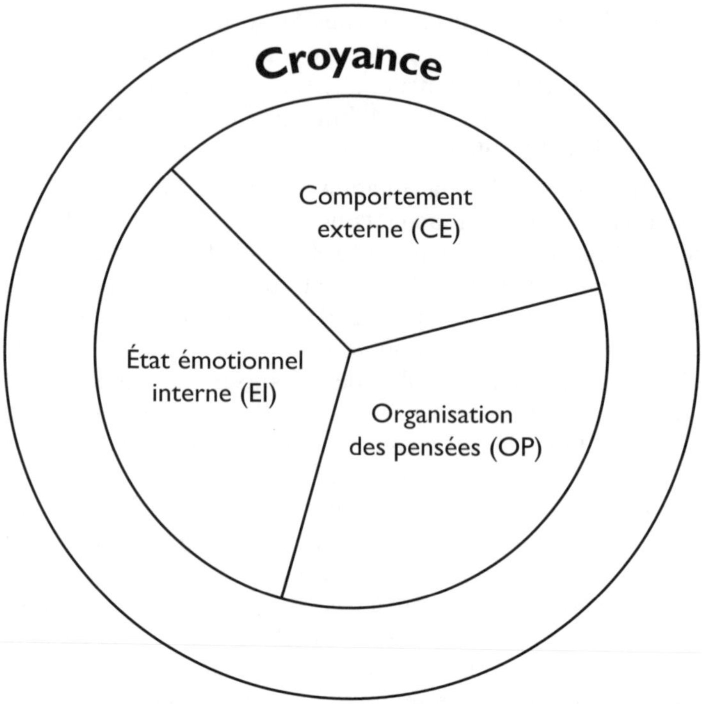

***Fig. 10 :* L'index de computation**

Calibrage du langage non verbal et paraverbal

Différents indices corporels accompagnent donc les modifications émotionnelles. Ils sont peu contrôlables pour la personne car automatiquement activés, certains (coloration de la peau, température et humidité du corps, tensions musculaires…) étant inaccessibles à une gestion volontaire directe.

Pour l'interlocuteur, en l'occurrence le *coach,* seuls les comportements externes peuvent être observés. Puisque les trois secteurs du comportement varient simultanément, lorsque vous observez finement, que vous calibrez chez votre client des changements physiques, vous savez avec certitude qu'il y a en même temps chez lui des changements émotionnels. Dans ce cas, il est naturel de faire des hypothèses, qui parfois sont exactes. Mais pour les vérifier, si vous en avez besoin, il faut questionner la personne sur la nature de ses émotions, sans quoi vous risquez des lectures de pensées abusives.

Vous pouvez calibrer des changements très observables comme des croisements de membres, des changements de posture, de répartition du poids du corps… mais aussi des modifications plus discrètes comme les mimiques, la couleur ou l'humidité de la peau, le rythme respiratoire, la tonicité musculaire sur le visage, le cou, les mains, des gestes d'autocontact, etc. Vous pouvez encore écouter les modifications de rythme, de volume, de tonalité de la voix… toutes les caractéristiques paraverbales du langage. Ces signes accompagnent les variations des processus internes émotionnels ou intellectuels.

Dans votre rôle de pédagogue, le calibrage sert à différents moments de votre intervention, en particulier pour prendre des informations sur l'état présent de votre client et sur son fonctionnement, ainsi que pour évaluer instantanément la portée de vos injonctions, ce qui vous permet de réajuster constamment votre démarche, dans la perspective d'avancer rapidement et sûrement vers le but poursuivi. Ces éléments seront soulignés encore plusieurs fois dans les chapitres suivants.

Cette première partie du livre a présenté les présupposés pédagogiques et les bases du comportement humain, notions, nécessaires pour bien comprendre les mécanismes fondateurs de la pédagogie prônée en *coaching*.

À l'occasion de sa lecture, la subjectivité inhérente aux êtres humains vous est probablement devenue familière. Vous savez identifier les structures stables des logiques individuelles et reconnaissez dans les modifications physiologiques de vos interlocuteurs, des signes des variations émotionnelles dont ils sont l'objet.

Vous voilà prêt à vous pencher sur le cadre méthodologique utile à favoriser le meilleur apprentissage. Il vous servira de fil conducteur pour toutes vos activités de formation.

Cette *deuxième* partie du livre présente :

- des outils pratiques pour organiser vos propres compétences ;
- des bases utiles à une communication de qualité avec votre client ;
- une démarche opérationnelle de *coaching* du changement.

Deuxième partie

S'approprier une méthodologie de *coaching*

Demain ne sera pas comme hier, il sera différent et dépendra de nous.

L'avenir est moins à découvrir qu'à inventer.

Gaston Berger

Toute pédagogie est articulée sur la relation privilégiée entre deux des trois éléments (savoir, enseignant, apprenant) à l'exclusion du troisième avec qui cependant chaque élu doit maintenir des contacts.

Jean Houssaye

Chapitre I

Principes généraux

Notre peur la plus profonde n'est pas d'être nul et incapable.
Notre peur la plus profonde, c'est d'être puissant au-delà de toute mesure.
C'est notre lumière, pas notre ombre, qui nous effraie le plus.
Nous nous demandons : « Qui suis-je pour être brillant, talentueux, génial ? »
Mais la vraie question devrait dire : « Qui êtes-vous pour ne pas l'être ? »
Vous êtes un enfant de Dieu.
Rester dans votre école maternelle n'offre aucun service au monde d'aujourd'hui.
Il n'y a rien de sain ou d'illuminé à vous rétrécir et à vous cacher pour ne pas insécuriser votre entourage.
Nous sommes nés pour manifester la gloire de Dieu en nous.
Ce n'est pas seulement donné à certains, c'est en nous tous.
Quand nous laissons briller notre lumière, les autres ressentent inconsciemment la permission de faire de même.
Quand nous nous libérons de notre propre peur, notre présence libère automatiquement les autres.

N. Mandela

Les progrès d'un individu dans un domaine quelconque sont étroitement conditionnés par de nombreuses forces internes et externes dont certaines sont peu contrôlables ; dans ce cadre de *coaching*, il vaut mieux considérer celles sur lesquelles les acteurs concernés peuvent agir de façon autonome.

Autrement dit, tout choix pédagogique résulte, consciemment ou non, de la combinaison des divers filtres du *coach,* lesquels amènent celui-ci à privilégier un ou deux des trois pôles en présence ou à les équilibrer dans une interaction stable. Ces pôles sont le client, le problème ou l'objectif et le *coach* lui-même.

Dans son modèle de compréhension de la pédagogie scolaire, Jean Houssaye[14] définit l'acte pédagogique comme l'espace entre trois sommets d'un triangle (voir *Fig. 11 : Les facteurs en jeu dans la motivation scolaire*) : l'enseignant,

14. J. Houssaye, *Le triangle pédagogique,* Peter Lang, 1988, p. 233.

l'élève et le savoir, dont deux se constituent comme des sujets, tandis que le troisième doit accepter la place du mort ou, à défaut, se mettre à faire le fou ! Ainsi les rôles sont-ils caractérisés de la manière suivante :

- l'enseignant est celui qui transmet ou fait apprendre le savoir ;
- l'apprenant acquiert le savoir (savoir-faire, savoir-être) grâce à une situation pédagogique ;
- le savoir concerne le contenu de la formation : la matière, le programme à enseigner.

La relation didactique est le rapport qu'entretient l'enseignant avec le savoir et qui permet d'enseigner.

La relation pédagogique est le rapport qu'entretient l'enseignant avec l'étudiant et qui favorise le processus « former ».

La relation d'apprentissage est le rapport que l'élève va construire avec le savoir dans sa démarche pour apprendre.

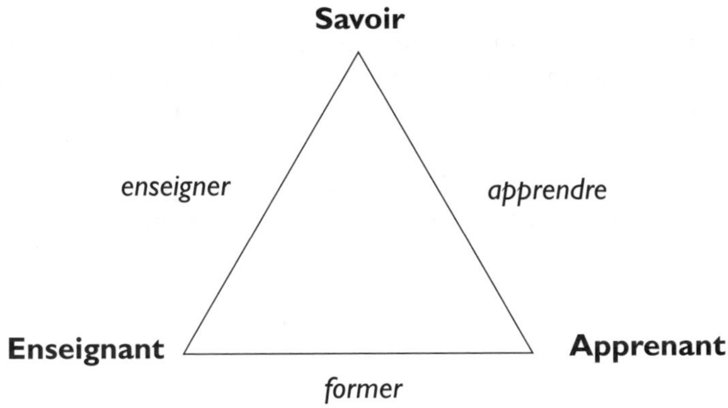

Fig. 11 : **Les facteurs en jeu dans la motivation scolaire selon Jean Houssaye**

Par analogie, dans toute intervention de *coaching*, si le professionnel se centre exclusivement sur le client, il risque de se perdre dans de multiples détours avant de réussir à conduire le changement souhaité. S'il se focalise sur le problème, il a probablement une solution préconstruite à proposer pour chaque type de difficulté, ce qui est un peu utile pour tout le monde et véritablement efficace pour personne. Évidemment, le formateur trop préoccupé de lui-même n'a pas sa place en relation d'aide, même si, pour rester efficace, il doit bien se gérer lui-même et veiller à la satisfaction de ses propres besoins.

En plus des caractéristiques de l'enseignant largement connues – personnalité, valeurs, culture, compétences pédagogiques et didactiques, motivation, santé, âge, sexe, milieu social... – la façon dont il se représente ses élèves influe grandement sur son comportement avec eux. L'effet Pygmalion mis en évidence par Rosenthal et Jacobson[15] est désormais bien connu : tandis qu'il délaisse modérément les élèves qu'il juge peu doués, il s'occupe mieux des élèves jugés plus performants ce qui, en retour, les rend effectivement meilleurs.

La délicate entreprise de former des êtres humains ou d'accompagner leur changement se trouve facilitée par une grande rigueur méthodologique, dont les trois axes les plus contrôlables par le professionnel sont présentés ci-après.

- Sous *Organisation personnelle* du *coach,* vous trouverez des conseils pratiques pour consolider votre posture professionnelle et optimaliser vos propres ressources de façon à travailler efficacement tout en ménageant votre énergie.
- Sous *Conditions d'une relation de qualité*, vous préciserez comment instaurer rapidement un contact fructueux, une relation de complicité avec votre client et développer chez lui la confiance en ses possibilités.
- Sous *Pédagogie interventionniste*, vous vous approprierez la démarche et les outils de base pour *coacher* avec une performance optimale.

15. R. Rosenthal & L. Jacobson, *Pygmalion à l'école*, Casterman, 1971.

Organisation personnelle du coach

2.1. Congruence personnelle

> Un maître n'est pas quelqu'un qui connaît déjà les réponses et détient les solutions, mais une personne capable de poser des questions valables et de diriger les processus d'apprentissage, de résolution de problèmes et de créativité, pour former de nouvelles cartes du monde qui mènent à des réponses et à des possibilités nouvelles et utiles.
>
> *R. Dilts*

Les pédagogues efficaces et les vrais *leaders* sont en contact avec leurs valeurs, leur mission, la vision du monde idéal auquel ils veulent appartenir, ce qui leur permet de mettre en œuvre les capacités nécessaires à poser les comportements professionnels adéquats avec leurs clients. Pour vous permettre d'installer rapidement et consciemment votre congruence, la PNL propose une grille opérationnelle d'organisation mentale. Évidemment, tous les outils suggérés pour vous peuvent être adaptés pour le *coaching*. Sous le nom de *niveaux logiques* (*Troisième partie, Chapitre 7*), vous trouverez des suggestions pour appliquer le modèle détaillé ci-dessous.

Pour chaque personne, sa représentation du monde constituée de l'ensemble de ses croyances articulées logiquement, est cohérente et généralement compréhensible, même pour quelqu'un qui en a une autre. Gregory Bateson[16] a mis en lumière les niveaux logiques de la pensée et leurs mécanismes. Le concept des niveaux neurologiques fut, dès 1976, enrichi et développé par Robert Dilts. Ce dernier les a reformulés lors de ses séminaires de formation en application opérationnelle du modèle de G. Bateson à la communication et aux changements humains. Nous nous en inspirons largement et y tenons beaucoup dans la mesure où ce modèle donne à la PNL une large dimension, à la fois systémique et spirituelle ; que Robert Dilts en soit remercié.

Ces différents niveaux fonctionnent selon des règles universelles et toute tentative de changement qui ne les suit pas risque fort de ne pas aboutir. Ils se réfèrent à une hiérarchie fondamentale d'organisation, dans laquelle,

16. G. Bateson, *Vers une écologie de l'esprit*, *op. cit.*

progressivement, les niveaux englobent davantage de choses et ont davantage d'impact sur le plan psychologique. Selon cette conception, notre pensée est structurée en *six niveaux interdépendants.*

L'environnement : c'est le niveau inférieur de la pyramide des niveaux logiques, il concerne le monde extérieur, le contexte qui nous entoure, avec ses lois, son cadre spatiotemporel et social ; les facteurs environnementaux déterminent les opportunités ou les contraintes externes auxquelles une personne doit réagir ; c'est la réponse aux questions **où ? quand ? avec qui ?**

Les comportements : au deuxième niveau, les comportements sont constitués d'actions ou de réactions spécifiques au sein de l'environnement ; c'est la réponse à la question **quoi ?**

Les capacités : au-dessus des comportements, les capacités guident et donnent une direction aux actions comportementales à travers une carte, un savoir-faire, un plan ou une stratégie mentale ; c'est la réponse à la question comment ?

Les valeurs et croyances : les croyances et les valeurs font partie des niveaux supérieurs, ils sont au-dessus des capacités qu'ils soutiennent ou nient, dont ils fournissent les renforcements (la motivation et la permission) ; c'est la réponse à la question **pourquoi ?**

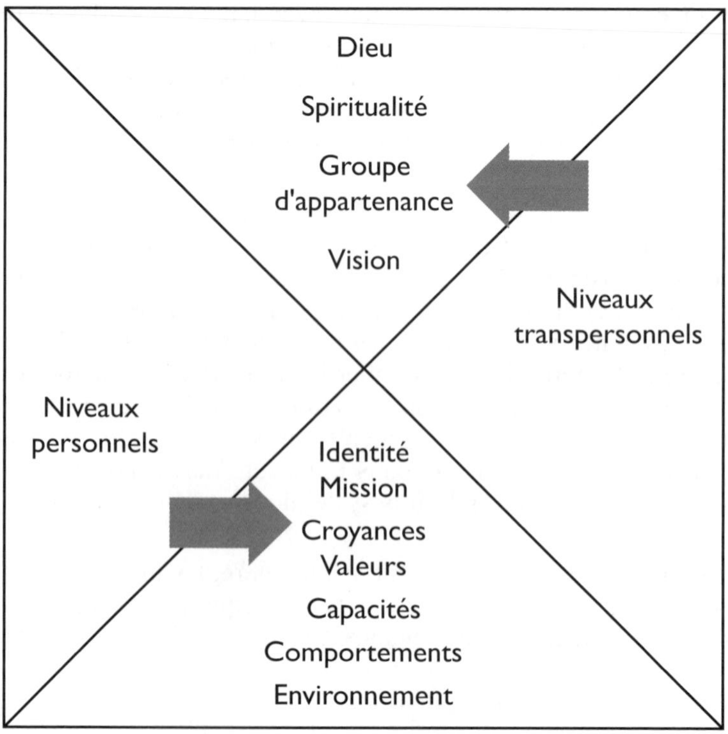

L'identité, la mission : plus haut, les facteurs de l'identité concernent la finalité personnelle globale, déterminent le but général (la mission) compatible ou découlant de la vision du monde idéal, et forgent les croyances et les valeurs à travers la représentation que nous nous faisons de nous-mêmes, qui définit qui nous sommes ; c'est la réponse à la question **qui ?**

La vision, la spiritualité : c'est le niveau le plus élevé, celui de la conception idéale du monde et de la vie, celui de la transcendance, c'est ce vers quoi nous orientons notre existence. Les questions de ce niveau sont liées au fait que nous sommes une partie d'un système plus large qui s'étend au-delà du soi individuel, pour englober les équipes, les groupes, la communauté professionnelle et même les sociétés ; c'est la réponse aux questions **vers quoi ? quel sens ?**

La fonction d'un niveau logique est d'organiser l'information au niveau inférieur. Par conséquent, un changement effectué à un niveau donné aura forcément des retentissements sur tous les niveaux inférieurs mais pas nécessairement sur les niveaux supérieurs. Il est impossible de résoudre un problème au niveau auquel il a été engendré, de nombreux problèmes personnels et relationnels surgissant d'une confusion entre niveaux de la personne ou du fait que deux interlocuteurs se situent à des niveaux différents de communication.

Les réponses aux trois niveaux logiques supérieurs - Vision, Identité, Valeurs - sont relativement stables chez l'adulte. Évidemment, dans la mesure où l'actualisation de soi s'exprime de multiples façons dans toutes sortes d'environnements différents, les réponses aux trois niveaux logiques inférieurs sont très souples.

La correspondance rigoureuse et consciente entre tous ces niveaux est nécessaire en tant que structure cohérente de la personnalité. Plus le formateur assure en lui cette cohérence interne par la correspondance logique de ses réponses à tous les niveaux, plus son intervention est puissante. Aussi, en préalable à son action, l'intervenant se donne-t-il ses réponses aux questions des niveaux logiques, soit en partant de la vision, soit de l'environnement, mais obligatoirement dans l'ordre donné.

Exemples de questions à vous poser

- *Quelle est ma vision du monde idéal auquel j'ai envie d'appartenir ? Quelle est ma vision de la vie, de l'humanité ? Quel sens la vie a-t-elle pour moi, compte tenu de ce qui existait avant moi, de ce qui sera après et dans quoi je m'inscris ?*
- *Qui suis-je ? Quelle est ma mission dans la perspective de cette vision ?*

Qui d'autre est concerné par mon action ?

- *Pour réaliser cette vision et qui je suis, quelles sont les valeurs et les croyances utiles et que je veux privilégier ? Qu'est-ce que je crois vrai, bon, juste et nécessaire ?*
- *Pour réaliser cette vision, compte tenu de qui je suis et de ce qui est important pour moi, quelles sont mes capacités et quelles sont celles que je veux encore développer ?*
- *Quel est mon plan d'action ? Que vais-je faire maintenant avec mes capacités, en respectant mes valeurs, pour devenir encore plus qui je suis, dans la perspective de réaliser un peu ce monde idéal auquel je souhaite appartenir ?*
- *Où, quand, avec qui, dans quel contexte... vais-je le faire pour atteindre mon objectif ?*

Exemples de réponses

De quelqu'un avec un métaprogramme global

- *Dans ma vision d'un monde auquel tous ont envie d'appartenir,*
- *Je suis moi, dans ma posture de formateur,*
- *Les valeurs que je privilégie sont le respect des personnes, la créativité et l'efficacité ; je crois que les personnes possèdent elles-mêmes les ressources nécessaires pour grandir,*
- *Mes capacités principales sont mon intelligence, une méthodologie précise et de nombreuses stratégies de changement,*
- *J'aide et conduis la démarche de coaching,*
- *Au service des personnes et des institutions qui me sollicitent, à l'endroit où je me trouve.*

Quelqu'un avec un métaprogramme spécifique

- *Le monde idéal auquel je veux appartenir, ressemble à cette magnifique figure de Breughel illustrant la construction de la Tour de Babel...*
- *Lorsque je cherche ma place pour contribuer à la réalisation de ce monde, je me sens totalement MOI dans ma mission de soignant polyvalent.*
- *Dans la perspective de ce monde en construction, compte tenu de ma mission de soignant, les valeurs que je privilégie sont la solidarité, la réalisation de soi, l'efficacité. Je crois que chacun mérite d'être soutenu pour accomplir sa légende personnelle et qu'il possède les ressources*

nécessaires pour y parvenir ; je crois que les faiblesses peuvent constituer des opportunités à saisir pour évoluer ; je crois que chacun agit de son mieux à partir de sa représentation de la situation, etc.

- *Pour réaliser ce monde idéal, compte tenu de ma mission et de ce qui est important pour moi, j'ai déjà développé et vais encore le faire, des capacités d'observation, d'analyse, de synthèse, de créativité, de communication, de patience, de détermination… notamment.*
- *C'est bien dans la perspective de ce monde idéal, compte tenu de ma mission et de ce qui est important pour moi, grâce à mes capacités que j'aide des adolescents à réussir leur vie dans mon métier d'éducateur social, comme si je donnais une tisane reconstituante, posais un pansement, faisais un massage, disais une bonne parole… à l'ouvrier fatigué qui porte les pierres et matériaux au sommet de l'édifice de la Tour de Babel…*
- *Toujours dans la perspective de ce monde idéal, compte tenu de ma mission et de ce qui est important pour moi, grâce à mes capacités, je travaille dans une institution pour jeunes adultes en placement pénal, comme si j'étais installé là, au milieu du chemin circulaire qui gravit la pyramide en construction.*

2.2. Positionnement du *coach* et outils correspondants

> Accomplir sa légende personnelle est la seule et unique obligation des hommes. Et quand tu veux quelque chose, tout l'Univers conspire à permettre de réaliser ton désir.
>
> *P. Coelho*

Comme indiqué au chapitre précédent, une des lois de ce modèle des niveaux logiques précise que chaque niveau supérieur organise les niveaux inférieurs. Le corollaire clarifie le champ de changement couvert par un changement opéré à l'un ou l'autre des niveaux comme illustré par les graphiques de la *Figure 12*.

Conscient de cela et selon le type d'impact visé par votre intervention, vous allez caractériser votre pédagogie sur le niveau adéquat et utiliser les outils correspondants. Plus précisément, *six types de leadership* bien différents s'articulent sur les niveaux logiques (Dilts, divers séminaires, comme illustré par la *Tableau 13*).

En fait, vous pouvez guider les gens sur leur chemin de vie, leur faciliter les apprentissages utiles par une organisation de l'environnement dans lequel ils évoluent ; vous pouvez aussi les *coacher* pour qu'ils améliorent leur manière spécifique d'agir ; si vous vous centrez sur le développement de leurs compétences génériques, vous leur permettez d'élargir leurs capacités cognitives ; parfois vous confirmez leurs croyances et valeurs ; parfois encore, vous leur donnez des renforcements positifs sur leur identité ou les éveillez à une conscience plus large d'eux-mêmes et du système auquel ils participent et appartiennent, ce qui va générer des changements encore plus puissants.

Autrement dit, selon les circonstances ponctuelles, vous allez coacher sur l'un ou l'autre des niveaux, vous les utiliserez tous. Toutefois, en fonction de vos critères et valeurs, de vos principes philosophiques, vous pouvez choisir une posture de base du formateur que vous souhaitez être. Voici les caractéristiques du *coaching* approprié à chaque niveau logique.

Guide : si votre action consiste à définir précisément les lieux, les moments, les endroits exacts où votre client doit passer, vous vous rapprochez d'un guide de montagne, lorsque par exemple, il vous indique où poser vos mains et vos pieds pour escalader le rocher.

Coach : lorsque vous préconisez à votre client ce qu'il doit faire, comme un *coach* sportif qui entraîne par exemple un joueur de tennis à réussir ses services, qui lui indique précisément les gestes à enchaîner, vous vous rapprochez du coach dans son acception la plus élémentaire.

Enseignant : votre intervention peut être plus généralisée, indiquer des processus pour développer chez votre élève des compétences transférables dans différentes situations, comme le fait habituellement un enseignant.

Mentor : c'est un modèle que le *coaché* a envie d'imiter, à qui il veut s'identifier ; par son exemple le mentor souligne des valeurs désirables, donne des permissions, suscite la motivation d'autrui.

Mécène ou sponsor : à l'origine, les mécènes entretenaient des artistes à la seule condition qu'ils expriment leur génie propre à travers leur art ; Aujourd'hui, il y a plutôt des sponsors, c'est vrai que ces derniers exigent plus rapidement des résultats ; une manière très efficace de conduire quelqu'un vers sa réalisation personnelle, de l'orienter à devenir de plus en plus l'agent de sa propre vie, consiste à parier avec confiance sur QUI il est… et ça ressemble un peu au rôle du mécène ou du sponsor ; c'est presque toujours la position des bons parents qui misent inconditionnellement sur leur enfant, précisément parce qu'il est leur enfant.

Éveilleur : le *Coach* avec un C majuscule est un véritable *leader* qui sait partager l'enthousiasme d'une vision du monde à laquelle tous ont envie d'appartenir ; c'est la façon la plus belle et la plus efficace d'inciter autrui à grandir ; ce positionnement essentiel à développer un esprit d'équipe, permet au *Coach* d'avoir conscience des facteurs communs qui relient et connectent les membres du groupe ou du système qu'il influence, à un niveau profond.

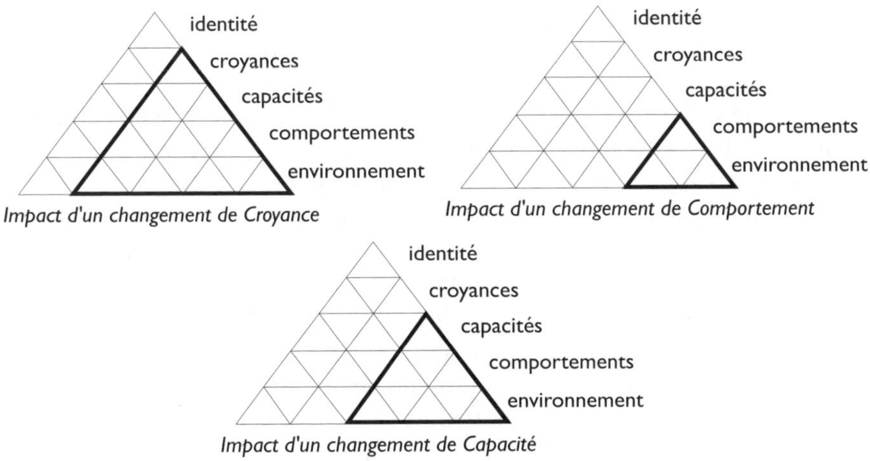

***Fig. 12 :* Espaces de changements sur les niveaux logiques**

Chacun des niveaux de soutien requiert une qualité relationnelle spécifique de la part du *coach* et des stratégies pédagogiques différentes. Le choix de votre profil de formateur va bien sûr être conditionné par votre contexte de travail, éventuellement par les exigences de votre employeur ou la demande explicite de votre client. Mais l'une des postures vous correspond probablement mieux que les autres et vous allez réussir à l'exprimer à votre façon dans la plupart de vos interventions ; les questions posées au client ne seront pas les mêmes, les *feed-back* qui lui seront retournés non plus.

À titre d'exemple, voici quelques stratégies propres aux divers profils de coach.

Correction : lorsque l'influence est tournée vers l'environnement, le *coach* intervient uniquement si quelque chose ou quelqu'un s'écarte du chemin, de la norme implicite ou explicite ; tant que les choses vont bien, il n'essaie pas de changer quoi que ce soit.

Récompenses/punitions : lorsque l'influence concerne des comportements, le *coach* établit clairement un contrat basé sur la correspondance effort/récompense (ou punition) ; il dit aux gens ce qu'ils doivent faire s'ils veulent être récompensés et distribue louanges et promotions en échange de la conformité aux prescriptions.

Objectifs : l'influence au niveau des capacités est réalisée en fournissant aux personnes concernées une représentation claire des objectifs désirés et des preuves leur permettant de savoir lorsque ceux-ci sont atteints ; le *coach* encourage ses élèves à utiliser leurs propres ressources.

Stimulation intellectuelle : c'est une autre manière de susciter la mise en œuvre des capacités des gens ; les idées du *leader* forcent les autres à repenser à certaines de leurs idées, à envisager les vieux problèmes d'une nouvelle manière. Le *coach* insiste sur l'intelligence, la rationalité, la créativité et la résolution prudente des problèmes.

Inspiration : pour influencer les croyances et les valeurs, le *coach* agit comme une sorte d'entraîneur, motivant et encourageant les autres à donner le meilleur d'eux-mêmes et encore plus ; il insiste sur les valeurs, renforce les croyances en des possibilités futures.

Influence charismatique : ce *Coach* partage et suscite la vision d'un monde auquel chacun a envie d'appartenir, il fortifie sa mission et celle d'autrui en donnant à son entourage un sentiment de dessein final ; c'est un modèle que les gens veulent suivre. Il obtient le respect et la confiance de chacun.

Identité du coach	Types de coaching	Niveaux de changement	Types de questions
Chef – Guide	*Renforcement négatif (punition)*	Environnement	Où ? Quand ? Avec qui ? Dans quel cadre ?
Coach	*Renforcement positif (récompense)*	Comportements	Quoi ?
Enseignant	*Stimulation intellectuelle, explication*	Capacités	Comment ?
Mentor	*Inspiration*	Croyances valeurs	Pourquoi ?
Mécène – Sponsor	*Considération individuelle*	Identité sociale Identité personnelle	Qui ? Quelle mission ?
Éveilleur	*Influence charismatique*	Vision Spiritualité	Quel sens ? Pour qui ? Pour quoi ?

Tableau 13 : **Types de leadership et niveaux logiques concernés (Inspiré de R. Dilts)**

2.3. Position de perception : méta

La vérité n'est pas ce qui est démontré plus ou moins bien, mais ce qui est plus ou moins efficace dans son rôle de réalité. Rien n'est en soi vrai ou faux.

A. de St-Exupéry

Pour *coacher* efficacement il convient d'être conscient de tous les facteurs présents de façon à poser d'emblée les hypothèses de compréhension et d'action les plus adéquates. Pour conserver toute votre énergie même en travaillant, la PNL vous propose de choisir votre position de perception parmi les quatre expliquées ci-dessous et résumées par la *Figure 14*.

- ***Première position de perception :*** associé

Vous êtes ici et maintenant, dans vos propres chaussures. Vous voyez les choses à travers vos yeux et les entendez dans vos propres oreilles. Parallèlement, vous ressentez vos propres émotions. En d'autres termes, cela veut dire que vous êtes associé à la situation présente. C'est la position spontanée de l'enfant, la vôtre lorsque vous ne faites rien d'autre que de vivre.

- ***Seconde position de perception :*** identifié

Vous vous mettez à la place de votre interlocuteur. Dans ses chaussures, vous faites comme si vous étiez lui et vous regardez comme si vous aviez ses yeux ; vous écoutez avec ses oreilles, ressentez ce qu'il ressent et vous tirez de tout ceci les conclusions que vous tireriez si vous étiez lui. Ici aussi vous êtes associé, mais associé à lui ou identifié. C'est souvent la position recherchée par le spectateur au cinéma par exemple. Dans un contexte de relation d'aide, elle peut contribuer à la qualité de la relation mais est totalement inefficace pour conduire la personne vers le changement souhaité. En effet, lorsque les émotions sont impliquées, le cerveau limbique est trop chargé pour permettre l'utilisation optimale des ressources intellectuelles comme nous l'avons évoqué précédemment.

- ***Troisième position de perception :*** dissocié

Vous vous placez en imagination à une distance égale de vous-même (première position de perception) et de votre interlocuteur (deuxième position de perception) et vous observez ce qui se passe. Vous êtes conscient de la nature de la relation, vous savez quelles sont les perceptions et les interprétations des protagonistes mais vous ne donnez raison ou tort à personne. Si, en tant que conseiller, vous avez votre idée sur cette situation, vous n'avez pas de sentiments à son propos. De cette façon, vous pouvez donner un avis neutre, sans y chercher un intérêt personnel. Vous êtes dissocié.

- ***Quatrième position de perception :*** méta

L'expérience de la position méta émerge de la conscience des facteurs qui relient et connectent les membres d'un groupe ou d'un système à un niveau supérieur. Cela inclut donc le fait de considérer la situation en prenant en compte l'intérêt et les déterminants de l'ensemble du système. On peut l'imaginer comme le sommet d'une pyramide dont la base serait constituée des trois positions perceptuelles précédentes.

Pour travailler efficacement en relation d'aide, vous gagnez non seulement à vous dissocier, mais à vous mettre en position méta, de façon à avoir assez de distance pour simultanément être conscient de vous, de l'autre que vous guidez, de ce que vous êtes en train de faire ensemble (objectif) et du système dans lequel vous évoluez. Cette position de perception est celle qui vous permet de poser constamment des hypothèses de compréhension et d'action nombreuses et variées, de faire rapidement les choix judicieux et de proposer au client les meilleures alternatives.

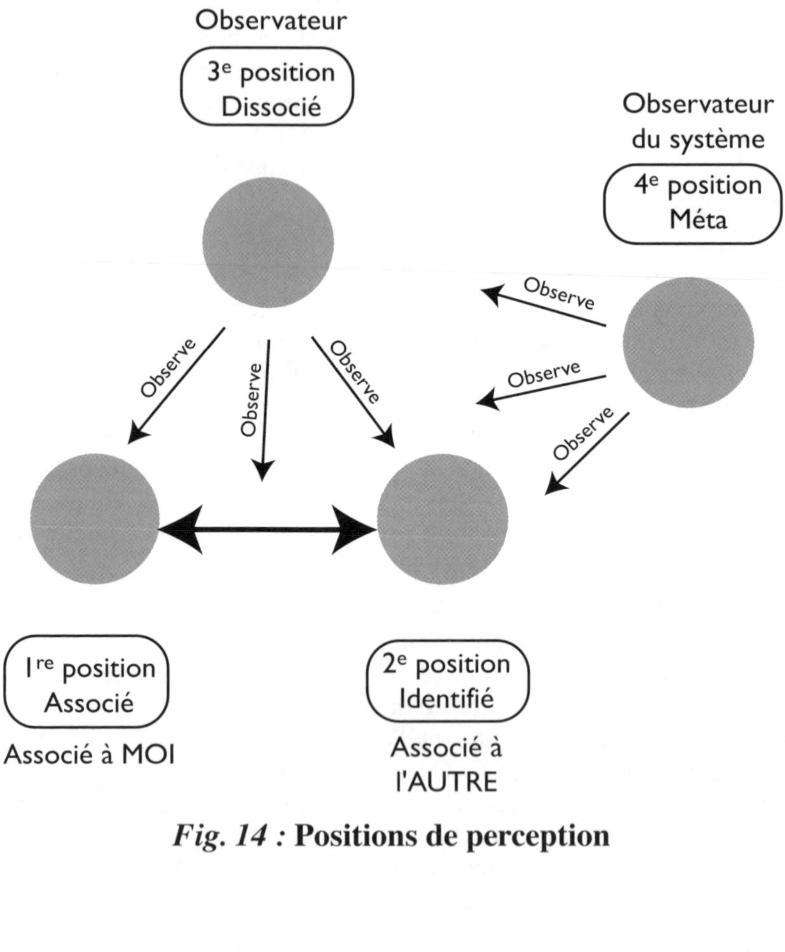

Fig. 14 : **Positions de perception**

Conditions d'une relation pédagogique efficace

> Si je veux réussir à accompagner un être vers un but précis, je dois le chercher là où il est, et commencer là, justement là.
>
> Celui qui ne sait faire cela, il se trompe lui-même quand il pense pouvoir aider les autres.
>
> Pour aider un être, je dois certainement comprendre plus que lui, mais d'abord comprendre ce qu'il comprend.
>
> Si je n'y parviens pas, il ne sert à rien que je sois plus capable et plus savant que lui.
>
> Si je désire avant tout montrer ce que je sais, c'est parce que je suis orgueilleux
>
> Et cherche à être admiré de l'autre plutôt que de l'aider.
>
> Tout soutien commence avec humilité devant celui que je veux accompagner ;
>
> Et c'est pourquoi je dois comprendre qu'aider n'est pas vouloir maîtriser mais vouloir servir.
>
> Si je n'y arrive pas, je ne puis aider l'autre.
>
> *S. A. Kierkegaard*

3.1. Justification

Dès le début du XXe siècle, les recherches menées en psychologie sociale sur les conditions de facilitation de l'apprentissage relèvent presque toutes *quatre facteurs déterminants* dont nous rendons compte ici :

- *Le statut du modèle* qui préconise la nécessaire hiérarchie de compétences entre l'éducateur et l'éduqué, la supériorité du formateur devant surtout être reconnue suffisante par le client (plus qu'exister réellement !). Nous ne développerons pas cette condition dans ce livre car elle est généralement d'emblée réalisée par le contexte professionnel.
- *La similitude initiale entre le coach et le coaché,* vous ne pouvez espérer ne travailler qu'avec des clients qui vous ressemblent. Toutefois si votre *coaché* apprend mieux lorsqu'il se reconnaît en vous, vous

pouvez installer délibérément cette similitude si vous mettez en œuvre la synchronisation *(voir ci-dessous).*

- *L'affect positif entre le modèle et l'apprenant,* il s'agit de la nécessaire qualité de relation sans quoi l'apprentissage ne se fait pas. Chaque fois que cette condition manque le malade ne guérit pas, l'élève n'apprend pas, le sportif baisse sa performance, le client n'atteint pas son objectif… Pour instaurer rapidement et durablement cette nécessaire qualité de relation, vous allez profiter des outils de synchronisation déjà mentionnés pour établir la similitude initiale.
- *Le renforcement positif,* c'est toujours en appui sur les ressources qu'il possède que votre client va progresser, et non dans le constat des limites qui sont les siennes. C'est en confirmant ses réussites que vous aiderez votre coaché à gagner la confiance en soi dont il a besoin pour consentir à faire des efforts pour avancer encore. Les caractéristiques du *feed-back* présentées dans le *chapitre 4* de cette partie, vous suggèrent quelques clés utiles.

Nous l'avons déjà précisé dans les préliminaires de cet ouvrage, la mission du *coach* consiste à conduire son client sur la voie de sa réalisation personnelle et non à lui faire revêtir un vêtement prêt-à-porter dans lequel il serait forcément à l'étroit ou perdu, car pas à sa taille… encore faut-il que ce client soit conscient de sa situation et que sa motivation à changer soit réelle. Pour le moment, nous présupposons que c'est le cas et reviendrons sur la motivation, en *introduction à la Troisième partie* de ce livre, consacrée aux outils de changement.

3.2. Qualité du rapport et synchronisation

Il existe un phénomène naturel à l'interaction humaine et dont cependant nous n'avons pas toujours conscience, c'est le mimétisme comportemental qui se manifeste chaque fois que la communication passe bien entre deux ou plusieurs individus. La PNL donne à ce phénomène le nom de *synchronisation.*

Quel que soit le type de conversation, un rapport de qualité est nécessaire, c'est-à-dire que sans lui, il devient impossible d'atteindre l'objectif puisqu'en son absence, la communication ne passe pas. Les personnes qui réussissent créent une harmonie, et l'harmonie crée la confiance.

On peut définir le rapport comme un message donné à l'inconscient de l'interlocuteur et qui instaure un climat de confiance ; ceci n'implique pas de notion affective, vous n'êtes pas obligé d'aimer quelqu'un pour bien communiquer avec lui. Que votre client vous soit ou non sympathique, si vous voulez partager quelque chose de constructif avec lui, il s'agit de vous mettre en phase avec lui, c'est-à-dire d'adopter un comportement qui reflète le sien, de le rejoindre où il se trouve.

Ces techniques sont à mettre en place tant au plan verbal que non verbal. Vous pouvez établir une relation de qualité avec la personne de votre choix en affinant consciemment les techniques d'empathie que vous connaissez. En reflétant le langage corporel et le discours de l'autre, vous ajoutez de l'efficacité. Vous pouvez accorder la posture et la tonicité de votre corps, ainsi que la tonalité, le débit, le volume et le rythme de votre discours. Autrement dit, pour établir une harmonie, entrez dans la danse de votre interlocuteur en vous mettant au diapason de son langage corporel avec sensibilité et respect. Se mettre au diapason ne signifie pas singer, copier de manière perceptible, exagérée et sans discrimination chaque mouvement de son vis-à-vis. Une telle attitude est généralement considérée comme insultante. En revanche, vous pouvez répondre à des mouvements du bras en bougeant la main ou le pied, et à des mouvements du corps ou au rythme du discours par des hochements de tête. On qualifie cela de *synchronisation croisée*.

La désynchronisation est également une technique très utile. C'est le moyen le plus élégant de mettre fin à une conversation ou de manifester votre désaccord. Vous ne pouvez le faire efficacement que si vous étiez synchronisé auparavant.

Évidemment, pour être en mesure de choisir de vous synchroniser ou non, il s'agit pour vous d'être en position méta, centré sur votre interlocuteur, et de le calibrer constamment.

C'est bien sûr à vous, le professionnel, qu'incombe la responsabilité de créer les conditions optimales pour que votre client progresse en votre compagnie. Se synchroniser, c'est aussi respecter la distance de confort de votre interlocuteur… plutôt que la vôtre !

Hall[17], anthropologue américain du groupe de Palo Alto et spécialiste de la communication interculturelle, plus spécialement des systèmes non verbaux, a mis en évidence toute une série de facteurs concernant l'organisation de l'espace qui influencent la qualité de la communication entre les êtres humains. Il a groupé ces considérations sous le terme de *proxémie*. Dans cette perspective, l'organisation de l'espace procède directement des circonstances et de la nature des relations entre les partenaires de l'interaction. Selon qu'il s'agit de rapports plus ou moins étroits entre les personnes, Hall distingue :

17. E.-T. Hall, *La dimension cachée,* Le Seuil, 1978, p. 150-155.

- *la distance intime* (jusqu'à 40 cm) qui permet notamment les contacts physiques, est réservée au cercle restreint des personnes affectivement proches ; c'est le registre de la confidence, de l'amour ou de la lutte ;
- *la distance personnelle* (de 40 cm à 1m20 environ) qui est celle de la communication entre les individus ; c'est la distance à choisir pour un entretien d'aide, elle correspond à la longueur des bras des interlocuteurs ;
- *la distance sociale* (de 1m20 à 3m50) est l'espace dans lequel un échange verbal est encore possible ; c'est le registre de la neutralité administrative ;
- *la distance publique* (au-delà de 3m50) qui ne permet plus d'entendre une conversation normale ; à cette distance l'émetteur parle fort ou utilise un micro ; le *feed-back* du récepteur est lent, rarement direct.

La prise en compte de l'espace confortable à l'interlocuteur est fondamentale dans le cadre d'un entretien ; elle sert soit à resserrer la relation, soit à éviter toute intrusion dans l'espace intime, ce qui pourrait être perçu comme un envahissement, voire une agression. La personne ne s'arrête pas aux frontières de son corps, elle n'est à l'aise que si son territoire symbolique est respecté.

Pour relativiser les mesures ci-dessus, nous précisons que l'appréciation de la distance interpersonnelle résulte d'une multiplicité de facteurs sensoriels personnels et de codes culturels.

Pensez aussi au positionnement de votre client et au vôtre. Être face à face, par exemple, tend à focaliser l'attention sur la perception du Je et Tu. Être assis côte à côte favorise la perception du partenariat dans un cadre de travail Nous.

Lorsque le message passe difficilement, il est utile de vérifier si c'est son contenu qui pose problème, le code de communication, la distance, votre positionnement ou encore la relation.

Le texte *Les porcs-épics* illustre les considérations ci-dessus.

Les porcs-épics

Un troupeau de porcs-épics pâture dans la toundra glacée de la Sibérie polaire. Chacun cherche de son côté quelques lichens échappés au gel. Mais soudain, la tempête se lève.

Et le blizzard de souffler de plus en plus fort. La température chute vertigineusement.

Le vent transperce la peau pourtant épaisse des animaux transis.

D'un même mouvement instinctif, le troupeau se rassemble alors pour offrir moins de prise au vent. Ils se serrent les uns contre les autres.

Tout près, tout près, fondus en une seule chair pour échapper au souffle glacial et trouver quelque chaleur au contact des corps.

Mais plus ils se pressent les uns contre les autres, plus leurs aiguilles raidies par le froid leur pénètrent dans la chair, douloureusement.

Blessés, ils s'écartent alors instinctivement. Mais le vent tourbillonnant de neige les enveloppe à nouveau de sa chape glacée.

Du coup, ils se rapprochent une nouvelle fois, mais en cherchant à ne pas se blesser, ni trop loin, pour bénéficier de la chaleur de l'autre, ni trop près pour que l'autre ne se fasse pas mal… et cette fois ils trouvèrent… la bonne distance.

Sagesse Populaire inspirée de A. Schopenhauer

Chapitre 4

Pégagogie interventionniste

Laisser à l'élève le soin de résoudre le problème d'apprendre, c'est se soustraire au devoir de résoudre le problème d'enseigner.

B.-F. Skinner

4.1. Étapes d'un *coaching* de qualité : le premier entretien

« Travaillez avec sérieux et professionnalisme tout en vous souvenant que (...) si vous prenez trop au sérieux le problème de votre client, ce dernier va croire qu'il a un sérieux problème ! » Cette remarque, attribuée à Richard Bandler, souligne la force exercée par la croyance préalable qui risque d'induire sa réalisation ; dans ce cas, amplifier les difficultés limiterait les ressources du *coaché* et compliquerait votre intervention.

Autrement dit, que votre action pédagogique s'applique à la résolution d'un problème de santé physique, à une difficulté psychologique, à l'éducation des enfants, à la réussite d'une campagne électorale, à un entraînement sportif, à une négociation, ou à la poursuite d'un objectif personnel ou professionnel quelconque, dans tous les cas, vous gagnerez en efficacité et en rapidité si vous orientez votre client sur le futur qu'il désire, plutôt que sur le passé insatisfaisant, sur ses ressources plutôt que ses limites.

Les questions pertinentes ne sont donc pas *Qu'est-ce qui ne va pas ? et Pourquoi ça ne va pas ?* mais *À quoi ressemblerait la vie de vos rêves ?* et *De quelles ressources disposez-vous pour vous en approcher ?*

Distinction entre déclencheur et état présent

Il n'y a personne qui soit né sous une mauvaise étoile. Il n'y a que des gens qui ne savent pas lire la carte du ciel.

Le XIVe Dalaï-lama

Durant le premier entretien, lorsque vous prenez toutes les informations utiles, votre attention se porte exclusivement sur la personne que vous calibrez soigneusement, sur les éléments de synchronisation que vous privilégiez et sur la démarche à suivre.

Il est impossible de faire tout cela en écrivant des notes. En outre, il vaut mieux autoriser votre client à évoluer dès les premières minutes passées avec vous, plutôt que de fixer son discours initial au risque de l'y ramener souvent, alors qu'il aura déjà dépassé un certain nombre de difficultés.

Votre client arrive donc chez vous avec une demande, une attente qui, même s'il n'exprime pas directement son besoin fondamental frustré, vous oriente pour entrer en matière. C'est l'état présent qui est vécu comme insatisfaisant par la personne (ou le SYMPTÔME dans le modèle SCORE très utilisé en PNL et dont la démarche est décrite ci-après, *Figure 16*). Prenez cette piste pour commencer le recueil d'informations. Toutes vos questions doivent faire « avancer » les choses. Dans cette perspective, soyez conscient du type de renseignements dont vous avez besoin pour mettre de l'ordre dans la situation et veillez à poser des questions opérationnelles, compte tenu de l'information que vous recherchez.

Si vous considérez le processus de la boucle comportementale *(Figure 2)*, vous savez que la perception d'éléments extérieurs (discours et mimiques d'une personne, remarques d'un directeur, perte d'un emploi, diagnostic de maladie, échec scolaire, sportif, électoral, mariage ou décès d'un proche, conflit...) provoque chez le sujet une modification émotionnelle positive ou négative en fonction de l'interprétation qu'il fait de la situation.

Ouvertes	Ce sont des questions exploratoires. Elles visent à faire réfléchir l'autre et à le faire parler. Elles ont pour caractéristique de commencer par : qui, quoi, où, quand, comment, combien, pourquoi. Ex. : *qui êtes-vous ? que faites-vous ? qu'est-ce qui est important pour vous ?*
Fermées	Elles appellent une réponse précise, par oui ou par non, sur une information ponctuelle, pour une vérification. Ex. : *travaillez-vous à l'hôpital ? habitez-vous à Genève ?*
Alternatives	Elles orientent vers un choix restreint, pour saisir une tendance. Ex. : *préférez-vous votre travail actuel ou le précédent ?*
À choix Multiples	Elles permettent de vérifier ou de tester une ou plusieurs hypothèses. Ex. : *selon vous, pourquoi ces problèmes d'emploi ? la conjoncture ? le manque de qualification des gens ? leurs problèmes personnels ?*

Tableau 15 : **Types de questions**

Le premier travail de clarification consiste à séparer ces éléments extérieurs que nous désignons par **Déclencheur** ou **Cause,** du Vécu insatisfaisant de la personne.

Généralement, celle-ci a des hypothèses sur les raisons qui ont déclenché sa difficulté du moment. Il est important de l'aider d'emblée à distinguer ce déclencheur de l'état émotionnel y relatif. Dans la mesure où on peut rarement agir directement sur les déclencheurs, votre intervention se centrera plutôt sur les *réactions de votre client* face à ce qui lui arrive ; c'est le seul élément sur quoi il est possible d'agir efficacement dans le cadre du *coaching*.

Quittez le plus rapidement possible les éléments du déclencheur. Quelques questions clés facilitent le passage de cette phase délicate.

La synchronisation nécessaire et votre élégance personnelle vous amèneront à adoucir la formulation de ces questions dont vous trouvez ci-dessous quelques exemples bruts :

- *En quoi cela est-il un problème pour vous ?*
- *Quand cela s'est-il manifesté pour la dernière fois ? Quand cela se passera-t-il à nouveau ?*
- *Pour qui d'autre est-ce un problème ?*
- *Pour quel autre problème de votre vie celui-ci est-il une solution ?*
- *De qui dépend la solution ?*
- *Si vous n'aviez pas ce problème-ci, lequel vous occuperait en ce moment ?*
- *Que croyez-vous à propos de ce qui vous arrive ?*
- *Que ressentez-vous émotionnellement en y pensant ?*
- *Quelles sont les conséquences de cela sur votre vie quotidienne ?*
- …

Ces questions sont habituellement suffisantes pour vous permettre de cerner avec précision ce sur quoi va porter l'intervention.

Veillez à **maintenir l'échange sur le présent,** refusez les exemples similaires du passé, les généralisations, les projections du problème sur le futur ou sur autrui. À la fin du premier entretien ces éléments sont souvent posés. Si ce n'est pas le cas, fixez un rendez-vous proche dans le temps et reprenez la démarche de façon à faire le tour de la question à un niveau, quitte à prévoir d'aborder d'autres aspects de la vie de la personne à un autre moment.

Pour diverses raisons, il est très important de permettre à votre client de réussir rapidement à régler un premier aspect de sa situation. Pour ce faire, il faut spécifier avec lui un angle de la question à aborder tout de suite.

Constamment durant cet entretien, vous réajustez vos questions jusqu'à ce que le cadre de votre *coaching* soit précisément posé.

Démarche : SCORE

Voici un exercice classique en PNL qui reprend les éléments du premier entretien présenté ci-dessus.

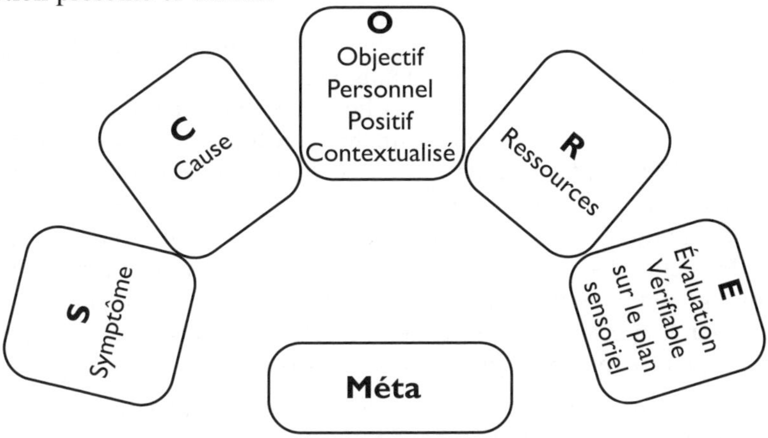

Fig. 16 : **SCORE**

Questionnez votre client debout sur un espace méta posé au sol, conduisez-le à vous répondre sur les espaces correspondant à vos questions, avant de le ramener en position méta où il pourra donner un avis sur sa situation et modifier ses réponses jusqu'à ce qu'elles correspondent exactement au contrat de *coaching* que vous passez ensemble.

La position debout avec les étiquettes au sol focalise les informations, facilite l'association de votre client à sa propre réalité et clarifie d'emblée le cadre de travail. Vous conduisez le coaché en restant à ses côtés, en l'observant, le guidant, éventuellement en notant avec lui les réponses finales sur le sol.

État désiré : critères de l'objectif

> Si vous attendez que vos rêves prennent la poussière, vous serez bientôt un vieil épouvantail plein de toiles d'araignées.
>
> *F. Garagnon*

Les médias, présentant une certaine idée du bonheur individuel, telle que la possession de biens, la séduction, la puissance, etc., véhiculent toutes sortes d'images du socialement désirable. Elles sont souvent irréalistes et décalées par rapport aux aspirations humaines profondes et causent bien des déceptions. Rien d'étonnant dès lors si le client, confronté à une difficulté importante ou en quête de développement personnel, rencontre souvent une incapacité à faire face aux situations existentielles : il lui semble qu'il n'est pas le décideur de sa vie. Dans ce cas, pour lui, la première reconquête du pouvoir sur son devenir consiste à savoir ce qu'il veut vraiment. Le travail du praticien lui permet d'explorer son objectif de s'en construire une représentation précise, étayée d'informations sensorielles.

Le plus rapidement possible vous conduisez votre client à décrire comment se déroulerait sa vie, comment il se sentirait, ce qu'il penserait… si tout se passait selon son rêve.

Un projet n'a de sens que parce qu'il entre en résonance avec un but qu'il concourt à accomplir. Sans la croyance qu'il mène vers une finalité qui a du sens, il n'a aucune valeur opérationnelle.

Voici un exemple pour illustrer cela :

- *but :* faire une diète efficace
- *objectif visé :* développer une jolie silhouette
- *finalité :* séduire la fille ou l'homme de vos rêves.

D'emblée, vous pouvez constater que découper en trois tranches seulement cette lignée de significations est insuffisamment précis et mesurable pour activer la motivation nécessaire à fournir des efforts. Il manque notamment à la personne concernée une représentation concrète des résultats escomptés, la croyance que c'est possible, adéquat et suffisant.

À partir de cet exemple, il est possible de poursuivre la réflexion tant en amont qu'en aval et de chercher quelle finalité, plus haute encore, sert quel objectif plus concret, lequel permet d'atteindre quelle finalité ultime, etc. Plus on monte les niveaux hiérarchiques dans la réflexion, plus on s'approche du sens que vous voulez donner à votre vie (voir les niveaux logiques, Chapitre 2, *Congruence personnelle).*

Pour monter d'un niveau dans la hiérarchie, les questions à poser à votre client sont du type :

- *qu'est-ce que cela vous apportera ?*
- *en quoi cela sera-t-il un avantage pour vous ?*
- *qu'est-ce que cela rendra possible pour vous ?*

Autrement dit, il s'agit de cerner les directions qui sont porteuses de sens pour la personne concernée, et de l'aider à fixer des objectifs de façon à ce qu'elle se sente entraînée à l'action.

Plusieurs expériences avec des sportifs confirment également la nécessité de préciser concrètement l'objectif. Dès qu'une course est chronométrée, l'athlète va plus vite. Le fait de mesurer une activité entraîne souvent une augmentation de productivité qui peut aller jusqu'à 25 %. Dans le monde du travail, le dicton populaire qui prône que ce qui est mesuré sera exécuté, s'avère tout à fait juste. Dès lors, pour piloter sa vie de façon satisfaisante, le meilleur conseil consiste à se représenter précisément la vie souhaitée.

Les *six critères* ci-dessous sont nécessaires et suffisants pour conduire le choix d'un objectif Ils sont accompagnés de suggestions de questions à poser pour les tester.

Énoncé de façon positive

- Que voulez-vous obtenir ?
- Quelle émotion sera satisfaisante indépendamment des contraintes et freins extérieurs ?
- Par quoi voulez-vous remplacer ce qui ne vous convient pas ?

Entièrement sous la responsabilité de la personne

- Est-ce que cet objectif dépend de vous ?
- Si la réponse est non : renégociez l'objectif et formulez-en un nouveau : Qu'est-ce qui dépend de vous dans ce projet ?

Vérifiable et observable sur le plan sensoriel

- Comment saurez-vous que vous aurez atteint votre objectif ?
- Comment verrez-vous les choses quand ce sera bien ?
- Comment vivrez-vous ? Comment vous sentirez-vous lorsque vous aurez atteint cet objectif ?
- À quel endroit de votre corps constaterez-vous une différence ? Laquelle exactement ?

- Qu'est-ce que vous vous direz lorsque vous aurez obtenu ce que vous voulez ?
- Qui d'autre vous dira quelque chose et quoi ?

Réalisable

- De quelles ressources disposez-vous déjà pour réussir à atteindre votre objectif ?
- Quels sont vos meilleurs atouts ?
- Qu'avez-vous déjà réussi de semblable ? Comment avez-vous fait ?
- Qu'est-ce qui pourrait entraver la poursuite de cet objectif ?
- Quelles sont les ressources à développer encore pour éviter ce danger ?

Contextualisé

- Où, quand et avec qui serez-vous lorsque vous aurez atteint cet objectif ? Donnez-vous du temps mais décidez maintenant de l'échéance précise (et pas : le plus vite possible !) dans un lieu donné.

Écologique – au sens où ça ne coûte pas plus cher que ce que ça vaut – personnellement et pour le système

- En quoi cet objectif est-il important pour vous ?
- Qu'est-ce qui changera dans votre vie du fait d'avoir réussi ?
- Les bénéfices que vous attendez de cet objectif sont-ils supérieurs aux efforts à fournir pour réussir ?
- Comment les personnes qui vous entourent réagiront-elles à ce changement ?
- Qui va gagner ou perdre quelque chose si l'objectif se réalise ?
- Qu'y aurait-il à gagner à ne pas atteindre cet objectif ?
- etc.

C'est la comparaison entre l'état présent jugé insatisfaisant et un autre état désirable qui fera apparaître les contextes dans lesquels le changement doit être entrepris qui indiquera les moyens à utiliser pour le faire. À ce moment de l'entretien, il est important de préciser les choses de manière spécifique et de les fixer.

Pour ce faire, à la fin de la séance, vous en noterez les résultats sur une feuille qui reprend le SCORE ou sur la feuille de synthèse placée en fin du livre, Grille de *coaching*, ou sur tout autre document utile présentant les mêmes rubriques. Il s'agit de reprendre la formulation résumée de l'objectif en veillant à ce que l'énoncé final comporte les six critères et les mots exacts de la personne, pas des synonymes. Probablement aurez-vous envie de construire votre propre instrument de notation, compte tenu de votre rôle particulier de formateur.

Dans ce cas, vérifiez que les éléments retenus explicitent une correspondance logique entre l'état présent du client et son état désiré comme suggéré par la *Figure 17* ci-dessous.

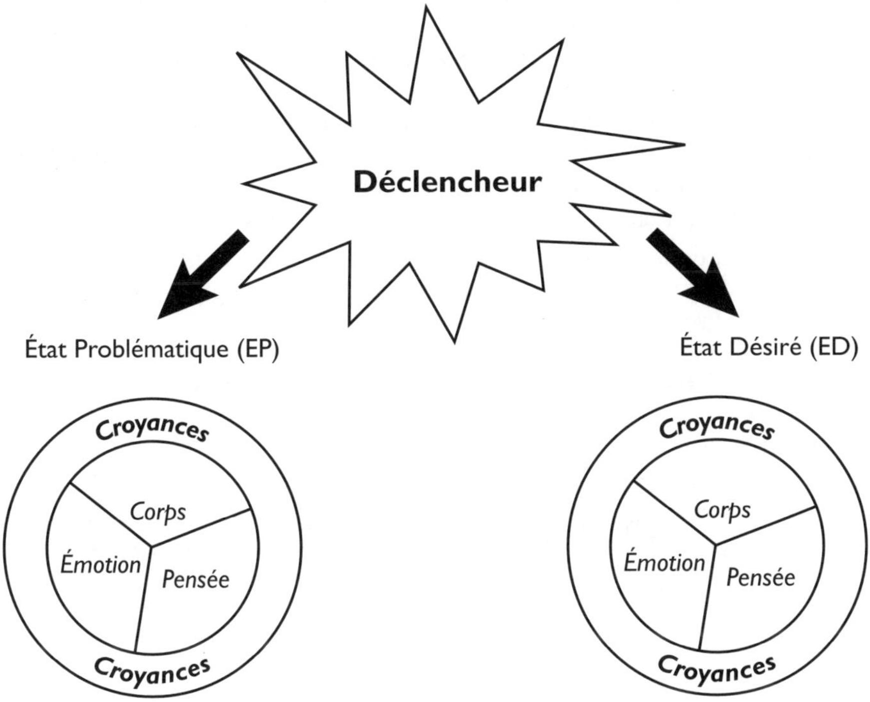

Fig. 17 : **État Présent, État Désiré**

4.2. Le contrat

> Le pessimiste se plaint du vent. L'optimiste espère que le vent va changer. Le réaliste ajuste ses voiles.
>
> *W.- A. Ward*

Une fois le problème détaché de son déclencheur et l'objectif fixé, il s'agit de faire ou non un contrat de *coaching* avec votre client.

Remarquez que la définition de l'état présent insatisfaisant et le choix de l'objectif appartiennent en totalité à la vie de la personne. Le respect dû à cette dernière implique que vous n'interveniez absolument pas sur le contenu de ce qu'elle apporte. Votre rôle jusqu'ici se limite à lui poser les questions qui lui permettent de mieux **conscientiser la situation** et de **faire ses choix.** Cette démarche est non seulement une question d'éthique, mais aussi d'efficacité. Probablement avez-vous déjà remarqué que plus on donne à quelqu'un de bonnes raisons pour faire quelque chose, moins il se sent personnellement engagé dans cette action. Inversement, plus le client crée lui-même ses « bonnes » raisons de s'engager, plus il avance efficacement sur le chemin de sa réussite. Autrement dit, lorsque c'est vous qui vous appropriez l'objectif et la responsabilité de l'atteindre, vous empêchez votre *coaché* de le faire lui-même, il se déresponsabilise et risque de mettre en œuvre toute une série de résistances à votre intervention. Les enfants savent bien faire cela avec leurs parents trop soucieux de leur faire réussir leur vie.

À ce moment de la démarche placez votre client à un point de choix : à lui de décider s'il veut atteindre le but fixé et s'il vous engage comme *coach* pour l'y conduire.

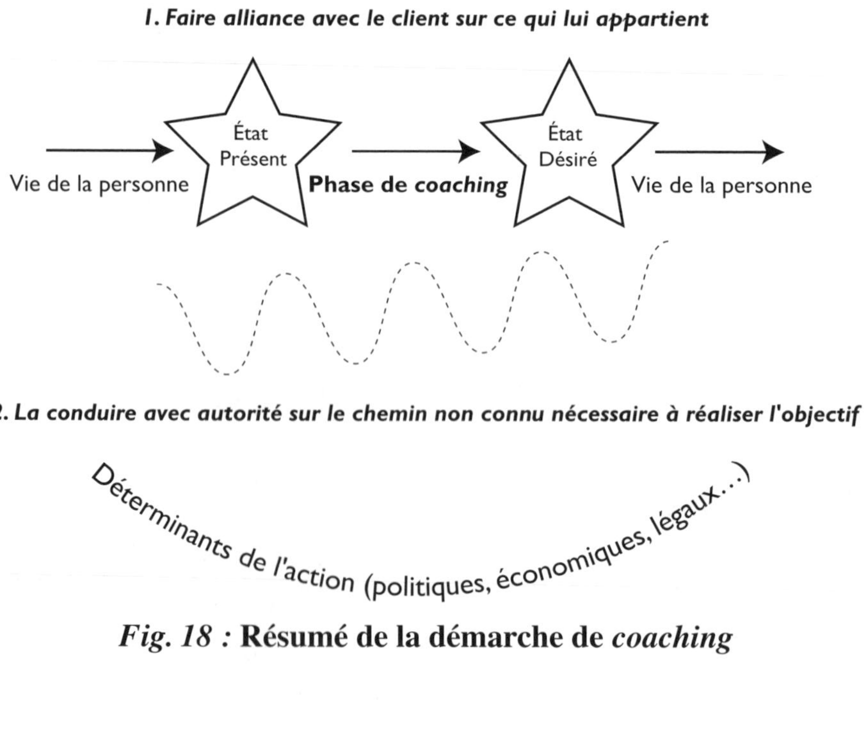

Fig. 18 : **Résumé de la démarche de *coaching***

4.3. Conduite du changement

Autorité du formateur

> Les mots diversement rangés font différents sens, et les sens diversement rangés font différents effets.
>
> *B. Pascal*

Si vous êtes prêt à faire alliance avec la personne sur son projet, dès maintenant c'est vous qui allez la conduire avec l'autorité nécessaire à la sécuriser, sur le chemin – par définition inconnu pour elle et probablement difficile – approprié pour réussir. Dès lors, vous utilisez des injonctions impératives – en étant toujours bien synchronisé – plutôt que des questions fermées.

Par exemple, utilisez des phrases comme :

- précisez s'il vous plaît, ou vous pouvez préciser encore ;
- venez vous mettre debout sur ce papier ;
- choisissez un nom code pour désigner votre ressource ;
- vous pouvez maintenant vous asseoir.

Plutôt que :

- est-ce que vous voulez/pouvez préciser ?
- voulez-vous vous mettre debout sur ce papier ?
- je vous invite à donner un nom code ;
- essayez maintenant de vous asseoir.

Évidemment, vous tutoyez ou vous vouvoyez votre client selon votre code habituel ou le sien.

Le *coaching* se déroule dans le cadre d'entretiens individuels ou avec des groupes de personnes. Le média privilégié demeure le langage verbal, même si la congruence avec le non verbal est impérativement requise ; le langage non verbal seul ne s'utilise que rarement. Une attention consciemment soutenue est nécessaire pour choisir au mieux parmi les possibilités verbales.

Pour solliciter les ressources de la personne, prenez une orientation délibérément positive. Cherchez les ressources dont dispose le client en lui-même et dans son entourage. Intéressez-vous aux moments où il ne présente pas de symptômes ou aux moments où il les contrôle, même partiellement. Demandez, lors du premier entretien, si un changement est survenu depuis la prise du rendez-vous. Interrogez votre client sur les solutions qu'il a déjà trouvées. Soulignez ses réussites. Soyez permissif. Approuvez tout ce qui peut l'être. Faites des remarques orientées vers la réalisation de l'objectif.

Les quelques questions commentées ci après sont données à titre d'exemples.

- *Qu'est-ce qui devra avoir changé pour que vous ne deviez plus venir me voir ?* Le professionnel de la relation d'aide indique d'emblée que le *coaching* aura une fin, qu'un effet satisfaisant sera obtenu, et que le client est capable dès maintenant de juger quel résultat lui suffira.
- *Comment faites-vous pour faire face à tout cela ? Comment faites-vous pour tenir le coup ?* Le client accablé vient de faire le récit de ses malheurs. Le formateur sous-entend qu'il n'est pas seulement une victime, mais aussi un survivant, qu'il ne fait pas que subir mais qu'il a aussi résisté.
- *Quels sont les moments où cela va mieux ? Où vous buvez (fumez, mangez...) moins ?* Et comment faites-vous pour y arriver ? Aucun symptôme n'est produit avec la même intensité tout le temps ; le formateur suppose que le client y est pour quelque chose.
- *Qu'est-ce qui est différent les fois où vous buvez moins, où vous ne vous disputez pas, où vous dormez mieux, où vous réussissez votre examen, gagnez la course, etc. ?* Il existe des différences repérables entre le contexte où le symptôme se produit et celui où il ne se produit pas.
- *Qu'est-ce qui permettra à x (votre conjoint, vos parents, vos enfants...) de voir que vous allez mieux ? À quoi x remarquera-t-il que le miracle a eu lieu ?* L'évolution sera non seulement perceptible au client, mais aussi à son entourage. Cette présupposition est indiquée lorsque le client a tendance à ne décrire des changements que dans son vécu.
- *Quel pourrait être le premier petit signe d'une amélioration pour vous ? Pour x ?* L'amélioration peut être graduelle.
- *Comment avez-vous fait dans le passé pour... (résoudre le problème) ?* Par exemple, vous vous êtes arrêté de boire pendant six mois l'année dernière. Comment l'avez-vous fait ? La question implique que le client a déjà prouvé qu'il pouvait résoudre son problème lui-même.

Si le client indique que, sur une échelle, il s'est amélioré depuis la dernière consultation de n à n', demandez-lui : Comment avez-vous fait pour monter de n à n' ? Ainsi vous lui reconnaissez le mérite de l'amélioration. Les réponses données vous permettent de renforcer sa confiance en lui et d'attirer son attention sur ses ressources ; elles vous servent aussi à repérer ses croyances, ses métaprogrammes, ses stratégies efficaces... sur quoi vous allez vous appuyer pour choisir les outils adéquats pour lui et le coacher efficacement.

Recueil d'informations sur la carte du monde du client

> La situation est sans issue, que feriez-vous à ma place ? Je changerais de vocabulaire.
>
> *Korzybski*

Le pédagogue attentif au langage repère, grâce à la grille d'analyse proposée par la PNL, la nature des transformations opérées par la personne au gré de la boucle comportementale, soit les sélections, généralisations et distorsions. Le métamodèle propose aussi une série d'interrogations relatives aux violations linguistiques qui permettent de rendre plus personnelle l'information donnée par le client en lui posant les questions nécessaires. Ces dernières sont à même de guider la personne de sa structure superficielle incomplète et distordue (qui viole) à sa structure profonde, au contenu de son expérience subjective. Ainsi l'information complétée devient-elle plus spécifique, objective et précise. Donc, chaque fois que le langage est flou, ambigu, incomplet, vérifiez les violations du métamodèle. Vous trouvez sur le *Tableau 19* des exemples de questions appropriées à chacune des figures linguistiques. Ce sont ces questions qui permettent à l'interlocuteur de préciser sa pensée, de rassembler les caractéristiques de sa représentation, parfois de recadrer instantanément sa carte du monde.

Lorsque vous travaillez avec quelqu'un avec qui vous êtes bien en rapport et que vous voulez guider, soit pour qu'il vous apporte les informations nécessaires à circonscrire la situation présente, soit pour l'aider à y apporter des solutions, il est parfois utile d'employer un ton de voix un peu plus grave et monocorde que d'habitude et de parler à un rythme légèrement ralenti ; c'est la *voix hypnotique*.

Par exemple, faites des connexions entre des éléments pas forcément liés comme : Vous pouvez étendre vos jambes, et en même temps vous sentir de plus en plus à l'écoute de vous-même. Il n'y a pas de lien véritable entre ces deux comportements, pas plus que dans la phrase : *cet état de bien-être réceptif vous permet de percevoir des solutions nouvelles à votre problème.*

Vous l'utiliserez en particulier pour induire une transe nécessaire à provoquer l'association de la personne à une expérience passée. Si vous avez besoin d'augmenter cet effet, et seulement à condition de bien maîtriser ce que vous faites et d'avoir soigneusement vérifié l'écologie de l'objectif poursuivi, vous pouvez exprimer en structure de surface des figures linguistiques caractéristiques du langage flou. C'est une manière de permettre à l'inconscient de la personne de choisir la structure profonde qui lui convient le mieux en écho avec votre discours. Au lieu d'éclaircir les zones d'ombres, avec l'outil que la PNL appelle le Milton Modèle en référence à l'hypnose de Milton Erikson, vous allez délibérément en créer afin qu'elles permettent au sujet d'y projeter son expérience.

Exemples de distorsions et de questions confrontantes		
Équivalence complexe = Analogie établie entre un fait ponctuel et une explication générale		
Il ne m'a pas salué, il me déteste	• *Est-ce que tous les gens qui vous aiment vous saluent ?* • *Est-ce que tous les gens qui vous saluent vous aiment ?*	• Trouver un contre-exemple • Changer l'index de référence
Liens cause/effet = Causalité établie entre le comportement d'un tiers et l'EI d'une personne		
Ton regard me rend nerveux	• *Est-ce que tu n'es jamais nerveux dans d'autres circonstances ?* • *Comment fais-tu pour réussir à t'énerver à cause de moi ?*	• Trouver un contre-exemple • Mettre en cause le lien distordu
Lecture de pensée = Prétention de connaître l'émotion ou l'intention de l'interlocuteur		
Je vois bien que tu ne me fais pas confiance	• *Comment le vois-tu ?* • *Quel est le rapport de ce que tu vois et la confiance que je t'accorde ?*	• Faire identifier la source, l'information • Objectiver l'information
Nominalisation = Processus dynamique transformé en état statique ou abstrait		
Je veux améliorer la communication	• *Que doit-on communiquer ?* • *Avec qui ?* • *Comment doit-on communiquer ?*	• Redonner la dynamique • Retrouver l'objet spécifique du verbe

Tableau 19: **Métamodèle : Exemples d'utilisations**

Vous pouvez même introduire des injonctions très fortes, souvent efficaces par ce genre de langage, par exemple : Au fur et à mesure que le soleil brille, l'iceberg fond, Josiane ! Si vous modulez la voix en conséquence, l'inconscient de Josiane peut comprendre Fonds Josiane ! Ce qui est intéressant si vous aidez Josiane à trouver son poids idéal !

Vous pouvez encore dissimuler des opérateurs modaux dans des expressions négatives comme : *il n'est pas nécessaire de vous lever* ou *tu ne peux pas quitter la pièce maintenant,* pour dire : *reste assis ou reste ici.* Des ambiguïtés de toutes sortes sont également utilisables, la publicité vous donne de nombreuses illustrations de ce procédé.

Exemples de généralisations et de question confrontantes		
Origine perdue = Règle sans source, sans contexte ni loi		
On ne peut pas faire confiance aux Arabes	• *Qui dit cela ? Est-ce ton avis ? Comment le sais-tu ?* • *Dans quelle situation ?* • *Qui ne fait pas confiance ?*	• Trouver l'origine, le contexte
Opérateurs modaux = Règles que l'on applique arbitrairement		
Je ne peux lui dire ça	• *Qu'est-ce qui se passerait si tu lui disais ?* • *Comment le sais-tu ?*	• Relativiser les conséquences
Tu ne dois pas le contrarier	• *Qu'est-ce qui se passe si je le contrarie ?*	• Prévoir les conséquences
Quantificateurs universels = Conditions absolues, vérifiées ou non		
Personne ne s'occupe de moi	• *Vraiment personne ?*	• Trouver l'exception
Je n'ai jamais de chance	• *Vraiment jamais ? Ne t'est-il jamais rien arrivé de bien ?*	• Trouver le contre-exemple

Succession du comparatif = L'élément de la comparaison manque		
Je me sens plus fatigué	• *Par rapport à qui ? à quand ?*	• Trouver le contexte de la comparaison
J'arrive mieux	• *Par rapport à quoi ?*	• Trouver la norme comparative
Suppression de l'index de référence = Le sujet du verbe manque, est vague		
Ça m'est égal	• *Qu'est-ce qui vous est égal ?*	• Indiquer l'objet du verbe
Verbe non spécifique = La base sensorielle, le critère manque		
Il a réussi	• *Qu'est-ce que réussir ?* • *Qu'a-t-il réussi ?*	• Préciser la signification du verbe
Cette solution ne sert à rien	• *Comment le savez-vous ?* • *Qu'est-ce que servir dans ce cas ?*	• Préciser les indicateurs sensoriels de référence
Suppression simple = Le contexte ou d'autres éléments nécessaires à la compréhension manquent		
Je suis inquiet	• *À propos de quoi ? de qui ?*	• Indiquer le contexte
Je suis incapable	• *De quoi ?*	• Indiquer l'objet spécifique de l'action

Tableau 20 : **Exemples de sélections/omissions et de question confrontantes**

	Professeur		***Étudiant***	
Opérateur modal	Nécessité	Il faut travailler	Désir	Je n'ai pas envie
Orientation	Aller vers	pour réussir vos examens	S'éloigner de	de me prendre la tête
Rapport au temps	Futur	dans six mois	Présent	maintenant

Tableau 21 : **Exemple de désynchronisation**

Synchronisation sur la logique du client

Repérage du tri de perception

Pour cette catégorie de filtres, il vous suffit généralement d'écouter la personne vous raconter une expérience ou une anecdote à partir de questions ouvertes comme : que s'est-il passé ? qui est concerné ? qu'est-ce qui vous intéresse ici ?

Si vous êtes perspicace et connaissez les distinctions des métaprogrammes *(Voir Figure 3)* vous pourrez aisément repérer la position de perception, le cadre de référence, le tri primaire, la dimension du cadrage, le filtre sensoriel et l'orientation de perception. Les exemples suivants illustrent le genre de réponses caractéristiques des différentes catégories.

Cadre de référence : soi = pour moi, je sais, j'ai vu, ce n'est pas ce que j'ai entendu, ce qui est important, je remarque…

Cadre de référence : autre = il m'a dit de, le psychiatre pense, j'ai lu le dossier…

Contenu : activités, informations = il/elle a fait, dit, et puis encore et encore, il faut préciser un détail, je dois encore vous dire…

Contenu : personnes, lieux = l'endroit n'est pas agréable, il ne supporte pas, il était chez lui, elle a pleuré dans sa chambre…

Cadrage : étroit = il faut savoir si… je vais vérifier si… c'est tout à fait comme ça, comment est-il tombé ? qui l'a poussé, quelle heure était-ce ? et qu'est-ce qu'il a dit exactement, comment était-il vêtu, quelle musique passait à la radio…

Cadrage : large = tout a été très difficile, ça a pris du temps mais ça s'est bien terminé…

Orientation de perception : manque = il n'y a pas d'information sur… je ne peux travailler avec si peu de lumière, il ne fait pas assez chaud, on n'a pas d'indication sur… tout va bien sauf la couleur de l'emballage qui gâche tout, c'est invendable.

Orientation de perception : présence = j'ai recueilli ces informations… on sait déjà ça…

Filtre sensoriel : visuel = je vois, c'est clair…

Filtre sensoriel : auditif = je vous entends bien, nous ne sommes pas sur la même longueur d'onde… en harmonie…

Filtre sensoriel : kinesthésique = je ne saisis pas, je sens que c'est une erreur, c'est confortable…

Synchronisation sur les moteurs de l'action

Pour activer l'énergie nécessaire à l'action, chaque personne doit utiliser ses propres leviers de motivation. Considérons une situation banale où le professeur dit à ses étudiants : si vous voulez réussir vos examens dans six mois, il faut commencer à travailler, *et que l'étudiant X pense ou dise :* maintenant, je n'ai pas envie de me prendre la tête avec ça. Dans l'injonction du professeur s'expriment trois métaprogrammes différents de ceux de l'étudiant X, comme mis en évidence par le *Tableau 21* (voir plus haut).

Si ce professeur veut améliorer son *coaching* avec cet étudiant X, il gagne à se synchroniser sur son propre dynamisme motivationnel. Par exemple il peut lui dire : puisque vous n'aimez pas assez cette matière pour avoir envie de répéter votre cours, hâtez-vous d'en finir et assurez tout de suite la réussite de vos examens.

Les exemples suivants illustrent le genre de réponses caractéristiques des différentes catégories.

Rapport au temps : présent = il faut tout de suite, pour régler le problème, c'est maintenant, passons le week-end tranquille nous déciderons après…

Rapport au temps : futur = en faisant ce choix nous garantissons un avenir meilleur, plus jamais il n'aura faim, on ne peut continuer ainsi vers la catastrophe…

Rapport au temps : passé = nous allons faire comme la dernière fois, ce qui a été efficace nous conduira au succès, je fais comme mon père.

Opérateur modal : nécessité = il faut, on doit, c'est ma responsabilité, je ne peux pas lui dire ça…

Opérateur modal : désir = j'ai envie, je n'aime pas faire cela, ça ne me plaît pas…

Implication : proactive = je le fais, je poursuis… passons quand même, insistons, nous vaincrons.

Implication : réactive = recommençons, passons par un autre chemin, faisons autre chose, ailleurs…

Implication : passive = j'attends, je laisse faire, ne nous précipitons pas.

Orientation : aller vers = j'y vais, avançons vers le but, cherchons un chemin vers… allons au succès…

Orientation : s'éloigner de = je ne veux plus ça, nous allons partir d'ici, je quitte mon emploi c'est trop difficile, plus personne ne supporte, on veut que ça s'arrête…

Base de motivation : relation = je vais vous faire plaisir, je veux tout faire pour que vous soyez bien, grâce à moi vous aurez des avantages…

Base de motivation : pouvoir = ils vont reconnaître que…, je préside la séance, je garantis le succès, j'organise, je vais contrôler…

Base de motivation : identité = *je vais* grandir, il faut pratiquer pour apprendre, organisons un séminaire de formation…

Centration de l'action : sur soi = je vais pouvoir avancer, mon chef va me récompenser pour cette action, c'est bon pour ma carrière, c'est moi qui vais annoncer la bonne nouvelle…

Centration de l'action : sur l'autre = je veux satisfaire le client, comment appréciez-vous ce produit ? êtes-vous intéressé par ? je réajuste mon discours pour mieux correspondre à ce que je comprends des attentes du client…

Une fois le métaprofil caractérisé, la synchronisation est facile ; voici quelques exemples.

- Avec les personnes à *orientation aller vers,* qui agissent pour se rapprocher de leur but, de ce qu'elles désirent atteindre, il convient de les motiver par objectif par ce qui est nouveau, positif, de leur présenter ce qu'elles peuvent gagner en agissant.
- Avec les personnes à *orientation, s'éloigner de,* qui agissent pour s'écarter, fuir une situation présente considérée comme insatisfaisante, il vaut mieux les inciter à agir pour ne pas rester dans la situation présente, supprimer les inconvénients actuels.
- Avec les personnes à *modalité d'implication proactive,* qui ont l'initiative de l'action, qui la déclenchent et en assument la responsabilité, il vaut mieux les laisser exprimer leur motivation souvent efficace, se limiter et les inciter à vérifier le bien-fondé de leurs objectifs et de leurs stratégies ; parfois il faut les freiner car elles ne mesurent pas toujours assez les conséquences de leurs actes.
- Avec les personnes à *modalité d'implication réactive,* qui s'intègrent, s'adaptent aux situations, les subissent de plus ou moins bon gré sans les avoir initiées, choisies, il faut souvent les encourager à se battre, à dépasser les difficultés plutôt que les éviter.
- Avec les personnes à *opérateurs modaux de désir,* qui s'engagent dans une action parce qu'elles en ont envie, que ça leur fait plaisir, il faut prendre en considération leurs envies pour qu'elles agissent spontanément avec efficacité.
- Avec les personnes à *opérateurs modaux de nécessité,* qui agissent parce qu'elles se sentent contraintes, forcées, obligées, qu'elles ne peuvent faire autrement, il faut montrer le chemin, donner des consignes précises ; elles s'attendent à de la reconnaissance pour leurs efforts.
- etc.

Vous l'avez compris, on peut procéder de la sorte avec tous les métaprogrammes, à vous de poursuivre les exemples. Les commentaires des métaprofils qui accompagnent les *Tests 3 à 5* donnent encore des précisions sur chaque catégorie et *Outil 8* vous apporte des exemples d'injonctions adaptées à chaque catégorie des moteurs de l'action.

Parfois, selon l'objectif poursuivi, plutôt que de vous synchroniser sur les métaprogrammes de votre client, votre *coaching* va consister à l'aider à assouplir ses structures fondamentales. Pour cela, vous travaillerez rapidement, avec élégance et humour, en restant parfaitement synchronisé, tout en calibrant attentivement les réactions de la personne ; l'exercice est délicat. Vous pouvez par exemple, avec des personnes à :

- *Système sensoriel visuel :* leur demander de se souvenir et/ou de construire des sons sur leurs images.
- *Taille du découpage large :* les inciter à considérer les petits problèmes concrets, les premiers à gérer ; leur poser des questions très matérielles à résoudre rapidement.
- *Position de perception associée :* les amener à jouer le rôle de quelqu'un d'autre, à imaginer ce qu'ils penseront de la situation x dans dix ans, à se demander ce qu'un Japonais (ou quelqu'un d'une autre nationalité) penserait de la situation x.
- *Index de référence soi :* les amener à réfléchir à ce qu'elles vont faire pour changer les choses ; qui d'autre va agir et comment les autres vivent et interprètent la situation.
- *Processus d'interaction en désaccord :* c'est un métaprogramme facile à gérer en dépit des apparences ; il faut créer pour ces personnes des occasions de désaccord, par exemple sur la formulation. Lorsque vous voulez obtenir un accord sur le fond, dites par exemple : vous ne serez probablement pas d'accord de ne pas…, mais ceci est une façon de les neutraliser, pas forcément d'assouplir leur structure mentale. Peu importe, vous obtiendrez au moins ponctuellement leur accord de cette façon.
- etc.

Souvent, des métaprogrammes-pivots différents au moment de l'analyse font obstacle à la compréhension entre les interlocuteurs. Par exemple, un *coach* – qui néglige de se synchroniser avec la logique de son client – s'il est lui-même visuel et son client auditif, ou s'il a un rapport au temps passé et son client présent, ou encore s'il est spécifique et son client global… risque de peiner à convaincre ou à faire respecter des consignes. Par contre, ce sont plutôt des métaprogrammes-pivots identiques qui peuvent poser problèmes et faire obstacle à la relation entre *coach* et client. C'est le cas par exemple de métaprogrammes comme processus d'interaction en désaccord, indexe de référence soi, application de l'index de référence de soi à l'autre, base de motivation pouvoir… s'ils se retrouvent chez les deux interlocuteurs.

Caractéristiques du feedback

Il semble évident que, d'une façon ou d'une autre, le *feedback* est nécessaire à l'apprentissage et à la motivation. Sans un *feedback* approprié, il y a peu de motivation et les apprentissages sont de faible qualité.

- Une des fonctions-clés du pédagogue consiste à refléter à son client l'état de sa progression, de son avancement vers la réalisation des objectifs. Le *feedback* du *coach* est la communication ouverte d'une information utile pour celui qui le reçoit. C'est un jugement de valeur sur un comportement donné, pas sur la personne.

Quelques précautions sont utiles pour s'assurer qu'un *feedback* est bien un retour d'informations constructif, qui va permettre au *coaché* d'entrer dans un processus d'évolution et non pas une critique qui risquerait d'altérer sa confiance en lui. Il faut donc veiller à respecter les conseils suivants.

- **Assumer la responsabilité de vos propres perceptions et pensées.** Si vous prenez cette responsabilité, vous parlerez naturellement à la première personne du singulier et vous éviterez les généralisations et les lectures de pensées comme on, nous, tout le monde, le groupe…, mais direz : J'ai remarqué que…, Je pense que…
- **Prendre soin du moment juste pour donner le *feedback*.** La plupart du temps, il est préférable de donner un *feedback* immédiat, car plus précis. Il permet à votre client d'explorer de nouvelles alternatives à son comportement dans le cadre sécurisant d'un apprentissage ; ceci est valable pour autant que la personne reste dans un état de ressource quand elle reçoit le *feedback*. Si ce n'est pas le cas, il peut être approprié de différer le *feedback*.
- **Communiquer des informations de haute qualité basées sur ce qui a été perçu sensoriellement.** Exprimer des *feedbacks* comme : lorsque vous avez fait, lorsque vous avez dit : X…, votre partenaire a fait, dit…
- **Distinguer, dans sa conscience, l'individu de son comportement.** Pour cela, évaluer l'adéquation des actions compte tenu de l'objectif visé, et non la totalité de la personne : vous avez fait X…, vous avez dit Y…, et non pas vous êtes Z. Cette manière de faire et d'être facilite la croissance, l'intégration des apprentissages et garantit un climat sain de stimulation des progrès.

- **Calibrer comment le destinataire reçoit votre *feedback*.** Le reçoit-il avec clarté et compréhension ? La signification d'un message est indiquée par la réaction qu'il suscite. Il s'agit d'apprendre à rester simple, clair, concis, sensible… pour que le *feedback* constitue une ressource pour le client.

Récapitulatif de la démarche

> Nous voyons qu'un petit mouvement presque imperceptible du gouvernail a le pouvoir de faire tourner un navire merveilleusement grand et très lourdement chargé en dépit du poids d'eau qui fait pression sur chacune de ses planches et malgré les vents impétueux qui gonflent ses puissantes voiles.
>
> *L. de Vinci*

Pour conduire le changement, compte tenu des caractéristiques de votre client et du type d'interaction qu'il entretient avec son environnement, vous pouvez choisir parmi les exemples de démarches proposées à la Troisième partie ou en construire d'autres.

Toutes les fois que c'est possible, choisissez le changement le plus simple, le plus élégant et poursuivez le chemin avec flexibilité.

L'ensemble de la démarche est résumé ci-après, à la *Figure 22 :* Le *coaching* performant.

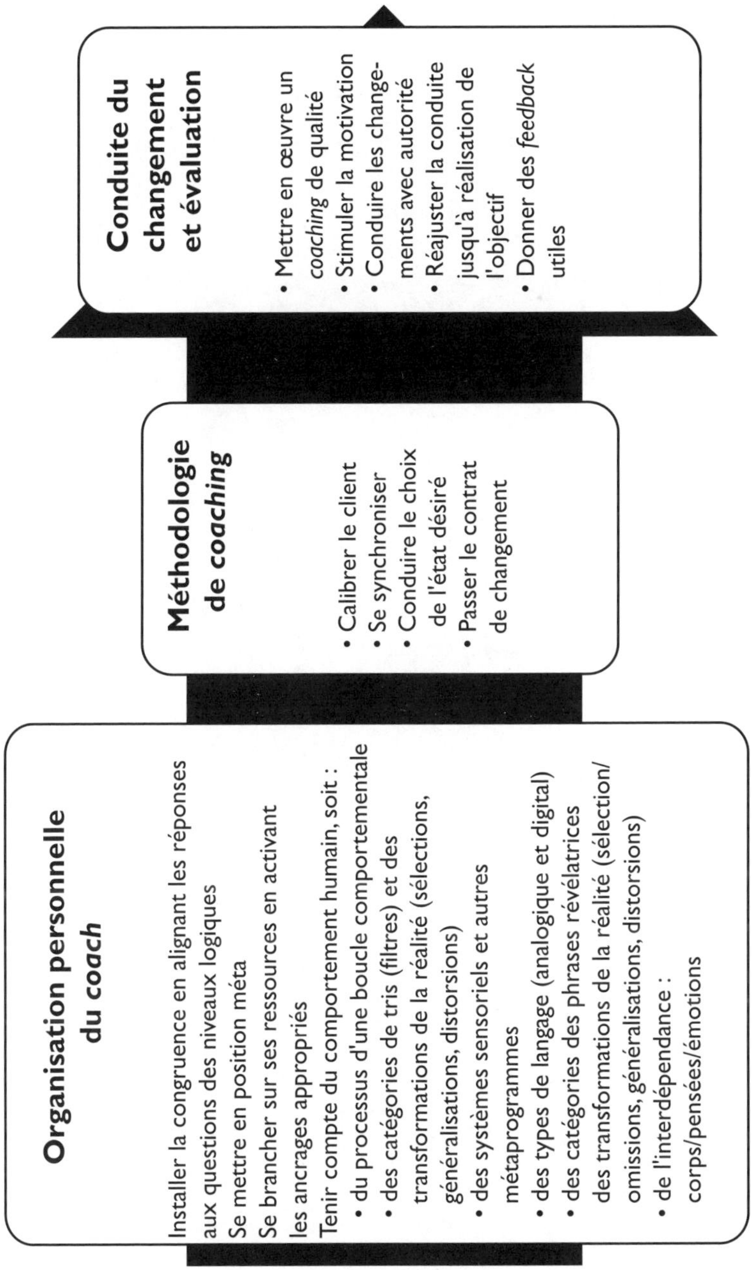

Fig. 22 : **Le *coaching* performant**

Troisième partie

Choisir des outils de changement

Le changement curatif, c'est comme enlever les mauvaises herbes ;

Le changement génératif, c'est planter de nouvelles semences ;

Le changement évolutif, c'est modifier le terrain sur lequel croissent les semences et les mauvaises herbes.

Robert Dilts

Grâce à leur élaboration cognitive, les dynamismes du comportement se développent en une variété de tendances vers des buts précis que la personne s'assigne dans son interaction avec le monde.

Joseph Nuttin

La PNL est une stratégie d'apprentissage accéléré de détection et d'utilisation des modèles du monde.

John Grinder et Judith Delozier

Chapitre 1

Types d'interventions et stabilité du changement

Le malheur peut nous venir de l'extérieur, le bonheur ne peut nous venir que de l'intérieur.

J. Green

À partir du moment où l'on constate que chaque personne se crée une représentation subjective de la réalité liée à son vécu, on se penche moins sur la cause d'un phénomène ou d'un symptôme et plus sur l'effet qu'il produit sur un individu donné. On analyse peu le problème mais on définit très précisément *l'objectif visé* par la personne. On s'occupe peu des limites qui justifient le problème mais on inventorie soigneusement *les ressources* sur lesquelles elle peut s'appuyer pour atteindre son objectif.

En PNL, le changement s'inscrit dans l'espace/temps qui sépare l'État Présent et l'État Désiré, tous deux caractérisés par la personne concernée grâce aux questions de son *coach*. Ce changement peut se produire sans intervention particulière tant il fait partie intégrante de toute vie humaine. Il est également possible de le provoquer de façon à ce qu'il s'opère plus tôt, plus facilement ou plus rapidement. C'est la raison d'être du *coaching* qui propose un accompagnement méthodologique opérationnel et de nombreuses démarches et outils pratiques pour le faire. Ces procédures s'avèrent utiles pour désactiver les blocages installés dans le passé, pour résoudre les difficultés du présent ou pour construire le futur à plus ou moins long terme.

Pour cela, le *coach* va considérer les combinaisons originales entre les structures profondes de la personnalité du sujet et ses structures de surface liées à sa réalité. Pour opérer un changement sur cette dernière, les possibilités sont très nombreuses. Il peut induire une modification de l'un ou l'autre élément de la représentation – structure profonde – jusqu'à ce que la personne interagisse différemment – structure de surface – dans un contexte donné. Le formateur peut aussi entraîner d'emblée des modifications de la structure de surface, par des changements de mots, d'actes et d'autres formes spécifiques de comportements, ce qui va avoir des incidences sur la structure profonde.

Par exemple, les changements nécessaires pour apprendre les gammes sur un instrument de musique seront différents de ceux nécessaires pour apprendre à jouer une symphonie avec une virtuosité confirmée. Ce sont deux types de processus qui permettent à l'être humain de faire évoluer ses modèles mentaux et de les exprimer.

En fait, la pertinence du choix de l'intervention consiste à **repérer les leviers** les plus significatifs dans cette interaction entre l'homme et l'événement, de façon à agir dans le meilleur rapport entre l'investissement et le résultat.

Autrement dit, généralement plusieurs démarches conviennent et peuvent être utilisées indifféremment pour résoudre un problème ; un inventaire est présenté à la Figure 23 : *Outils de changements.*

Vous choisirez l'une ou l'autre compte tenu de votre analyse de la situation, puis réajusterez et compléterez la démarche jusqu'à la réalisation de l'objectif. Pour simplifier les choses, les outils sont classés ici selon la logique de leur pôle d'intervention en *six familles,* soit :

- techniques associatives ;
- techniques dissociatives ;
- recadrages de la carte du monde ;
- utilisations des submodalités ;
- exploitation des niveaux logiques ;
- outils combinés.

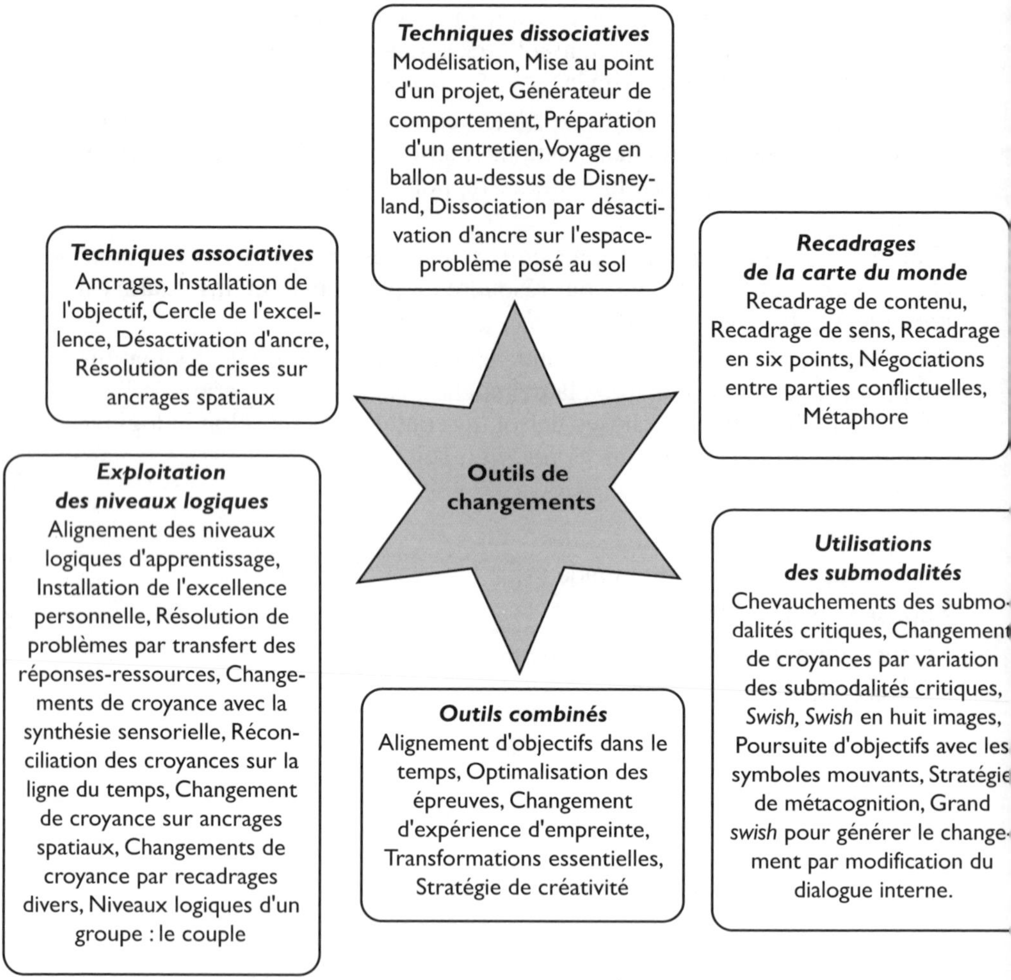

***Fig. 23 :* Outils de changements**

Il faut encore remarquer que l'apprentissage n'intervient que si la personne est motivée à s'investir pour évoluer. Ensuite, la qualité et la quantité de support relationnel qu'elle recevra, le degré de flexibilité du système et les outils disponibles détermineront le résultat obtenu au sein de ce système. Il convient donc pour le coach de comprendre les leviers de la motivation humaine et de connaître la manière de les activer. C'est l'objet du prochain chapitre qui précède les techniques de changement.

Quel que soit le chemin, généralement les personnes changent leur comportement en acquérant de nouvelles expériences de référence, des cartes cognitives et des outils.

Or, sur le plan neurologique, lorsqu'un modèle mental se manifeste, il y a une configuration particulière d'activité qui se propage dans les réseaux de neurones activés durant quelques minutes seulement. Comment alors les apprentissages peuvent-ils s'installer durablement, alors que l'activité neuronale qui les représente a disparu ?

Kolb et Whishaw[18] rappellent que dès la fin du XIXe siècle, on suspectait que l'apprentissage faciliterait l'expansion et la croissance des synapses qui connectent les neurones entre eux. Un peu plus tard, le neuropsychologue canadien Hebb[19]. proposa un modèle reprenant cette idée de la plasticité neuronale, pour la mémoire. Selon lui, l'activité électrique dans les réseaux de neurones lors de l'apprentissage se tracerait progressivement un chemin, entraînant des modifications cellulaires ou biochimiques des neurones activés, et ainsi la force des synapses qui connectent les neurones dans le réseau activé augmenterait. Dès lors de nombreux chercheurs ont multiplié les découvertes. Nous savons aujourd'hui que les synapses sont modifiables par l'expérience et que ces modifications des connexions entre les neurones lors de l'apprentissage se stabilisent progressivement par un processus de consolidation mnésique, laissant une trace quasi permanente dans les réseaux neuronaux activés.

Ces recherches, parmi d'autres, confirment les intuitions qui ont servi de base à l'élaboration de nombreuses démarches, développées par la PNL de façon pragmatique. Elles expliquent la puissance des outils qui, la plupart du temps, permettent des changements rapides et durables.

Dès lors, les outils présentés dans la troisième partie de ce livre vous permettront de coacher efficacement vos clients dans toutes sortes de contextes ; ces démarches sont empruntées à la PNL ou construites selon ses principes.

Pour en faciliter la compréhension, ces outils sont décrits pour conduire une personne en séance individuelle. Toutefois, la plupart des procédures sont tout à fait utilisables et intéressantes avec des groupes d'élèves, de sportifs, de cadres d'entreprises, en formation continue d'adultes ou de développement personnel, ou encore de thérapie avec des personnes en difficulté.

Il n'y a pas qu'un seul chemin pour arriver au but ou résoudre un problème. Vous pourrez choisir l'une ou l'autre des démarches proposées selon votre

18. B. Kolb et I. Whishaw, *Cerveau et comportement, op. cit.*, p. 234-275.

19. Cité par V. Bloch, F. Orsini, H. Piéron. « 3e Motivation, émotion », *L'année psychologique*, vol. 56, n° 2, 1956, p. 507.

analyse de la situation. Chaque outil de changement est présenté comme tel, le plus simplement possible, sans le rappel des préalables méthodologiques, mais souvent enrichi de citations et d'histoires tirées de la sagesse de l'humanité. Dans tous les cas, vous gagnerez en efficacité et en cohérence si vous inscrivez l'outil dans la démarche méthodologique présentée à la *Deuxième partie*.

Les changements se produisent rarement par une intervention simple, tirée d'une seule famille d'outils. La plupart des démarches de *coaching*, même en une seule séance, nécessitent de combiner plusieurs procédures pour répondre aux caractéristiques du client et à ses besoins spécifiques. Dès que vous vous serez approprié la logique structurelle des interventions possibles, pensez à ajuster votre pédagogie, à exercer votre propre créativité, ce qui vous évitera le piège rappelé par l'histoire ci-dessous.

Nasrudin et la clé[20]

Voilà un bon quart d'heure que Nasrudin cherche quelque chose, sous la lumière d'un réverbère… Un de ses voisins vient à passer et lui demande :

– Qu'as-tu perdu, Nasrudin ?

– Ma clé, répond celui-ci.

Alors le voisin se met à genoux, lui aussi, et tous deux cherchent la clé. Au bout d'un moment, ne trouvant rien, le voisin demande :

– Où, exactement, l'as-tu laissé tomber ?

– Chez moi !

– Mais alors, pourquoi cherches-tu ici ?

– Parce qu'il y fait plus clair que chez moi, répond Nasrudin.

20. I. Shah, *Que d'embûches sur la voie de Nasrudin et Zeineb,* Éditions d'En bas, 1985, p. 85.

Chapitre 2

Se motiver, motiver quelqu'un et se faire motiver ?

Dans la vie, il y a deux catégories d'individus : ceux qui regardent le monde tel qu'il est et se demandent pourquoi. Ceux qui imaginent le monde tel qu'il devrait être et qui se disent : pourquoi pas ?

G.-B. Shaw

2.1. La motivation

Les recherches sur la motivation sont nombreuses et diverses, notre propos n'est pas de les reprendre ici, mais seulement de donner au pédagogue des outils nouveaux et efficaces pour contribuer à renforcer la motivation de ses clients dans tous les domaines de l'activité humaine, scolaire ou professionnelle notamment.

En entreprise, c'est la motivation des salariés qui permet à l'exploitation d'être performante, c'est-à-dire d'atteindre ses objectifs et d'améliorer le rendement des moyens mis en œuvre. C'est le manager qui, dans sa fonction d'encadrement, a la mission de motiver les hommes. Dans tous les contextes d'apprentissage, la motivation s'avère aussi particulièrement nécessaire. Comme déjà rappelé, l'apprentissage est un processus par lequel un être humain modifie les réseaux d'informations qui existent déjà dans sa mémoire et en crée de nouveaux. Pour ce faire l'apprenant doit activement mettre en relation ce qu'il connaît déjà avec les nouveaux éléments qu'il veut s'approprier. Dans ce sens on peut considérer la motivation comme un **engagement** dans l'action d'apprendre, un processus dynamique qui règle l'énergie qu'une personne met dans une action.

Les recherches sur la motivation sont relativement récentes et si diversifiées qu'il n'y a pas de consensus en la matière. Elles ont suivi l'évolution générale des études en psychologie. *Trois tendances,* successives puis simultanées, se sont centrées sur l'individu, puis sur son milieu, enfin sur l'interaction entre les deux.

- Les théories des besoins individuels.

- Les théories du champ où le comportement humain est considéré comme le résultat des interactions de la personne avec son environnement.
- Les théories de l'accomplissement social et futur.

Les outils développés en PNL sont compatibles avec cette dimension multifactorielle des approches actuelles les plus élaborées et dont quelques-unes sont répertoriées sur le tableau, en Outil 8 : *Répertoire des recherches sur la motivation au XXe siècle*.

L'éphémère, le virtuel, le zapping transforment le temps et l'espace ; le triomphe de la rationalisation du travail modifie les liens sociaux, les nouveaux médias connectent au monde entier des individus isolés derrière leur écran... Indéniablement, les nouvelles technologies doublées de la dislocation des liens sociaux traditionnels – famille, quartier, paroisse, atelier... – déstabilisent les êtres humains et affectent leur motivation à fournir des efforts. Les facteurs sociaux de motivation ne vont pas être détaillés ici, car le *coach* ne peut que les constater et les prendre en compte, rarement les changer.

Un accompagnement permettant au sujet d'aller puiser au plus profond de ses aspirations pourra seul amener de la motivation. Des objectifs personnels peuvent se construire s'ils prennent appui sur un **projet existentiel authentique et profondément ancré.** C'est la motivation intrinsèque, l'implication personnelle, indépendante de toute récompense extérieure – qui vous intéresse ici.

Dans le cadre du *coaching*, motiver quelqu'un peut vouloir dire : faciliter chez lui l'émergence de ses ressources ou lui permettre d'être en accord avec ses besoins, ses valeurs et des buts individuels et/ou collectifs. Dans ce sens, la motivation est un processus dynamique qui trouve ses origines dans les perceptions qu'une personne a d'elle-même et de son environnement et qui l'incite à choisir une activité afin d'atteindre un but, comme l'illustre la *Figure 24 : Motivation intrinsèque en éducation*.

La motivation c'est ce qui procure l'énergie pour agir.
1. Axe affectif et général = cohérence entre les réponses aux questions des niveaux logiques
2. Axe cognitif et spécifique = activation des métaprogrammes moteurs de l'action

Fig. 24 : **Motivation intrinsèque en éducation**

2.2. Principes retenus

Compte tenu de ce qui précède, les principaux présupposés pédagogiquement utiles, que nous voulons retenir pour favoriser la motivation intrinsèque, sont au nombre de *cinq,* ils sont résumés sur le *Tableau 26* ci-dessous.

Autodétermination : Les efforts nécessaires à l'apprentissage sont facilités par l'intérêt personnel à la satisfaction de ses besoins.

Attribution causale : La conscience d'être le seul responsable de la réussite de sa vie et de la réalisation de ses objectifs favorise l'implication.

Émotions positives : Les satisfactions anticipées des accomplissements futurs fournissent des encouragements à agir.

Confiance en soi : Une image de soi positive et le sens de sa propre valeur agissent sur la légitimité morale d'atteindre le but, ce qui influe évidemment sur la motivation.

Efficacité personnelle : L'investissement augmente avec le sentiment de maîtriser la tâche, avec la croyance que le résultat est déterminé par des actions connues et contrôlables.

Facteurs de motivation		
Conditions	***Clés d'action***	***Permissions***
Satisfaction des besoins Réalisation personnelle	Vouloir agir	*Ça a du sens pour ma vie.* *J'en ai besoin. Je le veux.* *C'est important pour moi.*
Attribution causale Autodétermination	Prendre la responsabilité	*Ça dépend de moi.* *J'ai la responsabilité de ma vie.*
Émotions positives Image de soi	Oser Pouvoir	*Ça me fait plaisir. J'en ai envie. Je suis doué.* *Je peux le faire. Je me fais confiance.*
Légitimité de l'objectif	Mériter de réussir	*Je mérite de réussir.* *Je fais les efforts nécessaires.*
Efficacité personnelle	Savoir comment s'y prendre	*Je sais quoi faire et comment le faire.* *Je crois que c'est possible, que j'en suis capable.*

***Tableau 25 :* Matrice de motivation classique**

En établissant des réactions autorécompensantes comme condition pour atteindre un certain comportement, les individus créent des auto-inductions pour maintenir leurs efforts jusqu'à ce que leurs performances rencontrent les standards désirés.

Ensuite, la motivation s'accroît si le *coach* met l'accent sur les *points forts* plutôt que sur les limites. Grâce à votre synchronisation continue, la personne se sent approuvée socialement et se fait confiance. Toutefois, la persuasion verbale – par exemple les félicitations – si elle peut ponctuellement accroître le sentiment de compétence, ne sera vraiment efficace que si elle a été menée à un niveau réaliste, par un *feedback* approprié. Le meilleur moyen de développer un sentiment d'efficacité personnelle consiste à **vivre des expériences** qu'on maîtrise et réussit.

1. Contrat pour le changement entre le client et son *coach*

État Présent du client

Projet *État Désiré* du client

Vouloir
- Être conscient de la valeur de la tâche ;
- Anticiper les retombées positives de l'activité ;
- Se sentir approuvé socialement ;
- Être conscient de ses responsabilités personnelles.

2. Choix par le *coach* des moyens pédagogiques adaptés aux caractéristiques du fonctionnement mental du client et des notions à faire comprendre et à assimiler

Se croire compétent et pouvoir le faire
- Être conscient de ses ressources ;
- Se faire confiance ;
- Se souvenir de ses performances antérieures.

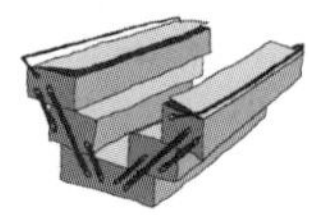

Savoir comment s'y prendre
- Réactiver les ancrages d'expériences valorisantes (état émotionnel favorable) ;
- Connaître le déroulement de l'activité, observer l'activité exécutée par quelqu'un d'autre ;
- Mettre en œuvre des stratégies cognitives et métacognitives ;
- Activer ses moteurs de l'action pour mobiliser l'énergie.

Coaching psychoaffectif

Mériter de réussir
- Croire en la légitimité morale de réussir.

***Fig. 26 :* Démarche de coaching et motivation**

La méthodologie prônée en Deuxième partie de ce livre vous conseille de poser à votre client des questions précises pour qu'il choisisse son objectif et s'en fasse une représentation concrète. Grâce à ces critères, vous vérifiez qu'il est conscient des retombées positives du changement, conscient de sa responsabilité personnelle, de ses ressources, qu'il croit en la légitimité morale de réussir. Le fait d'établir lui-même les standards d'évaluation de sa progression organise automatiquement des réactions autorécompensantes grâce auxquelles il lui est plus facile de poursuivre ses efforts jusqu'à la réalisation de l'objectif fixé, voir aussi l'exercice très performant : *Alignement d'objectifs dans le temps*, au *Chapitre 8 titre 2* de la troisième partie de ce livre.

Le besoin de compétence et d'autodétermination semble inné chez l'être humain ; ayant atteint un niveau donné de performance, souvent il ne s'en satisfera plus et poursuivra une réussite plus élevée ; dès lors la progression autonome est amorcée. Nous retrouvons la méthodologie générale du *coaching* telle que prônée précédemment et enrichie des composants motivationnels, résumés ci-dessus au *Figure 26.*

Plus ou moins consciemment, le processus simple des stratégies efficaces symbolisé par TOTE (Test – Opérations – Test – Évaluation/Exit), et illustré sur le *Tableau 27*, est en œuvre dans les situations d'apprentissage et de changement autodirigés, vous y veillerez lors de l'application des outils de changement.

Les théories les plus récentes sur la motivation insistent beaucoup sur les processus métacognitifs et sur l'importance de faire appel à des niveaux aigus de conscience pour orienter adéquatement pensées et émotions. Les outils de changement présentés aux chapitres suivants vont dans ce sens, ils garantissent les conditions stratégiques de la motivation.

Les stratégies efficaces sont celles qui ont :			
Un objectif de départ T	Des opérations variables O	Un test d'évaluation T	Une fin précise E

Tableau 27 : **TOTE**

2.3. Conditions stratégiques pour susciter la motivation

La traduction pédagogique des concepts sur la motivation intrinsèque, s'organise autour de *deux axes :*

- ***L'axe affectif, existentiel*** *:* c'est la congruence installée à partir des réponses logiques aux six niveaux d'organisation mentale qui renforce la motivation générale.
- ***L'axe cognitif*** *:* les stratégies cognitives individuelles de motivation permettent d'activer ponctuellement les attitudes utiles à s'investir activement dans le travail et à persévérer dans l'activité engagée.

<table>
<tr><th colspan="3">5 Facteurs de motivation</th><th rowspan="2">Moteurs de l'action</th><th rowspan="2">Niveaux logistiques</th><th rowspan="2">Critères de l'objectif</th></tr>
<tr><th>Conditions</th><th>Clés d'action</th><th>Permissions</th></tr>
<tr><td>Conditions</td><td>Clés d'action</td><td>Permissions</td><td rowspan="5">Opérateur modal
Nécessité, Désir
Implication
Proactivité, Réactivité Passivité
Orientation
Aller vers, S'éloigner de
Base de motivation
Identité, Pouvoir, Relation
Rapport au temps
Passé, Présent, Futur
Cadre de référence
Centré sur soi, Centré sur l'autre
Déclencheur de décision
Personnel, Orienté par autrui</td><td>Vision
Projet existentiel</td><td>Positif contextualisé</td></tr>
<tr><td>Satisfaction des besoins
Réalisation personnelle</td><td>Vouloir agir</td><td>Ça a du sens pour ma vie.
J'en ai besoin. Je le veux.
C'est important pour moi.</td><td>Identité
Mission</td><td>Personnel</td></tr>
<tr><td>Attribution causale
Autodétermination</td><td>Prendre la responsabilité</td><td>Ça dépend de moi.
J'ai la responsabilité de ma vie.</td><td>Valeurs
Croyances</td><td>Écologique</td></tr>
<tr><td>Émotions positives
Image de soi</td><td>Oser
Pouvoir</td><td>Ça me fait plaisir. J'en ai envie. Je suis doué.
Je peux le faire. Je me fais confiance.</td><td>Identité
Croyance
(Confiance en soi)</td><td>Réalisable
Écologique</td></tr>
<tr><td>Légitimité de l'objectif</td><td>Mériter de réussir</td><td>Je mérite de réussir. Je fais les efforts nécessaires.</td><td>Croyances en ses capacités, stratégies</td><td>Réalisable
Vérifiable</td></tr>
</table>

***Tableau 28 :* Matrice de la réussite**

Les facteurs de motivation évoqués ici sont synthétisés sur le *Tableau 28 : Matrice de la réussite*, qui reprend la matrice de motivation classique enrichie des axes affectif et cognitif ainsi que des critères de l'objectif. Ces éléments interagissent ensemble pour potentialiser l'implication de la personne.

L'axe affectif, existentiel : stratégie d'organisation mentale

L'un des modèles les plus utiles pour les coachs est celui des niveaux logiques d'organisation mentale. Il favorise la consistance cognitive et permet à la personne de se convaincre de la valeur de son action.

En effet, pour vouloir choisir un objectif de changement consciemment orienté vers sa réalisation personnelle, votre client doit pouvoir le relier à ce qui pour lui a du sens, en cohérence avec son projet de vie. Comme une pierre est une pierre, un arbre est un arbre, tout être humain, pour avancer sur son chemin, a besoin de **se relier à son unité,** de s'aligner conformément à sa nature, de se mettre en ordre avec le « *qui je suis vraiment* », de sentir la plénitude de soi, de se sentir en vie.

Comme déjà expliqué en deuxième partie, au Chapitre 2.1 *Congruence personnelle*, chaque être humain se représente plus ou moins consciemment le monde idéal auquel il rêve d'appartenir et qui le relie à ce qui est plus grand que lui, qui était avant et sera après. Dans sa vision idéale, il trouve à se placer en tant qu'individu unique, avec une mission, un rôle particulier qu'il se donne, ce qui fait que sa vie prend sens. Compte tenu de qui il est et dans la perspective de cette vision, il va privilégier certaines valeurs et croyances qui vont lui fournir l'énergie nécessaire à potentialiser les capacités et ressources pour pouvoir poser les comportements adéquats, dans l'environnement où il se trouve.

Les outils tirés de ce modèle favorisent la cohérence consciente que la personne aménage, entre les efforts qu'elle fournit pour développer ses compétences et ce qui est important pour elle.

Exercice : cohérence entre vision et action

Pour favoriser cet axe, vous pouvez guider votre client à explorer sa motivation en laissant s'épanouir chaque espace intérieur ; vous vous inspirerez des questions conseillées pour vous-même en *Deuxième partie* et reprises ci-dessous.

- Quelle vision avez-vous du monde idéal auquel vous avez envie d'appartenir ? Quelle est votre vision de la vie, de l'humanité ? Quel sens la vie a-t-elle pour vous ? Qu'est-ce qui est plus grand que vous, était avant et sera après vous ? Qui d'autre servez-vous grâce à votre vie ?
- Qui êtes-vous et quel genre de personne voulez-vous être ? Que voulez-vous faire de votre vie ? Quelle métaphore de vous-même conviendrait pour réaliser cette vision ?
- Quelles sont les valeurs et les croyances utiles à réaliser qui vous êtes dans la perspective de votre vision ? Qu'est-ce qui est vrai, juste, important pour vous ?

- Quelles capacités et ressources possédez-vous, quelles sont celles que vous voulez encore acquérir pour manifester votre vision et réaliser votre mission, étant donné ce qui est important pour vous ?
- Quels comportements devez-vous mettre en œuvre pour manifester votre vision et réaliser votre mission, compte tenu de vos croyances et valeurs et grâce à vos capacités ? Quel est votre plan d'action ? Qu'allez-vous faire avec votre partenaire ?
- Où, quand, dans quel contexte voulez-vous adopter les comportements et actions qui vous permettront de vous réaliser dans la perspective de votre vision ? Dans quel environnement cela se passera-t-il ? Sera-ce avec la personne avec qui vous êtes en ce moment ?

Pour potentialiser encore cet exercice, vous pouvez conduire votre client à répondre en se déplaçant sur des espaces posés au sol portant les titres des niveaux logiques. Éventuellement, il pourra ensuite y inscrire ses réponses et les consulter ultérieurement, si nécessaire.

À partir de là, vous pouvez procéder à la conduite du choix de l'objectif, soit dans le cadre d'un entretien simple, soit pour potentialiser la motivation, enrichie avec les outils : *Installation de l'objectif,* décrit au chapitre des *Techniques associatives,* ou *Alignement d'objectifs* dans le temps, qui figure dans les *Outils combinés.*

Ensuite, pour travailler ponctuellement chaque niveau, vous trouverez beaucoup de démarches dans les différentes familles d'outils.

L'axe cognitif : les moteurs de l'action

Comme déjà expliqué, en première partie de ce livre, dès le *Chapitre 3* à *Structure de la logique personnelle : les métaprogrammes,* on peut constater que chaque individu structure de façon plus ou moins rigide ses comportements, comme s'il suivait des métaprogrammes. C'est le nom qu'on donne en PNL à l'ensemble des *patterns* installés chez tout être humain, hors de son champ de conscience et qui détermine sa perception du monde, conditionne le traitement des données perçues et entraîne sa réaction. Les métaprogrammes les plus répétitifs, qualifiés de pivots, sont profondément enracinés et relativement stables, ils jouent le rôle de matrice dans la fabrication des stratégies ponctuelles automatiques.

Certains de ces métaprogrammes, les moteurs de l'action, se rapportent à la nature de la motivation qui déclenche une action chez le sujet. Ce sont les réponses à la question : *pourquoi le fais-tu ?* De plus amples explications de ce modèle ont déjà été détaillées, nous insistons ici seulement sur la nécessité d'aider votre *coaché* à **identifier ses propres métaprogrammes** moteurs de l'action pour qu'il soit dès lors capable de les activer de façon autonome dans tous les contextes.

De votre côté, vous connaîtrez les métaprogrammes par l'observation de la récurrence de leurs manifestations dans les comportements verbaux et non verbaux du sujet. En *Test 5 – Métaprofil de motivation* vous permettra de confirmer ou pas vos observations et de vous synchroniser sur la dynamique motivationnelle du client. Dans la mesure où c'est selon sa propre stratégie que chaque personne peut activer sa motivation, c'est au coach que revient la responsabilité de se synchroniser, sous peine d'agir de manière contre-productive, comme déjà évoqué au *Tableau 21 : Exemple de désynchronisation.*

La démarche de repérage des moteurs de l'action ne comporte pas de jugement. Toutefois, lorsqu'un métaprogramme, assorti de ses stratégies automatiques, constitue une limite à la poursuite de l'objectif, vous pouvez conduire votre client à remplacer délibérément certaines stratégies automatiques par des stratégies conscientes. En Outil 6, vous trouverez des exemples de *phrases utiles à activer la motivation*, selon les métaprogrammes moteurs de l'action que vous aurez identifiés chez votre client.

Une manière encore plus opérationnelle de l'aider à autoalimenter sa motivation consiste à lui faire **modéliser sa propre stratégie de réussite,** selon la démarche ci-dessous.

La stratégie de réussite est le processus individuel et souvent original qu'une personne met en œuvre inconsciemment chaque fois qu'elle réussit quelque chose.

Ce processus comporte une succession de signaux sensoriels, un état interne adéquat, l'activation de certains métaprogrammes – dans un ordre précis – la présence de croyances efficaces, etc.

2.4. Mise à jour de la stratégie de réussite

Si vous souhaitez que votre client soit capable de se modéliser lui-même en pleine possession de ses meilleures stratégies de réussites, vous pouvez lui demander de choisir dans son expérience (professionnelle, familiale, sportive) trois situations de réussite sans lien particulier entre elles.

Faites-lui raconter de façon détaillée le déroulement de chaque expérience et notez fidèlement son récit (chronologie, terminologie…).

Lorsque les trois expériences sont racontées et consignées par écrit, vous les relisez avec lui, en les juxtaposant, de façon à mettre à jour les étapes de la stratégie de réussite qui se ressemblent. Il s'agit de retenir exclusivement les points communs qui apparaissent de façon évidente en tant que structure de succès dans les trois récits.

Il suffira ensuite qu'il s'entraîne à reproduire la même succession d'étapes pour multiplier ses succès et par conséquent se motiver.

Grâce aux nombreuses techniques présentées dans les chapitres suivants, vous pourrez le conduire à installer d'autres compétences pratiques.

Chapitre 3

Techniques associatives

La petite madeleine

- Un jour d'hiver, comme je rentrais à la maison, ma mère, voyant que j'avais froid, me proposa de me faire prendre, contre mon habitude, un peu de thé. Elle envoya chercher un de ces gâteaux courts et dodus appelés « petites madeleines ». Et bientôt, machinalement, je portais à mes lèvres une cuillerée du thé où j'avais laissé s'amollir un morceau de madeleine. Je tressaillis, attentif à ce qui se passait d'extraordinaire en moi.

Un plaisir délicieux m'avait envahi, isolé, sans la notion de sa cause. Il m'avait aussitôt rendu les vicissitudes de la vie indifférentes, ses désastres inoffensifs… J'avais cessé de me sentir médiocre, contingent, mortel. D'où avait pu me venir cette puissante joie ?… Je pose la tasse… je demande à mon esprit de ramener encore une fois la sensation qui s'enfuit… l'évidence de sa félicité… et je sens tressaillir en moi quelque chose qui se déplace, qui voudrait s'élever, quelque chose qu'on aurait désancré à une grande profondeur… ce qui palpite ainsi au fond de moi, ce doit être l'image, le souvenir visuel, lié à cette saveur…

Et tout d'un coup le souvenir m'est apparu… le petit morceau de madeleine… que ma Tante Léonie m'offrait, après l'avoir trempé dans son infusion de thé ou de tilleul… la vieille maison grise sur la rue… comme un décor de théâtre… les bonnes gens du village… et l'église et tout Combray, est sorti, ville et jardins, de ma tasse de thé.

M. Proust[21]

3.1. Les ancres

L'exemple ci-dessus, tiré du roman de Marcel Proust, illustre le processus d'interdépendance entre une stimulation gustative et l'émotion ancrée lors d'une expérience ancienne fortement marquée émotionnellement, ceci in-

21. M. Proust, *Du côté de chez Swann*, Larousse, 2010.

dépendamment de l'évocation consciente, dans la pensée, de la situation originale. Ce processus a été expliqué en *Première partie* de ce livre, au *Chapitre 3, Interdépendance entre corps/comportement, pensée et émotion.*

De la même façon, tous les êtres humains installent, consciemment ou non, dans leur mémoire une quantité de souvenirs émotionnels liés neurologiquement à des stimulations sensorielles. Une fois établies, les ancres agissent automatiquement. Cela constitue à la fois un avantage et un inconvénient : un avantage si nous les utilisons pour engendrer des états-ressources et un inconvénient si elles nous jettent dans des émotions limitantes à notre insu.

Dans une perspective de *coaching*, vous pouvez décider d'installer des ressources au moyen d'ancrages ou conduire votre client à s'autoancrer les états internes utiles à réaliser l'objectif. Vous pouvez également le conduire à désinstaller ces liens automatiques lorsqu'ils court-circuitent la démarche. On parle alors de *désactivation* d'ancres ou *d'autodésactivation* d'ancres, si le client active lui-même la stimulation sensorielle.

Il existe différentes sortes d'ancres. Les ancres peuvent être visuelles, auditives ou kinesthésiques (olfactives et gustatives). Certaines sont sensoriellement pures, totalement visuelles, auditives ou kinesthésiques. D'autres sont mixtes, visuelles et kinesthésiques en même temps, comme un chapelet de prières qu'on égrène, ou kinesthésiques et auditives, comme le trousseau de clés qu'on manipule bruyamment. La contemplation de photos ou de posters déclenche chez certains, selon leurs expériences relatives à ces objets ou circonstances, des états émotionnels forts. On peut les utiliser comme des ressources à disposition. C'est particulièrement connu dans le monde du sport.

Beaucoup connaissent l'anecdote d'un footballeur célèbre qui, pour se mettre en confiance avant certains matchs importants, prit l'habitude de porter le même slip, celui qu'il portait quelques années auparavant, lorsqu'il gagna un match déterminant pour lui et pour la suite de sa carrière. À partir de cette première association fortuite entre ce vêtement et sa réussite footballistique, il fut tenté de la répéter.

Avant chacune de ses compétitions, Björn Borg utilisait une ancre auditive. Lorsqu'il entrait sur le court de tennis, il se disait : le mec qui est au fond là-bas m'a piqué mon portefeuille, a violé ma fille et est parti avec ma femme. Dopé mentalement par cet ancrage associé, il se mettait alors à cogner sur la balle comme un enragé.

Ce que l'on se dit à soi-même fonctionne effectivement comme une ancre auditive et peut déclencher divers types de réponse interne. La réponse de Borg dans l'exemple précédent est de l'agressivité extrême, destinée à lui faire maintenir, tout au long de la partie, un niveau d'énergie très élevé. De la même façon, le silence est une ancre auditive précieuse pour certains.

Il est évident que toutes nos attitudes physiques : gestes, mouvements, visage, mains, démarche, respiration… dans un certain rythme et un certain tonus, constituent des ancres kinesthésiques.

3.2. Démarche pour conduire un ancrage

Lorsque votre client a besoin d'avoir accès très rapidement à une ressource dans un contexte qui représente un enjeu pour lui, vous l'invitez à choisir une situation X lors de laquelle il était en pleine possession de cette même ressource.

Vous décidez avec lui d'un endroit de son corps où poser une ancre kinesthésique. Vous testez le geste d'ancrage de façon à ce que ce dernier soit précis et aisé à reproduire.

Vous conduisez votre client à s'associer, grâce à une évocation multisensorielle, à cette situation X, en suivant les inductions ci-dessous que vous prononcerez d'une voix hypnotique, (c'est-à-dire : volume faible, timbre grave, avec peu de variations de tonalité, dans un rythme régulier).

- *Lorsque vous pensez à la situation X, vous pouvez voir tout ce qu'il y a à voir dans cette situation (si nécessaire on peut ajouter les submodalités visuelles pour approfondir l'association, voir à la* Première partie de ce livre, Chapitre 3, Perceptions et représentations sensorielles : les submodalités de l'expérience subjective*).*
- *Lorsque vous voyez tout ce qu'il y a à voir, vous pouvez aussi écouter tout ce qu'il y a à entendre dans ce souvenir X, les sons extérieurs à vous, et ce que vous vous dites à l'intérieur de vous-même (si nécessaire on peut ajouter toutes les submodalités auditives pour approfondir l'association).*
- *Lorsque vous voyez tout ce qu'il y a à voir, que vous entendez tout ce qu'il y a à entendre dans ce souvenir X, vous pouvez aussi sentir avec votre nez les odeurs liées à ce souvenir (si nécessaire on peut ajouter toutes les submodalités olfactives pour approfondir l'association).*
- *Lorsque vous voyez tout ce qu'il y a à voir, que vous entendez tout ce qu'il y a à entendre, que vous sentez tout ce qu'il y a à sentir dans ce souvenir X, vous pouvez aussi goûter dans votre bouche, sur vos lèvres, les goûts liés à ce souvenir (si nécessaire on peut ajouter toutes les submodalités gustatives pour approfondir l'association).*
- *Lorsque vous voyez tout ce qu'il y a à voir, que vous entendez tout ce qu'il y a à entendre, que vous sentez tout ce qu'il y a à sentir, que vous goûtez tous les goûts liés à ce souvenir, vous pouvez percevoir sur votre peau et ressentir dans votre corps toutes les sensations liées*

à ce souvenir X (si nécessaire on peut ajouter toutes les submodalités kinesthésiques pour approfondir l'association).

Au moment où vous calibrez l'association de votre sujet, vous exercez une pression à l'endroit précis préalablement choisi. Ce sera l'ancre que vous réactiverez au moment voulu si vous êtes présent.

Testez pour être sûr d'avoir ancré par ce geste un stimulus-réponse. Si ça ne marche pas, recommencez depuis le début ou choisissez un autre outil.

Ce type d'ancrage est souvent appelé *quintuple* (ancre sur les cinq sens) en PNL.

3.3. Auto ancrage

Si vous souhaitez que votre client soit autonome dans la gestion de ses ancrages, vous pouvez le guider dans un auto ancrage de la même façon que ci-dessus. Au moment où vous calibrez qu'il est vraiment associé à son souvenir, vous lui suggérerez de serrer lui-même l'ancre que vous aurez préalablement choisie ensemble.

Vous pouvez aussi simplifier la démarche en le conduisant sur le ton de voix hypnotique.

- *Souvenez-vous d'une chose que vous avez particulièrement bien réussie.*
- *Rappelez-vous ce que vous avez vu, ce que vous avez entendu, ce que vous avez ressenti.*
- *Au moment où le souvenir de cette expérience est le plus fort, serrez votre poignet avec le pouce et l'index de l'autre main (ou tout autre geste !).*

Testez en calibrant attentivement pour être sûr d'avoir ancré par ce geste un stimulus-réponse. Si ça n'a pas marché, recommencez depuis le début.

3.4. Installation de l'objectif

> Mieux vaut avancer sur le bon chemin en boitant, que sur le mauvais d'un pas ferme.
>
> *Saint Augustin*

Pour permettre à votre client d'installer son objectif de changement avec une grande puissance, sur une ligne du temps posée au sol, donnez-lui les injonctions suivantes.

- *Associez-vous au présent sur votre ligne du temps et exprimez clairement votre état désiré.*

- *Répétez à haute voix, à propos de cet état désiré les phrases (croyances) suivantes, en étant attentif à votre réaction (état interne) lorsque vous dites chaque phrase.*
- *Mon objectif est désirable, il en vaut la peine.*
- *Il est possible d'atteindre cet objectif.*
- *Ce que je dois faire pour atteindre mon objectif est approprié et écologique.*
- *J'ai les capacités nécessaires pour atteindre mon objectif.*
- *Je mérite d'atteindre mon objectif et j'en suis responsable.*

Si vous calibrez des résistances lorsqu'il prononce ces phrases, demandez-lui de remarquer où et comment elles se manifestent dans son corps. Placez-le en POSITION MÉTA afin qu'il identifie et reconnaisse l'intention positive de chacune des résistances.

Toujours en POSITION MÉTA faites-lui choisir un mentor, un modèle qui possède la ressource nécessaire à remplacer la résistance, tout en satisfaisant son intention positive Demandez-lui de symboliser la ressource ou le mentor sur un papier ou autre objet, à déposer sur sa ligne du temps au sol.

Le client s'associe à nouveau, sur sa ligne du temps, face à l'avenir, et répond aux questions que vous lui posez.

- *Comment avez-vous changé par rapport à votre objectif ?*
- *Quelle capacité ou croyance se sont développées ou sont devenues plus fortes ?*

Faites-lui, si nécessaire, répéter avec congruence, les phrases ou croyances du point 2.

Ancrez son sentiment de réussite et de congruence. Faites-lui trouver dans son passé des expériences ressources et des mentors qui l'ont aidé ou soutenu dans le développement de ses capacités d'excellence.

Faites-lui remonter toutes les ressources sur la ligne du temps à partir du passé, vers le présent et le futur et vérifiez que tout est en harmonie et que sa certitude d'y arriver est totale.

3.5. Cercle de l'excellence

Pour multiplier l'intensité des ressources à activer, la meilleure façon consiste à conduire votre client à les ancrer l'une après l'autre avant de les superposer et éventuellement les enfermer dans une bulle transparente de façon à pouvoir se promener avec, en étant conscient de pouvoir en disposer totalement de façon autonome.

Faites choisir à la personne les ressources à installer, par exemple :

- *compétence*
- *confiance*
- *calme intérieur*
- *attention à l'extérieur*
- *curiosité*
- *humour*
- *détermination flexible*
- *implication*

Pour chacune de ces ressources demandez-lui de choisir une situation très ponctuelle (quelques secondes) lors de laquelle elle a expérimenté cette ressource.

Demandez-lui ensuite de délimiter un cercle d'excellence en plaçant par exemple une ficelle au sol.

À l'intérieur de l'espace fixé, induisez l'association à ces situations de réussite correspondant aux ressources choisies. Soit la démarche suivante pour la ressource compétence.

- *Retrouvez une situation dans laquelle vous avez expérimenté votre compétence/ressource.*
- *Entrez dans le cercle et revoyez ce qu'il y a à voir dans cette expérience de compétence.*
- *Pendant que vous voyez ce qu'il y a à voir, écoutez ce qu'il y a à entendre durant cette expérience de compétence.*
- *Pendant que vous voyez ce qu'il y a à voir, écoutez ce qu'il y a à entendre durant cette expérience de compétence, vous pouvez aussi sentir les odeurs qu'il y a à ce moment-là.*
- *Pendant que vous voyez ce qu'il y a à voir, que vous entendez ce qu'il y a à entendre, que vous sentez les odeurs qu'il y a à sentir durant cette expérience de compétence, goûtez les goûts liés à ce souvenir.*
- *Pendant que vous voyez ce qu'il y a à voir, que vous entendez ce qu'il y a à entendre, que vous sentez les odeurs qu'il y a à sentir, que vous goûtez les goûts liés à ce souvenir de compétence, ressentez dans tout votre corps ce que vous avez ressenti durant cette expérience de compétence. Amplifiez ces sensations avant de sortir de l'espace ressources.*

Procédez ainsi pour toutes les ressources.

Après tous les passages, invitez la personne à revenir dans le cercle pour s'approprier simultanément toutes les ressources. Pour cela, suggérez-lui de placer tout autour d'elle une bulle transparente, solide et flexible, comme une bulle de savon, qui enferme toutes ses ressources. Elle pourra se promener à son gré avec sa bulle qui s'adaptera automatiquement à la distance souhaitée entre elle et les éléments de son environnement.

3.6. Désactivation d'ancre

Processus

La désactivation d'ancre est utile lorsqu'un individu a une réaction émotionnelle non souhaitée dans une situation donnée. Cette réaction peut être liée à une situation passée dont le souvenir plus ou moins conscient est douloureux, ou lorsque la perspective d'une situation à venir déclenche une émotion négative, limitante, qui va neutraliser l'expression du plein potentiel de la personne. Le but est de diminuer, de neutraliser, voire de transformer les émotions négatives.

Il s'agit donc d'opposer à un état émotionnel limitant d'une certaine intensité, un autre état positif encore plus fortement chargé émotionnellement. L'installation de deux ancres et leur activation simultanée, va provoquer une transformation de l'état négatif premier en un état émotionnel proche de la neutralité.

Cette technique se base sur le fait que notre cerveau ne peut pas vivre en même temps deux expériences contradictoires. De fait, lorsque deux ensembles d'informations empruntent en même temps les mêmes voies nerveuses, comme c'est le cas dans cette technique, elles sont immédiatement réorganisées en une troisième, différente des deux autres. En conséquence, la désactivation permet une transformation immédiate et durable des composantes émotionnelles liées à l'expérience négative.

Ce changement intéressant s'opère en conduisant votre client selon la démarche illustrée par la *Figure 29* ci-après.

Préparation de l'exercice de changement

Pour annuler l'impact d'un ancrage négatif qui perturbe votre client, utilisez ces formules :

- *précisez, éventuellement avec un nom code, la situation qui déclenche l'émotion négative ;*

- *choisissez une émotion antagoniste et une situation positive lors de laquelle vous avez éprouvé cette émotion positive. cet état émotionnel positif doit être d'une intensité plus forte que le négatif ;*
- *si nécessaire, pour que l'intensité soit suffisante, faites-le avec deux ou trois situations-ressources à superposer.*

Demandez-lui son accord sur le geste symétrique (par exemple les poignets, les genoux…) que vous lui proposez pour ancrer les deux états.

Désactivation

- *Lorsque les signes physiologiques attestent de la modification de l'État Interne dans le sens négatif, vous lui faites un ancrage kinesthésique à un endroit très précis, d'une durée de deux à quatre secondes, sur le genou gauche, par exemple.*
- *Vous faites un état séparateur – par une distraction quelconque – pour balayer ce souvenir avant de procéder de la même façon avec la situation positive, soit :*
- *Induisez une association forte à la situation positive au moyen d'une quintuple, calibrez et ancrez durant deux à quatre secondes, à un autre endroit, sur le genou droit par exemple. Éventuellement superposez les ancres positives, s'il y a plusieurs situations.*
- *Faites un nouvel état séparateur.*
- *Les deux ancres étant posées, vous pouvez faire la désactivation de l'ancre négative, en appliquant simultanément les deux ancres posées sur les genoux et en enlevant l'ancre négative deux ou trois secondes avant l'ancre positive.*

Contrôle du résultat

Pour savoir si la désactivation est faite, demandez à votre client comment il se sent, et passez rapidement à autre chose.

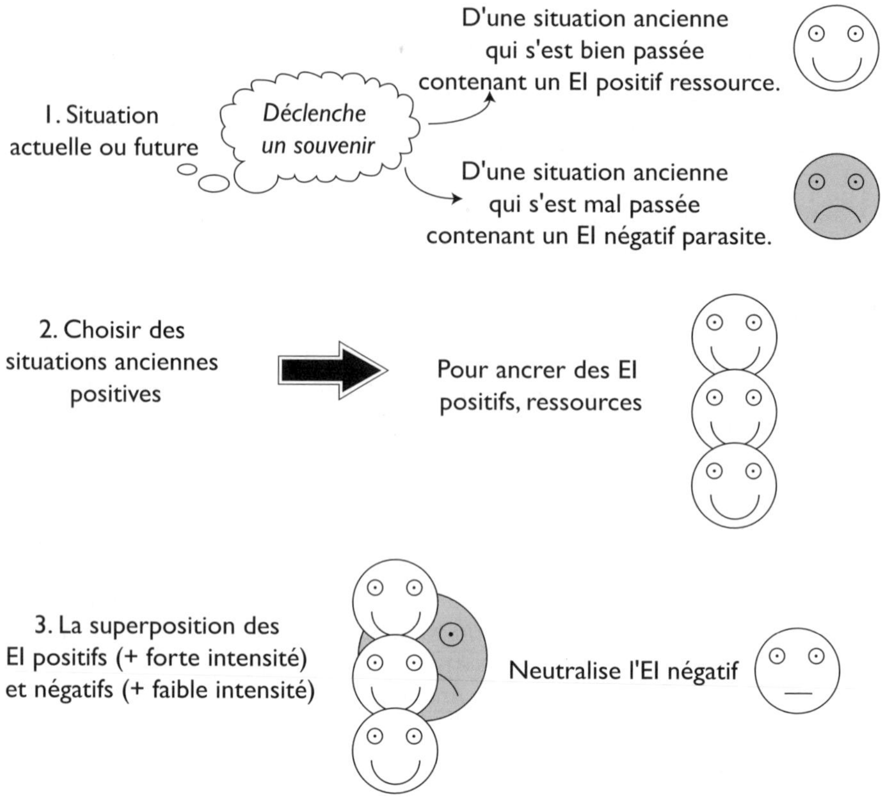

***Fig. 29 :* Désactivation d'ancre**

3.7. Résolution de crises sur ancrages spatiaux

Pour conduire votre client à dépasser sa crise, vous pouvez, soit le conduire à travers la démarche ci-dessous, soit, s'il a un *index de référence soi* en métaprogramme pivot, lui expliquer les étapes qu'il peut suivre seul. C'est un outil très facile à utiliser même avec un groupe d'une certaine dimension.

Établissez avec la personne une relation de qualité sur l'espace-ressources, éventuellement ancrez-lui la confiance en lui-même et en vous.

Préparez *7 étiquettes* que vous poserez progressivement au sol (cf. *Figure 30*).

Conduisez-le ensuite à respecter ces consignes.

- *Sur l'espace-crise, identifiez le déclencheur du problème, le danger (à noter sur la feuille Déclencheur/Danger).*
- *Sur l'espace-méta, trouvez l'opportunité de la situation (à noter sur la feuille opportunité).*
- *Sur l'espace-crise et compte tenu du danger, de l'opportunité et du rôle à tenir, écoutez l'appel qui se cache derrière la situation-crise (à noter sur la feuille appel).*
- *Sur l'espace-méta, repérez le seuil à franchir et les ressources nécessaires et/ou à disposition pour le faire.*
- *Sur l'espace-crise, décidez de franchir le seuil et faites-le en allant sur l'espace-seuil dans sa réalité concrète, spécifique et vérifiez le mieux-être.*

Il faut revenir plusieurs fois sur certains espaces, jusqu'à ce que votre client soit satisfait du chemin parcouru. Il vérifie que c'est possible, qu'il va le faire, qu'il sait comment s'y prendre et qu'il est satisfait.

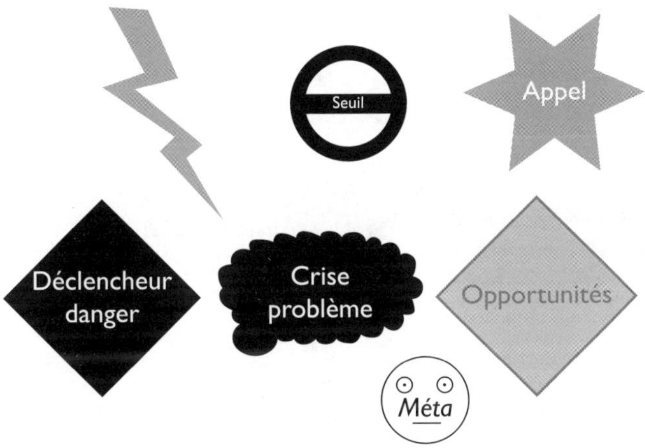

Fig. 30 : **Résolution de crise**

Chapitre 4

Techniques dissociatives

Créer, c'est donner une forme à son destin.

A. Camus

4.1. Caractéristiques

Vous avez probablement expérimenté combien il est plus facile de suggérer à autrui des hypothèses de compréhension ou de solution… que de les trouver pour soi. En effet, lorsque nous vivons une situation difficile nous y sommes le plus souvent émotionnellement associés, ce qui perturbe la réflexion, rend l'analyse peu performante.

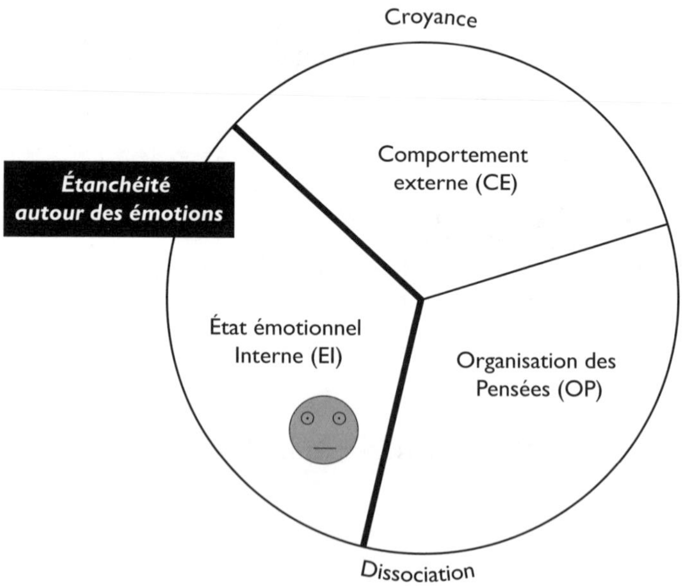

Contrairement aux techniques associatives, qui renforcent l'interdépendance entre les trois secteurs du comportement, les techniques dissociatives installent une étanchéité autour des émotions.

Ces outils s'avèrent aussi utiles pour stabiliser les émotions négatives qui surviennent lors d'un souvenir, pour mieux gérer une difficulté au présent et pour se préparer à une situation d'enjeu.

Aussi, lorsque vous conduisez quelqu'un à résoudre un problème personnel ou à construire un projet, votre rôle est d'abord de l'aider à prendre de la distance, de l'amener à considérer la situation globalement comme si c'était celle de quelqu'un d'autre. Pour cela votre créativité vous inspirera à partir des exemples ci-dessous.

4.2. Modélisation

La modélisation consiste à reproduire les stratégies de quelqu'un d'autre pour s'approprier une performance, une émotion utile ou un nouvel apprentissage. L'imitation est la première façon d'apprendre pour le jeune enfant, c'est pour l'être humain la manière spontanée de s'approprier les normes et habitudes de son milieu. C'est aussi à partir de la modélisation des professionnels compétents que la PNL s'est développée, vous le savez déjà.

Dans une perspective de *coaching*, c'est une stratégie utile à enseigner au client qui veut potentialiser ses ressources ou dépasser une difficulté personnelle. Pour développer le potentiel global d'une personne, la modélisation des génies dans différents domaines s'avère efficace. Dilts a écrit plusieurs ouvrages *(voir en bibliographie)* dans lesquels il met en évidence les structures d'excellence des génies. Votre client peut prendre pour modèle : lui-même dans une autre situation (surtout s'il a un métaprogramme pivot de référence soi), quelqu'un de sa connaissance qui réussit particulièrement bien dans un domaine, un personnage mythique ou de fiction, ou même un animal emblématique qui manifeste la ressource qui lui fait défaut.

Résumé des étapes du processus de modélisation

> Si un homme, un être humain de la même espèce que moi, réussit à atteindre ses objectifs, je possède en moi les ressources pour apprendre à faire de même.
>
> *J. Grinder*

Pour favoriser l'appropriation de nouvelles ressources, accompagnez la personne à travers les phases du processus de modélisation en lui donnant les injonctions ci-dessous.

- *Choisissez un expert qui possède les ressources utiles à résoudre la difficulté qui est la vôtre aujourd'hui.*
- *En l'imaginant ou en le regardant réellement, inventoriez les stratégies cognitives, comportementales et émotionnelles pertinentes qu'il utilise dans un contexte similaire à celui qui vous intéresse.*

- *Vérifiez l'efficacité du modèle en le testant dans votre situation, toujours en dissocié comme s'il était dans votre vie alors que vous en êtes l'observateur. Assurez-vous que c'est bien ce que voulez obtenir.*
- *Si vous êtes satisfait du résultat, réduisez le modèle à sa structure la plus simple et la plus élégante et expérimentez-le plusieurs fois mentalement en vous identifiant à ce qu'il fait, pense et ressens.*
- *Testez réellement le modèle dans votre contexte pour en mesurer les résultats, trouvez les avantages et limites du modèle.*

Le processus de modélisation pour l'apprentissage

Vous pouvez aussi choisir un autre processus de modélisation pour l'apprentissage, en conduisant votre client de la façon suivante.

1. Choisissez une situation dans laquelle vous voulez faire un nouvel apprentissage.
2. Choisissez comme modèle un mentor (à partir de votre propre vie, de celle d'un ami ou d'une situation vécue).
3. Imaginez comment il approcherait cette situation d'apprentissage.
4. Identifiez-vous à ce mentor et vérifiez ce que vous apprenez de plus à être et faire, dans les souliers de cette personne, en termes de :
   - physiologie ;
   - gestion émotionnelle ;
   - stratégie cognitive ;
   - croyances ;
   - objectifs ;
   - opérations.
5. Repérez les compétences inconscientes que vous avez toujours eues et qui peuvent vous aider à apprendre d'une façon efficace dans cette situation.
6. Faites-vous un auto ancrage qui rassemble ces ressources.

4.3. Mise au point d'un projet

Très connue dans divers contextes, cette méthode constitue une sorte de *brainstorming* particulièrement dynamique. Ce travail se fait en sous-groupes de cinq acteurs.

Vous disposez une chaise par personne avec un rôle préalablement défini sur chacune :

- *celle du rêveur qui présente son projet ;*
- *celles de deux personnages critiques ;*
- *celles de deux réalisateurs de projets.*

Individuellement l'explorateur de projet choisit un projet/rêve qu'il a encore peu exploré à proposer au groupe ; il en explique brièvement les composantes positives.

Tous les participants, y compris le rêveur, illustrent en moins de cinq minutes par un dessin ou un schéma ce projet, en fonction du rôle assigné.

Lors d'un tour de table, chaque participant présente son dessin et le décrit brièvement ; personne ne commente le dessin.

Cet exercice requiert un strict respect des consignes. Dans cette formule il va forcément élargir le modèle du monde de l'auteur du projet et par conséquent augmenter ses possibilités de choix et ses chances de réaliser son rêve.

4.4. Générateur de comportement

C'est une technique dissociative que vous utilisez avec une personne qui souhaite s'approprier un comportement nouveau, éventuellement en remplacement de l'actuel non satisfaisant.

Vous commencez par expliquer à votre client la consigne ci-dessous et vous vérifiez qu'il ne l'exécute pas encore.

- *Placez, là devant vous, un écran imaginaire éteint.*
- *Tout à l'heure, vous projetterez le film de votre comportement désiré, dans tout son déroulement, sur l'écran. L'acteur du film peut être une personne qui maîtrise le comportement ou vous-même.*
- *Éteignez l'écran après chaque séquence.*

Vous le conduisez ensuite grâce aux injonctions suivantes.

- *Visualisez une fois le film en train de réussir le comportement désiré.*
- *Vérifiez qu'il s'agit bien de celui que vous souhaitez.*
- *Réajustez-le si nécessaire.*
- *Regardez ce film plusieurs fois, en couleurs, avec tous les détails.*
- *Sautez dans l'image (derrière ce modèle et le suivre de plus en plus près dans le film, jusqu'à ce que les deux personnages se confondent) pour expérimenter le nouveau comportement de l'intérieur ; plusieurs fois si nécessaire.*

Pour terminer, faites-lui faire un pont sur le futur pour vérifier la possibilité de transférer l'apprentissage dans la réalité de sa vie.

4.5. Préparation d'un entretien

Vous pouvez aider quelqu'un, soit à reconsidérer une interaction qui s'est mal déroulée, soit à préparer une interaction difficile à cause de l'enjeu qu'elle représente pour lui, grâce à ce type de prise de distance.

Cet exercice est utile si la personne souhaite améliorer la communication avec son interlocuteur, généralement la relation s'en trouve aussi modifiée. Si la situation s'avère complexe, il est nécessaire de l'appréhender successivement dans ses différentes phases, sous l'angle du problème, puis sous celui de la solution comme illustré par la *Figure 31*.

Si X est votre client et Y son interlocuteur, disposez trois chaises : deux face à face pour placer les deux protagonistes, une troisième chaise pour la position méta.

Conduisez le client de la manière suivante.

- *Asseyez-vous en position méta, concentrez-vous sur votre objectif et préparez votre première phrase.*
- *Asseyez-vous sur votre chaise et exprimez votre première phrase.*
- *Installez-vous à la place de votre interlocuteur pour écouter le message en associé et choisir la réponse.*
- *Revenez à votre place et faites de même autant de fois que nécessaire.*

Généralement cette première interaction suffit à permettre une prise de conscience. Demandez à votre client de critiquer la situation en position méta.

Guidez les réajustements comme un générateur de comportement en associé avec déplacements sur les chaises à chaque interaction.

***Fig. 31 :* Préparation d'un entretien**

Lorsque c'est terminé de façon satisfaisante, vous complétez éventuellement avec un ancrage de ressources, et que votre client est parfaitement prêt à affronter la rencontre. C'est évidemment le calibrage que vous effectuez, en particulier avant et après le générateur de comportement, qui vous permet de vérifier si c'est vraiment gagné.

4.6. Voyage en ballon au-dessus de Disneyland

De la vallée, on voit de grandes choses. Du sommet du pic, on n'en voit que de petites.

G. K. Chesterton

Vous pouvez guider votre client dans un rêve éveillé pour lui permettre de considérer son objectif simultanément et en parallèle à d'autres aspects de sa vie. Cette démarche est intéressante par exemple lorsque la réalisation de l'objectif prend du temps et que la motivation risque de diminuer.

Rêve éveillé

Imaginez que vous grimpez à bord d'une magnifique montgolfière aux couleurs resplendissantes. Installez-vous confortablement dans la nacelle en osier et tandis que le ballon s'élève dans les airs, centrez votre attention sur votre respiration.

Vous pouvez sentir l'air qui entre et qui sort de vos poumons… à votre rythme… Vous pouvez aussi sentir votre poitrine qui se soulève… et s'abaisse… régulièrement, sans effort. À mesure que vous prenez de l'altitude, vous sentez une brise légère vous caressant le visage. Le bourdonnement de la ville s'éloigne pour faire place au silence, entrecoupé par les bruits saccadés du brûleur à gaz. D'où vous êtes, vous apercevez les oriflammes des châteaux des héros du parc de Disneyland.

Et tout en profitant de ce moment, vous orientez votre regard sur votre gauche. D'où vous êtes, vous pouvez contempler le monde magique de Blanche-Neige : vous entendez les sept nains fredonner joyeusement en rentrant du boulot, vous voyez la méchante belle-mère consulter son miroir magique, la vilaine sorcière préparer son panier de pommes empoisonnées et le beau prince charmant galopant sur son cheval blanc.

Le bruit du brûleur à gaz de votre montgolfière détourne votre attention. Et sur votre droite, vous découvrez alors l'amusant génie d'Aladdin. Le loufoque géant bleu est en train de jouer quelques tours pendables, tandis qu'Aladdin, sur son tapis magique, vole au secours de la belle Jasmine. Heureusement, tout est bien qui finit bien. Vous voyez les deux amoureux s'envoler main dans la main en chantant leur rêve bleu.

Une retentissante sonnerie de réveil manque de vous faire vaciller. D'où vous êtes, vous apercevez sur votre gauche le formidable bateau pirate du capitaine Crochet. En plein conciliabule avec ses marins, celui-ci complote un nouveau piège pour capturer Peter Pan. Mais ce dernier, plus malin, est déjà en train de lui jouer un nouveau tour, avec l'aide de la mignonne fée Clochette.

Enfin, votre promenade au-dessus de Disneyland se termine par le survol du pays des rêves sur votre droite. Là, vous pouvez contempler vos propres héros, sortis tout droit de votre imagination. Vous les voyez en pleine action et les entendez interagir vivement.

Puis tout doucement, votre montgolfière revient à son point de départ et vous dépose sur la terre ferme. Vous entendez les derniers soubresauts du brûleur à gaz, tandis que vous enjambez la nacelle, les yeux encore éblouis par les merveilles que vous venez de contempler…

Le même support visuel peut encore être utilisé pour fractionner divers contextes de la vie de votre client, de façon à ce qu'un aspect problématique ne contamine pas obligatoirement tous les autres comme sur la *Fig. 32 : Résolution de problèmes dans des espaces distincts.*

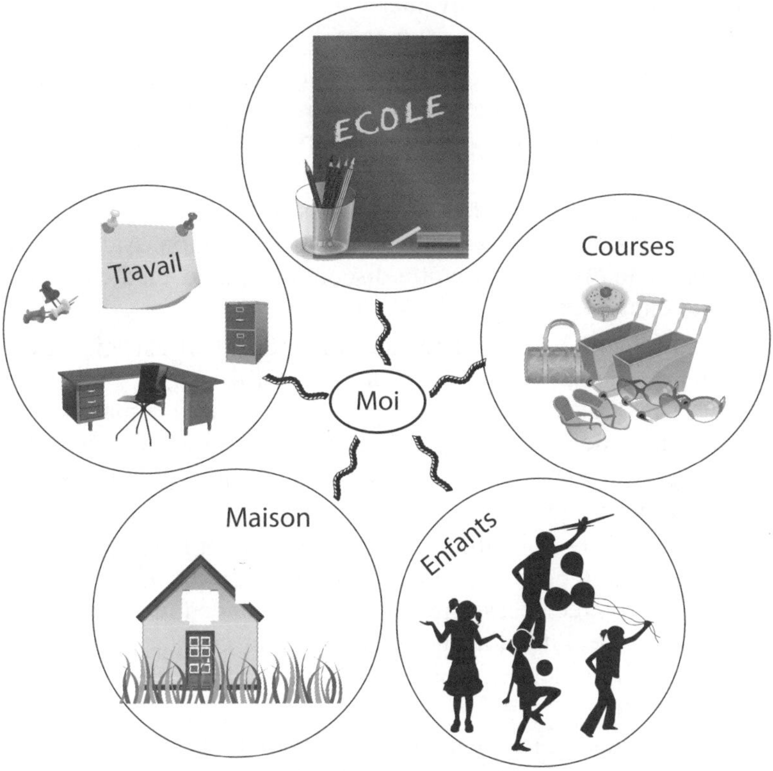

***Fig. 32 :* Résolution de problèmes dans des espaces distincts**

4.7. Dissociation par désactivation d'ancre sur l'espace-problème posé au sol

C'est une technique dissociative que vous utilisez avec une personne qui souhaite prendre une distance émotionnelle d'avec l'actuelle situation non satisfaisante ou d'avec une situation ancienne qui la perturbe encore lorsqu'elle y pense.

Vous commencez par faire alliance avec cette personne sur le fait de travailler avec vous pour neutraliser l'émotion négative qu'elle ressent face à cette situation, et lui posez une ancre de confiance ici et maintenant, avec vous. Cette ancre va constituer une ressource à activer, si nécessaire, à n'importe quel moment de l'exercice.

Vous lui demandez ensuite d'évaluer l'intensité du désagrément sur une échelle entre -1 et -5 et de donner un nom de code (EP) à cette situation.

Vous placez par terre un espace sur lequel votre client vient s'associer à la situation-problème (EP) ; aidez-le par une induction très légèrement hypnotique de courte durée. Dès que vous calibrez l'association, provoquez un état séparateur chez votre client.

Demandez-lui de se reculer de quelques pas jusqu'à ce qu'il puisse commencer à se voir dans la situation avec moins d'émotion. Aidez-le dans ce travail de prise de distance par votre discours au passé, en s'en faisant une vieille photo en noir et blanc de la situation.

Soulignez fortement à votre client que maintenant, il est ici, en ce lieu, à cette date, et que sur l'EP c'était un autre lui-même, il y a x temps en d'autres lieux et d'autres circonstances. Calibrez dans la démarche que A se dissocie vraiment de l'EP. Pour l'aider, proposez-lui de se reculer encore, si nécessaire, jusqu'à une distance suffisante pour qu'il puisse revoir l'EP à une dimension plus confortable.

Demandez-lui ensuite d'identifier les ressources dont le soi plus jeune, sur l'EP, aurait eu besoin pour que cette situation se déroule autrement. Ancrez chaque ressource jugée nécessaire, ou proposez-lui de faire un auto ancrage sous votre conduite. Puis demandez-lui de tester chaque ressource en les envoyant au soi plus jeune resté sur l'EP, jusqu'à ce que ces ressources soient suffisantes.

Pour terminer, faites avancer lentement votre client vers l'EP en activant les ressources jusque sur l'espace initial. Calibrez attentivement et demandez-lui de vérifier si son état interne est plus satisfaisant.

Il n'est pas nécessaire de revenir sur la situation initiale si celle-ci ne sera pas répétée. Par contre, lors de situations récurrentes (examens, comportement avec certains types de personnes, etc.), expérimenter à nouveau la situation fait office de générateur de comportement.

4.8. Multidissociation V/K

Pour poursuivre le même genre d'objectif que l'exercice de dissociation par désactivation d'ancre sur l'espace-problème posé au sol, vous pouvez aussi choisir la double dissociation.

Il s'agit d'une dissociation V/K (entre Visuel et Kinesthésique) utile lorsque la seule évocation de l'image mémorisée d'un souvenir antérieur désagréable, provoque la réactivation, voire l'amplification de l'émotion négative initiale.

Pour chacune des quatre étapes nécessaires, donnez-lui les injonctions mentionnées ci-dessous.

1. Double ancrage de ressources

- *Pensez à une expérience lors de laquelle vous vous êtes senti hyperpuissant, invulnérable. Lorsque vous êtes associé à ce souvenir, serrez ma main (le double ancrage est fait par la pression simultanée des deux mains) ; c'est votre lien avec le moment présent, avec toutes vos ressources et avec moi qui vous accompagne dans ce travail. Nous allons continuer à nous tenir la main et vous pourrez serrer cette ancre n'importe quand, en particulier lorsque vous regarderez le film que je vais vous indiquer.*

2. Installation des écrans

- *Imaginez que vous êtes assis dans une salle de cinéma et que vous voyez sur l'écran une grande photo de vous hyperpuissant. Flottez en dehors de votre corps jusqu'à la cabine de projection d'où vous vous voyez à la fois dans la salle ET sur l'image fixe de l'écran. (premier écran).*
- *De la cabine de projection vous continuez à vous voir dans la salle en train de vous regarder sur l'écran, hyperpuissant, et vous ajoutez un deuxième écran légèrement à la droite de l'autre, avec la même image de vous hyperpuissant.*
- *Reprenez la démarche précédente et ajoutez, encore à droite, un troisième écran avec la même image de vous hyperpuissant.*
- *Reprenez la démarche précédente et installez, encore à droite, un vieil écran de télévision, très petit et éteint. C'est là que vous déroulerez le film, en noir et blanc, sans le son, de la situation traumatique.*
- *Tout à droite des écrans, mettez encore une grande image de vous hyperpuissant, image fixe et en couleurs.*

3. Dissociation de la situation difficile

- *De la salle de projection, regardez-vous dans la salle, et simultanément regardez les trois écrans.*
- *En même temps allumez l'écran de télévision sur lequel vous faites défiler en continu le film de la situation traumatique, rapidement, en noir et blanc, sans le son, en avant et en arrière, plusieurs fois.*
- *Terminez tout à droite, sur la grande image de vous hyperpuissant. Profitez d'écouter tout de suite votre musique préférée.*

4. Vérification

- *Repensez à la situation initiale, vérifiez que l'émotion soit proche de l'état neutre. Si nécessaire, reprendre le n° 3.*

Ce genre de techniques dissociatives (Dissociation par désactivation d'ancre sur l'espace-problème posé au sol **et** Multidissociation V/K) s'avère très efficace pour neutraliser des émotions négatives intenses, même si liées à des situations très traumatiques.

Chapitre 5

Recadrages de la carte du monde

Si quelque objet extérieur te chagrine, ce n'est pas lui, c'est le jugement que tu portes sur lui qui te trouble. Il ne tient qu'à toi d'effacer ce jugement de ton âme. Si c'est ta disposition propre qui te chagrine, qui t'empêche de rectifier ton dessein ?

Marc-Aurèle

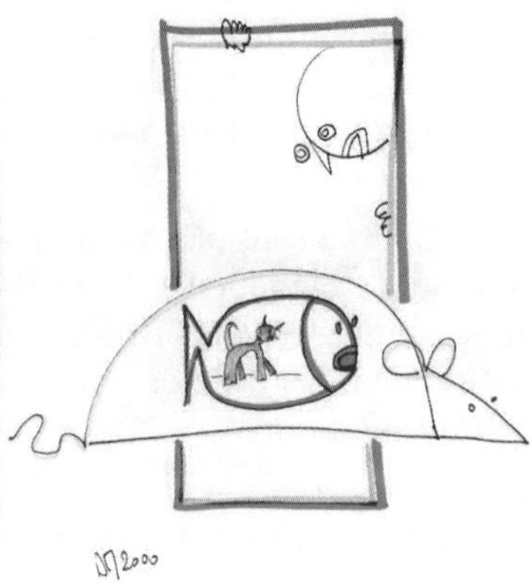

Les recadrages figurent parmi les techniques puissantes et majeures de la PNL. En effet, si on considère le présupposé « la carte n'est pas le territoire », nous nous souvenons des filtres personnels, neurologiques et socioculturels à partir desquels nous construisons notre représentation – forcément distordue, généralisée et partielle – de la réalité.

Dès lors, vous imaginez facilement que si, face à un problème, vous décidez de lui donner un autre cadre, de l'aborder d'un autre point de vue, votre représentation de ce problème se trouve modifiée. Or, faut-il le rappeler, nous agissons, nous choisissons notre comportement en fonction de notre représentation de la réalité et il est impossible pour quiconque de faire autrement !

Les recadrages ont pour but d'aider la personne à se représenter différemment la situation, de façon à ce que celle-ci n'apparaisse plus comme problématique. En fait, toute la PNL constitue un immense recadrage.

En relation d'aide, le recadrage est particulièrement efficace et précieux pour ouvrir d'autres hypothèses, d'autres croyances, d'autres chemins possibles. C'est une façon élégante de guider l'autre.

5.1. Sortes de recadrages

J'avais envie de pleurer… parce que je n'avais pas de souliers… jusqu'à ce que dans la rue…, je rencontre une personne qui n'avait pas de pieds.

Auteur Anonyme

Les techniques de recadrages sont nombreuses et leur utilisation pédagogique s'avère plutôt facile. On distingue plusieurs types de recadrages.

- Les recadrages appliqués au contenu, sur le sens ou sur le contexte, produisent rapidement des modifications significatives dans la carte du monde de votre client, à l'aide notamment des questions confrontantes du métamodèle. Exemple de la plainte du client : *mon patron est toujours dans mon bureau pour me demander mon avis, cela m'énerve.*
- Recadrage de sens par le coach, *vous devez être une personne importante pour lui. Il vous fait particulièrement confiance.*
- Les recadrages appliqués à l'analyse de l'expérience, soit le recadrage en six points et la négociation entre parties conflictuelles. Ce sont des procédures relativement compliquées pour résoudre des questions d'une certaine complexité, comme par exemple des symptômes physiques ou des habitudes non souhaitées mais très installées. (Voir les démarches ci-dessous en 5.3 et 5.4)

Les recadrages appliqués à l'ensemble de la situation se font par métaphores. Elles présentent plusieurs avantages, notamment l'élégance et l'efficacité. Les nombreuses phrases et histoires qui accompagnent les différents chapitres de ce livre servent d'exemples, vous pouvez les utiliser. Plus de détails figurent au *Chapitre 5, titre « Les types de Métaphores »*.

Le professionnel qui veut travailler avec les recadrages doit collecter assez d'informations pour pouvoir se représenter le comportement de la personne dans son contexte et le sens que la personne donne à l'expérience. Il s'agit ensuite d'introduire un doute en restant bien synchronisé pour guider la personne.

5.2. Le modèle des parties

L'arbre[22]

Dans un pays aride fut autrefois un arbre prodigieux. Sur la plaine on ne voyait que lui, largement déployé entre les blés malingres et le vaste ciel bleu. Personne ne savait son âge. On disait qu'il était aussi vieux que la Terre. Des femmes stériles venaient parfois le supplier de les rendre fécondes, des hommes en secret cherchaient auprès de lui des réponses à des questions inexprimables et les loups lui parlaient, certaines nuits sans lune, mais personne jamais ne goûtait à ses fruits. Ils étaient pourtant magnifiques, si luisants et dorés le long de ses branches maîtresses pareilles à deux bras offerts dans le feuillage qu'ils attiraient les mains et les bouches des enfants ignorants. Eux seuls osaient les désirer. On leur apprenait alors l'étrange et vieille vérité. La moitié de ces fruits étaient empoisonnés. Or tous, bons ou mauvais, étaient d'aspect semblable. Des deux branches ouvertes en haut du tronc énorme l'une portait la mort, l'autre portait la vie, mais on ne savait laquelle nourrissait et laquelle tuait. Et donc on regardait, mais on ne touchait pas. Vint un été trop chaud, puis un automne sec, puis un hiver glacial. Neige et vent emportèrent les granges et les toits des bergeries. Les givres du printemps brûlèrent les bourgeons, et la famine envahit le pays. Seul sur la plaine l'arbre demeura imperturbable. Aucun de ses fruits n'avait péri. Malgré les froidures, ils étaient restés en aussi grand nombre que les étoiles au ciel. Les gens, voyant ce vieux père solitaire miraculeusement rescapé des bourrasques, s'approchèrent de lui, indécis et craintifs. Ils interrogèrent son feuillage. Ils n'en eurent pas de réponse. Ils se dirent alors qu'il leur fallait choisir entre le risque de tomber foudroyés, s'ils goûtaient aux merveilles dorées qui luisaient parmi les feuilles, et la certitude de mourir de faim, s'ils n'y goûtaient pas.

Comme ils se laissaient aller en discussions confuses, un homme dont le fils ne vivait plus qu'à peine osa soudain s'avancer d'un pas ferme. Sous la branche de droite il fit halte, cueillit un fruit, ferma les yeux, le croqua et resta debout, le souffle bienheureux. Alors tous à sa suite se bousculèrent et se gorgèrent délicieusement des fruits sains de la branche de droite qui repoussèrent aussitôt, à peine cueillis, parmi les verdures bruissantes. Les hommes s'en réjouirent infiniment. Huit jours durant ils festoyèrent, riant de leurs effrois passés.

22. H. Gougand, *L'arbre d'amour et de sagesse – Contes du monde entier,* © Éditions du Seuil, 1992, Points, 1997.

> Ils savaient désormais où étaient les rejetons malfaisants de cet arbre ; sur la branche de gauche. Ils la regardèrent d'abord d'un air de défi, puis leur vint une rancune haineuse. À cause de la peur qu'ils avaient eue d'elle ils avaient failli mourir de faim. Ils la jugèrent bientôt autant inutile que dangereuse. Un enfant étourdi pouvait un jour se prendre à ses fruits pervers que rien ne distinguait des bons. Ils décidèrent donc de la couper au ras du tronc, ce qu'ils firent avec une joie vengeresse.
>
> Le lendemain, tous les bons fruits de la branche de droite étaient tombés et pourrissaient dans la poussière. L'arbre amputé de sa moitié empoisonnée n'offrait plus au grand soleil qu'un feuillage racorni. Son écorce avait noirci. Les oiseaux l'avaient fui. Il était mort.
>
> *H. Gougaud*

Plusieurs approches expliquent le fonctionnement humain en postulant l'existence de différentes parties intrapsychiques coexistant chez une même personne, chacune possédant ses caractéristiques propres. C'est le cas, par exemple en psychanalyse, des différentes topiques, en Analyse transactionnelle, des états du moi ou en psychosynthèse, des subpersonnalités. Il s'agit d'un artifice conceptuel pour interpréter le fonctionnement humain et agir sur lui.

Une partie intrapsychique peut être définie comme un ensemble de perceptions, de pensées, d'attitudes et de comportements. Chaque partie est séparée des autres par une frontière plus ou moins perméable et peut, soit ne pas communiquer, soit entretenir avec elles des relations de coopération ou d'antagonisme. Nous considérons en PNL que chaque comportement est déclenché par une partie de la personne qui ne sait faire que cela dès le moment où elle en a expérimenté l'efficacité. Ainsi, même une fois atteint l'objectif pour lequel un comportement a été créé, il arrive que la personne continue à générer le même comportement même s'il est devenu inutile ou destructeur.

Chaque fois que nous hésitons entre plusieurs possibilités de choix, nous mettons en jeu différentes parties de nous, chacune se positionnant selon des critères différents.

Une telle partie est activée en fonction d'un certain contexte. Elle prend alors le contrôle et détermine le comportement (rôle exécutif).

La notion de partie est notamment utile lorsqu'une personne se plaint d'un conflit interne, ce qui se passe lorsque deux ou plusieurs parties sont activées dans un même contexte. Dans ce cas elles peuvent :

- lutter pour prendre le contrôle de la situation ;
- s'intégrer en créant une 3e réponse. Parvenir à coexister en contrôlant des domaines de fonctionnement qui ne se recoupent pas ;

- coopérer en poursuivant un but commun (perçu comme compatible avec la fonction de chacune des parties).

Fig. 33 : **Le modèle des parties illustré par les élèves de la classe de F. Zwissig**

Cette distinction des parties responsables de différents comportements évite en particulier la généralisation à l'identité d'une incompétence, ou une culpabilité exagérée liée à un comportement proscrit. Les enfants entrent facilement dans ce type de distinction, comme illustré ci-contre par l'un d'eux lors d'une activité d'apprentissage dans un cadre scolaire, avec des élèves en difficultés. Il faut bien sûr veiller à éviter un morcellement de la personnalité lorsqu'on propose ce type d'exercice.

5.3. Démarche pour guider le recadrage en six pas (ou six points)

Lorsque vous conduisez quelqu'un à résoudre ses problèmes, vous rencontrez fréquemment des difficultés liées à un conflit interne lorsque cette personne n'arrive pas à faire – ou cesser de faire – quelque chose qu'elle a pourtant choisi et décidé.

Au moment de commencer la démarche de changement, pensez à lui expliquer les présupposés de cet exercice sans quoi, cela lui sera trop difficile de se laisser conduire :

- **chaque comportement est déclenché par une partie de nous qui ne sait faire que cela ;**
- **tout comportement a ou a eu une fois une intention positive.**

Conduisez-la ensuite à un changement spectaculaire, sur la base des injonctions suivantes dites sur un ton hypnotique, avec une grande qualité de synchronisation. Veillez à ce que la personne soit détendue, assise ou debout, mais bien droite, la respiration régulière et lente. Pour qu'elle reste associée durant tout l'exercice, suggérez-lui de se répondre à elle-même plutôt qu'à vous ; calibrez attentivement les signes non verbaux qui accompagnent les réponses internes avant de poursuivre.

Injonctions pour conduire le changement

1. Identifiez le comportement limitant que vous voulez changer, donnez-lui un nom code ou expliquez-le.

2. Établissez le contact avec la partie de vous responsable de ce comportement, demandez-lui si elle est d'accord pour communiquer avec vous à un niveau conscient. Si la réponse est OUI, amplifiez le signal de la réponse et remerciez cette partie pour sa coopération.

3. Si la réponse est NON, invitez-la à laisser travailler l'inconscient.

4. Demandez à la partie responsable du comportement d'identifier l'intention positive qu'elle poursuit à votre égard en faisant cela.

5. Prenez contact avec votre partie créative, informez-la de l'intention positive de l'autre et demandez-lui de trouver plusieurs (trois à cinq) moyens différents, aussi efficaces que le comportement limitant, pour accomplir cette fonction positive. Remerciez cette partie créative pour ses idées.

6. Choisissez le détail des modalités de mise en œuvre des solutions de remplacement retenues. Demandez à la partie responsable du comportement si elle est d'accord d'utiliser durant un temps limité (un jour ou une semaine…) un ou plusieurs de ces moyens pour remplir la fonction positive à la place de l'ancien comportement. Remerciez cette partie pour sa flexibilité et prenez rendez-vous avec elle à l'échéance de l'expérience pour décider ensemble de ce que vous voulez faire à partir de là pour réaliser l'intention positive.

7. Vérifiez si toutes les parties de votre personnalité sont bien d'accord pour expérimenter ce changement (si NON, reprenez une partie du recadrage). Éventuellement, vous pouvez vérifier le changement en vous observant dans X temps, lorsque vous aurez intégré le nouveau comportement et vérifier si cela vous convient.

5.4. Négociation entre parties conflictuelles

Si votre client est tiraillé entre des tensions intérieures contradictoires, qu'il se sent indécis et ne sait plus bien quel chemin emprunter, vous pouvez le conduire à travers le processus de négociation entre parties conflictuelles. Il s'agit d'une démarche qui permet au sujet d'harmoniser son état interne malgré l'existence d'une ambivalence entre deux choix possibles, entre deux tendances/forces contradictoires qui luttent pour prendre le contrôle du comportement ou lorsque la poursuite d'un objectif est contrariée par un blocage.

Votre attitude durant l'exercice est similaire à celle conseillée pour le recadrage en six points. Si possible, faites le travail en restant vous-même debout face à votre client, lui aussi debout, respirant profondément, dans la plus grande sérénité possible (si nécessaire, ancrez-lui le calme intérieur, la confiance en lui et en vous…). L'efficacité du travail est souvent augmentée lorsque le sujet est invité à situer les parties conflictuelles dans l'espace, à l'extérieur de lui (sur la table ou dans ses mains…), ce qui facilite la dissociation :

- d'avec la situation/problème ;
- entre les deux parties.

Comme pour l'exercice précédent, expliquez-lui les présupposés suivants.

- **Chaque comportement est déclenché par une partie de nous qui ne sait faire que cela ;**
- **Tout comportement a ou a eu une fois une intention positive.**

Vérifiez qu'ils sont acceptables pour lui.

Conduisez ensuite votre client à travers le processus sur la base des injonctions suivantes.

- *Identifiez la partie responsable de l'un des éléments en jeu, donnez-lui un nom (A), et demandez-lui de s'installer sur l'une de vos mains.*
- *Vérifiez sur votre main les caractéristiques de cette partie : son poids, sa taille, sa consistance, sa température, sa forme…*
- *Demandez-lui quelle est sa fonction positive. Remerciez cette partie pour ce qu'elle veut de bon pour vous.*
- *Demandez-lui ensuite quelle partie la court-circuite dans son fonctionnement et nommez-la (B). Remerciez la partie A et restez en contact avec elle.*
- *Placez sur l'autre main la partie B responsable de l'autre élément en jeu dans la situation.*

- *Vérifiez sur votre main les caractéristiques de cette partie : son poids, sa taille, sa consistance, sa température, sa forme…*
- *Demandez-lui quelle est sa fonction positive. Remerciez cette partie pour ce qu'elle veut de bon pour vous.*
- *Vérifiez si A la dérange aussi.*
- *Informez successivement A et B de l'intention positive de l'autre et indiquez-leur que cette fonction est vraiment utile et nécessaire pour vous.*
- *Suggérez-leur de s'engager à se tolérer, à coexister pacifiquement à l'intérieur de vous.*
- *Demandez à A si elle accepterait de ne pas interrompre B à certains moments, si B acceptait de faire de même.*
- *Demandez à B si elle accepterait de ne pas interrompre A, si A acceptait de faire de même.*
- *Elles peuvent décider de se conformer à cet accord durant un certain temps (si désaccord quelconque, renégocier).*
- *Demandez-leur de trouver un moyen de symboliser cet accord.*
- *Vérifiez qu'il n'y ait pas d'autre partie impliquée dans ce processus et remerciez A et B de leur collaboration, avant de leur permettre de retrouver leur place initiale.*
- *Faites un pont sur l'avenir pour évaluer la réalisation de l'objectif.*

5.5. La métaphore

La clé des chants[23]

Lorsque Roitelet parvint enfin à percer la coquille de l'œuf où il commençait à étouffer, émergea sa tête ébouriffée ; il se mit aussitôt à trembler. Une brise aigre lui perçait la peau et les balancements du nid, collé à la fourche d'une branche trop frêle, menaçaient de le jeter dehors. Il cherchait à se cramponner, mais à quoi ? D'ailleurs ses pattes étaient raides, fragiles, rétives à tout effort musculaire. S'il était maintenu dans l'abri familial, c'était dû au poids de sa mère, qui l'écrasait à moitié, et à la masse grouillante de ses frères et sœurs oisillons, qui le bousculaient tout en le maintenant à sa place.

Tous piaillaient à gorge déployée, tandis que son misérable pépiement se glissait péniblement hors de sa propre

23. Cité par : L. Fèvre & G. Soto, *Contes et métaphores,* Chronique sociale, 2004, p. 169-170.

gorge serrée. Il parvenait tout de même à becqueter quelques restes de mouche ou de limace qui échappaient à la voracité des autres. Bientôt commencèrent les leçons de chant. Il ne suffit pas à un oiseau bien né d'émettre quelques cris cacophoniques. Il s'agit d'apprendre les ritournelles qui permettent de se faire comprendre, de séduire des comparses et « d'épater les passants ». La couvée se mit à chanter de concert. Malgré quelques couacs de débutants, elle parvenait à moduler passablement les mélodies les plus classiques. Solfège et vocalises se succédaient sans discontinuer. Quant à Roitelet, sans pouvoir prétendre qu'il ne chanterait jamais, il aurait fallu de l'indulgence pour reconnaître qu'il le faisait déjà.

Il apprit aussi à battre des ailes, à sauter en retombant dans le nid, mais son premier essai de vol réel fut dramatique. Il cherchait à faire comme les autres ; il tendait le cou, repliait ses pattes, secouait ses ailes. Pourtant le vol ne récompensa pas ses efforts. Il s'abîma maladroitement dans l'herbe, au pied de son arbre. Peut-être s'agissait-il d'un vol escamoté, peut-être d'une chute amortie, on ne pouvait en jurer.

Heureusement, aucun rapace ne l'avait aperçu et il se retrouva nez à nez avec un petit écureuil roux qui lui épousseta le visage du pompon de sa queue. Familier jusqu'à l'insolence, l'écureuil exécuta pour lui toutes sortes de cabrioles, et des grimaces en retroussant son nez. Pour ne pas être de reste, Roitelet répondit en produisant les quelques cris de son répertoire. Chantait-il cette fois ? Peut-être, car l'écureuil se trémoussait de plaisir et secouait son panache.

Enhardi par ce succès, notre oisillon battit vigoureusement des ailes, parvint à décoller, rencontra heureusement une brise ascendante et réintégra vaille que vaille l'habitacle familial. Sa mère gloussa quelques encouragements et ne tarda pas, jugeant son apprentissage suffisant, à le bouter par-dessus bord comme tout le reste de la bande. Roitelet retrouva son ami l'écureuil, qui l'exerça à la voltige entre les arbres. Mais il lui demanda surtout de chanter pour lui. Le petit oiseau s'égosillait tant qu'il pouvait. Son ami lui faisait fête, mais lui-même doutait de ses talents. Aucune oiselle ne faisait d'ailleurs écho à ses vocalises.

Aucune… et Roitelet reprenait inlassablement ses essais, sans parvenir au bout de la ritournelle qui scandait les heurs et les malheurs du nid de sa petite enfance. Il pensait ne jamais y parvenir lorsqu'un beau matin le chant bien connu retentit au loin, et reprit de plus près avec insistance. Il s'entendit alors développer les arpèges de la mélodie jusqu'à la dernière note.

Aussitôt, la Roitelette qui l'avait provoqué sans vergogne, de la reprendre à l'unisson. Ce chant glissa dans son corps comme la caresse d'une reconnaissance mutuelle. Pour exprimer ce plaisir, les hommes parleraient de confiance. Il apprit ainsi qu'il pouvait chanter puisqu'il avait trouvé la clé des chants.

Les pédagogues utilisent depuis toujours les histoires et autres anecdotes ou illustrations, afin de favoriser l'apprentissage et les modifications de comportements. C'est que la métaphore présente toutes sortes d'avantages. Elle permet de communiquer directement avec l'inconscient en contournant le filtre de la critique rationnelle, ce qui produit une représentation globale, reliée à l'essentiel de la vie. Elle s'appuie sur le constat que les mêmes processus, les mêmes lois sont à l'œuvre de l'infiniment petit à l'infiniment grand, dans le développement personnel et la vie professionnelle, dans les apprentissages scolaires et les entraînements sportifs, dans la croissance humaine et dans la guérison.

Grâce à la substitution d'un contexte par un autre, la métaphore permet d'attribuer à un personnage quelconque les caractéristiques d'un autre (humain, animal, etc.). C'est une forme de discours imagé qui traduit analogiquement un message, ce qui amène son destinataire à découvrir, souvent inconsciemment, une issue à son problème.

Dans le cadre qui nous occupe, l'efficacité vient du fait que le formateur distrait l'esprit conscient de son client pour envoyer des messages puissants à son inconscient. Le but est d'enrichir sa carte du monde pour qu'il puisse contacter ses ressources intérieures et multiplier ses possibilités de choix. Cela peut être un nouveau schéma de pensée ou une croyance ou une capacité supplémentaire, un comportement différent.

La sagesse de l'humanité a développé et conservé un immense patrimoine de métaphores pour parler aux hommes de toutes les cultures et de tous les temps. Les histoires de la mythologie, les contes traditionnels des peuples à travers l'histoire, nous parlent encore aujourd'hui. Les symboles et images sont actualisés par notre propre vécu, ils nous correspondent forcément.

La PNL fait la différence entre des métaphores simples, superficielles et d'autres plus profondes. Les premières se fondent sur un isomorphisme entre deux éléments ; dans le langage, il s'agit de comparaisons introduites par des mots tels que : *comme, pareil, tel…* et autres expressions indiquant les liens entre les éléments comparés, par exemple : Pierre mange comme un ogre.

Quant aux métaphores profondes, elles se basent sur un isomorphisme structurel, par exemple : *Pierre avale les parts de marché.*

Selon les objectifs visés, il est possible de choisir, dans les contes et légendes des différentes cultures, un récit adéquat à raconter ou à analyser avec son destinataire ou d'en construire un exprès pour lui.

Les types de métaphores

> Une métaphore est une manière de s'exprimer dans le cadre d'une communication humaine. Cette communication peut s'effectuer sur un mode verbal, l'un n'excluant pas l'autre. La métaphore est une figure de style qui s'adresse à l'imaginaire de la personne, plutôt qu'à sa logique. Ainsi, elle devient active à l'intérieur de l'inconscient en un processus semblable à des rêves.
>
> *M. Kerouac*[24]

Des métaphores originales peuvent être construites par le *coach* ou par le client lui-même. Il existe plusieurs types de métaphores : une histoire, une fable, un conte, une blague, une anecdote, un proverbe, une image… comme illustré sur le *Tableau 34* ci-après[25] parmi lesquels le pédagogue peut choisir, compte tenu des caractéristiques de la personnalité de son client et/ou des circonstances et de l'objectif comme pour tous les autres outils de changement.

D'autres auteurs distinguent les types de métaphores en fonction de la structure problématique du récit. Il convient donc de choisir l'histoire qui convient à la personne concernée. Les exemples suivants inspirés de L. Fèvre[26], Fèvre et Soto[27], présentent des formes de métaphores dont vous remarquerez aisément les différences structurelles.

- *Les métaphores ouvertes,* permettent au client de participer dans la mesure où il est invité à terminer l'histoire commencée par le *coach.*
- *Les métaphores fermées,* indiquent assez directement une solution dont le destinataire va d'autant mieux profiter s'il a un métaprogramme pivot de référence autre.

24. M. Kerouac, *La métaphore thérapeutique et ses contes,* MKR Éditions, 1996.
25. Ch. Grau, *Pour aider à mieux vivre, Jouvence,* 1996, p. 149-150.
26. L. Fèvre, *Contes et métaphores, op. cit.*
27. L. Fèvre et G. Soto, *Guide du praticien en PNL,* Chronique sociale, 1995.

Formes	***Définitions***	***Exemples***
Image	C'est une forme très brève, une analogie.	C'est le moment de surnager.
Comparaison	Forme élargie des images contenant deux éléments mis en rapport.	Tu es riche comme Crésus.
Proverbe	Sorte de maxime connue dans la pensée populaire.	Un clou chasse l'autre. Pierre qui roule n'amasse pas mousse.
Allégorie	Courte parabole.	Ne pas jeter le bébé avec l'eau du bain. C'est l'arbre qui cache la forêt.
Mythe et conte de fée	Fiction pour communiquer sous une forme transformée des événements réels.	Le mythe d'Œdipe. Le Petit Chaperon Rouge.
Anecdote	Événement vécu par quelqu'un d'autre pour illustrer un discours.	Ça me fait penser à... C'est un peu comme mon ami qui...
Récit (film, pièce de théâtre, roman, bande dessinée)	Événement présenté dans un contexte différent qui contient un enseignement complexe si l'isomorphisme entre la réalité et le récit est assuré, ce sont les « vraies » métaphores.	
Fantaisie guidée	Le « client » est invité à terminer une histoire métaphorique. L'efficacité est liée à ce que chacun est le meilleur architecte des solutions à ses problèmes.	
Objet ou action métaphorique	Jouet ou situation permettant au sujet de symboliser une situation réelle.	

Tableau 34 : **Sortes de métaphores**

- Il en va de même des métaphores superficielles qui ont des liens directement compréhensibles avec l'état présent du sujet.
- Inversement les métaphores profondes dont les liens avec la situation de la personne sont soigneusement dissimulés, conviennent mieux aux personnes dont le métaprogramme pivot est référence autre.

Construire une métaphore

Le processus d'utilisation d'une métaphore en tant qu'outil de changement correspond exactement à la démarche habituelle de *coaching*. Les étapes sont précisées ci-dessous.

1. Recueil des informations : Vous devez préalablement récolter les informations nécessaires sur l'état présent et sur l'état désiré selon les paramètres habituels : déclencheur, état présent état désiré caractéristiques de la personne et de son interaction avec la situation. L'accent doit être mis sur la nature des relations interpersonnelles et l'évolution de la problématique compte tenu de ce que le client a déjà mis en œuvre pour la résoudre. Il s'agit ensuite de construire la métaphore.

2. Construction de la métaphore : Pour créer une histoire sur mesure, fondée sur les particularités de la propre dynamique de la personne à qui elle est adressée, bâtissez une histoire éclairant le problème de façon diffuse et éveillant de nouvelles stratégies et ressources. Pour ce faire, procédez systématiquement selon les étapes suivantes :

– **contextualisation synchronisée :** choisissez un personnage principal et un contexte, une époque, une culture... ; un biotope, si le personnage est un animal connu du destinataire de l'histoire ;

– **isomorphisme :** introduisez dans ce contexte un déroulement avec des étapes, des rebondissements similaires à la situation problématique (analogie de structure et non d'événement). Les personnages manifesteront les comportements caractéristiques, les métaprogrammes pivots des acteurs impliqués dans la problématique à résoudre.

3. Personnifiez les processus inconscients en créant des héros positifs représentant les capacités et les ressources de la personne, et des adversaires représentant ses peurs et ses croyances limitantes. La résolution du problème du héros de la métaphore est plus ou moins explicitée, ce sont surtout les compétences et stratégies utiles pour passer de l'EP à l'ED qui doivent être suggérées.

4. Toutes les **figures du métamodèle** gagnent à être délibérément introduites car elles s'avèrent particulièrement efficaces pour favoriser chez le destinataire une représentation de l'histoire personnelle, utile à dépasser le problème. Les **submodalités critiques** (voir chapitre suivant) et/ou les synesthésies habilement utilisées auront pour effet de rendre les recadrages et autres stratégies de résolution de problèmes du héros de la métaphore, désirables pour le client.

5. Pour conter la métaphore, vous utilisez tout votre savoir de façon à conduire la personne dans un état modifié de conscience – légèrement hypnotique – nécessaire pour permettre la compréhension consciente et inconsciente des processus en jeu. Ici encore, vous mettez en œuvre vos meilleures compétences de communicateur, soit :

– vous calibrez votre client ;

– vous établissez le rapport en construisant un cadre sécurisant et respectueux, dans lequel des liens de coopération puissent se développer ;

– vous soignez votre langage non verbal, votre intonation, vous vous arrêtez sur certains mots, introduisez des soupirs ;

– vous utilisez les systèmes sensoriels privilégiés du destinataire.

À partir de là, votre client saura prendre l'essentiel du message compte tenu de ses caractéristiques et de ses besoins propres, comme dans l'histoire du cheval du voisin de Milton Erikson.

Dans la ferme de mon enfance, dans l'Ouest des États-Unis, un jour, un cheval inconnu errait dans la cour. Nul ne savait d'où il venait et il n'avait aucune marque qui aurait permis de l'identifier. Et il n'était pas question de le conserver.

Voilà comment mon père le reconduisit à son écurie. Il monta dessus, le mena à la route, et fit simplement confiance à l'instinct du cheval pour se diriger lui-même vers le but. Il n'intervenait que lorsque le cheval quittait la route pour brouter ou se promener dans un champ. À ce moment-là, mon père le ramenait fermement sur le chemin.

C'est ainsi que le cheval retrouva bientôt son propriétaire. Celui-ci, très étonné de revoir son cheval, demanda à mon père :

« Comment avez-vous su que ce cheval venait d'ici et nous appartenait ? »

Mon père répondit :

« Moi, je ne le savais pas, mais le cheval, lui, le savait ! Tout ce que j'ai fait, c'est de lui faire garder la route ! »

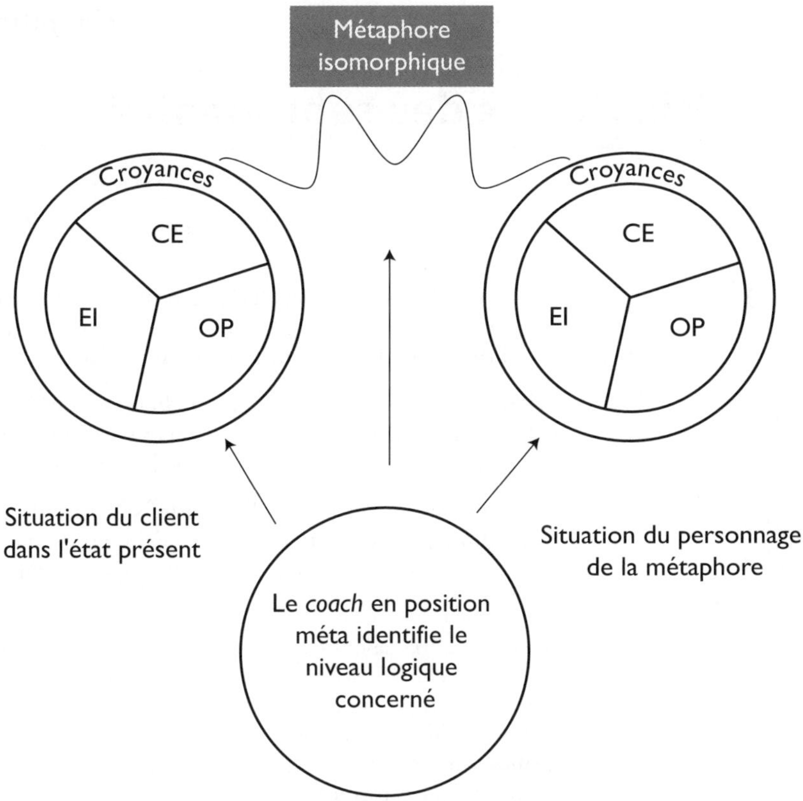

***Tableau 35 :* Construction d'une métaphore isomorphique**

Chapitre 6

Utilisations des submodalités

Le chercheur et le danseur de sabre

Il était une fois, il n'y a pas si longtemps, un homme qui vivait seul dans le désert. C'était un homme très pieux et il recherchait sans relâche la vérité et l'illumination.

Chaque jour, il passait de longues heures à étudier les textes sacrés et à pratiquer les exercices spirituels qui lui avaient été enseignés.

Sa seule raison d'être était d'atteindre son paradis intérieur, puisque aussi bien lassé des vicissitudes du monde et de la sottise de ses contemporains, il n'attendait plus rien de l'extérieur.

Les années passaient et il pratiquait toujours et étudiait de plus belle. Un jour pourtant, qu'il était assis en méditation près de sa cabane, le prophète Mohamed vint à passer sur son chameau. Apercevant notre ermite, ce dernier sauta à bas du chameau et apostropha l'habitant du désert en ces termes : « Permets-moi de te donner un conseil, l'ami ; pour atteindre le but que tu t'es assigné, il te faudra d'abord être capable de marcher sur le tranchant d'un sabre recourbé. » Après quoi, il disparut par magie.

Ému par cette apparition, le pauvre chercheur se procura un sabre et commença un entraînement frénétique qui lui écorcha les pieds. Ces derniers n'étaient plus qu'une plaie. Il en alla de la sorte jusqu'à ce qu'il découvrit qu'à se faire plus léger, il se coupait bien moins les pieds et sa démarche n'en était que plus gracieuse. Il se lança alors dans des jeûnes démentiels pour maigrir. À tel point qu'il eut des visions. L'une de ces visions était particulièrement belle.

Il voyait en face de lui l'image d'un derviche, danseur exquis et élégant qui tournoyait avec grâce sur le fil d'un sabre ; et comme il s'extasiait sur l'harmonie indicible des mouvements de ce danseur, il reconnut avec émotion ses propres traits.

L'image grandit et devint plus lumineuse et son cœur s'emplit alors d'une joie à nulle autre pareille, il plongea mentalement dans cette vision et devint vraiment le danseur. Comme il prenait conscience de sa légèreté et de son talent, il nota qu'à l'extrémité du sabre, une tache de lumière intense se formait et comme il considérait ce phénomène avec intérêt, il vit la tache de lumière devenir une nouvelle image de lui-même en train de danser, mais avec un génie encore plus consommé. Frénétique, il sauta dans cette nouvelle image.

Quelle expérience béatifique il faisait là ! C'était divin, oui, c'était tout simplement divin. Allah ne devait pas avoir de plus beau paradis pour ses croyants les plus méritants. Mais voici qu'une nouvelle image se formait déjà au bout de la lame, plus enivrante encore et il plongea dedans aussitôt. À peine l'avait-il goûtée qu'une autre apparaissait… puis une autre… et une autre encore… et encore… et encore… le processus se poursuivait sans désemparer.

Sagesse orientale

6.1. Présentation du concept

Chacune de nos représentations est codée inconsciemment par notre cerveau d'une façon qui nous est propre. Par exemple, entre un souvenir qui nous laisse une émotion positive et un souvenir désagréable, ou entre un projet qui nous motive et un autre qui nous ennuie, les caractéristiques des images, des sons et des sensations lorsque nous y pensons, diffèrent. Ainsi, l'une de ces images peut être nette, claire, colorée, toute proche, alors que l'autre est plutôt floue, sombre, en nuances de gris, éloignée. Respectivement, l'ambiance sonore provient de l'intérieur de notre tête ou de l'extérieur, avec un volume fort ou faible, une tonalité grave ou aiguë, un rythme régulier ou irrégulier… Ces paramètres qui caractérisent finement les modalités sensorielles sont appelés *submodalités*.

Les submodalités sensorielles correspondent aux plus petits éléments de perception/représentation sensorielle dont on peut avoir conscience. C'est la structure de la représentation subjective de l'expérience de la personne, la composante spécifique de sa perception et/ou de sa représentation sensorielle. C'est cet encodage inconscient, individuel et stable pour la même personne, qui conditionne la nature de ses émotions à propos d'une situation donnée. Il est possible de prendre conscience des submodalités sensorielles d'une perception ou représentation et de les modifier pour changer l'État Interne y relatif.

Le travail avec les submodalités constitue une des originalités majeures de la PNL. Ces distinctions servent à modifier la perception et la représentation des expériences désagréables. Un changement, même modeste, d'une des submodalités de la représentation sensorielle, affecte l'ensemble du vécu de la personne concernée. Modifier les submodalités consiste donc à effectuer des opérations sur la structure de la représentation et non à ajouter ou enlever des éléments, ce qui en modifierait le contenu. Dans la pratique, pour poursuivre un objectif il est bien sûr possible de combiner les changements de submodalités avec des outils de changement sur le contenu de l'expérience ; ce n'est pas forcément nécessaire, souvent quelques variations de submodalités suffisent.

Le professionnel praticien en PNL favorise la mise en évidence des submodalités par un questionnement précis portant sur les spécificités de la représentation subjective. Les exercices de modifications et combinaisons des submodalités sont utiles pour poursuivre des objectifs dans tous les champs de l'expérience humaine. Ils s'avèrent précieux, par exemple pour accélérer le développement personnel, augmenter la motivation et la performance, enrichir la créativité, mais aussi pour changer le vécu négatif lié à un souvenir, modifier une croyance ou une expérience.

On distingue des submodalités dans les différents canaux sensoriels, soit : des submodalités visuelles, des submodalités auditives, des submodalités kinesthésiques des submodalités olfactives et gustatives. Nos sens sont équipés de récepteurs permettant de capter notamment l'intensité, la quantité et les différentes qualités des stimuli perçus. Les principales caractéristiques des perceptions et représentations sensorielles sont déjà inventoriées au *Chapitre 3 de la Première partie de ce livre,* « Perceptions et représentations sensorielles : les submodalités de l'expérience subjective ».

6.2. Outils de changement

Chevauchements des submodalités critiques

Une submodalité est appelée critique lorsque c'est elle qui provoque une différence de nature émotionnelle chez la personne, lorsqu'on la modifie. Généralement les submodalités critiques sont stables chez une même personne. Il est donc intéressant de connaître celles de votre client pour intervenir efficacement. L'exercice ci-dessous permet de mettre en évidence les submodalités critiques par l'impact émotionnel lié à chaque variation.

Objectif

Il s'agit de permettre à la personne de neutraliser son émotion négative, par exemple lorsque son objectif ne dépend pas d'elle et qu'elle est impuissante à changer la situation. Faire se chevaucher les submodalités critiques dans ce genre de circonstance permet à la personne concernée de stabiliser son État Interne et de reprendre contact avec ses ressources pour mieux rebondir sur la situation et faire autre chose.

Démarche

Vous pouvez conduire votre client selon les injonctions suivantes.

- *Choisissez une situation très satisfaisante et identifiez les submodalités de votre représentation.*

Calibrez la satisfaction.

- *Caractérisez l'état présent insatisfaisant avec ses submodalités.*

Calibrez l'insatisfaction.

- *Trouvez les submodalités critiques ; ce sont celles qui diffèrent entre satisfaction et insatisfaction.*
- *Faites varier chaque submodalité de l'état présent et vérifiez sa pertinence pour diminuer l'émotion négative. Poursuivez le chevauchement des submodalités critiques en conservant les autres caractéristiques de l'état présent inchangées.*

Calibrez soigneusement pour vérifier la modification de l'État Interne (mêmes signes que lors de la satisfaction).

Changement de croyance par variation des submodalités critiques

> Certaines croyances même fausses peuvent être utiles à certaines personnes à un moment donné. Même une pendule arrêtée donne l'heure exacte deux fois par jour.
>
> *Richard Bandler*

Objectif

Cet outil sert à modifier une croyance limitante qui paralyse l'évolution de la personne ou empêche un nouvel apprentissage.

Exemple

- *Je crois qu'à 50 ans on a moins de possibilités de créer de nouvelles choses qu'à 25.*

Vérifiez auprès de votre client qu'il s'agit bien d'une croyance limitante, et qu'en la quittant, la personne en retirera du bénéfice, autrement dit, posez-lui des questions.

- *Que risqueriez-vous de perdre, de gagner en croyant qu'à 50 ans il y a autant de possibilités qu'à 25 ?*
- *Que va-t-il se passer pour les gens autour de vous si vous changez de croyance ?*
- *Voulez-vous vraiment modifier cette croyance ? (…)*

Préparation de l'exercice

Avant de travailler avec la personne, soyez sûr que votre client en accepte les présupposés.

– Il y a un lien obligatoire et inévitable entre notre carte du monde et nos comportements. On ne peut se comporter autrement qu'en fonction de ce que l'on pense pouvoir faire, autrement qu'en conformité avec l'image qu'on a de soi-même. On ne fait rien qu'on n'a imaginé au moins une fois.

– Même si notre comportement nous déplaît, tout concorde à ce qu'on le maintienne, car c'est l'étiquette à laquelle on a tendance à correspondre.

Cet outil fonctionne comme un ancrage visuel toujours utilisable. On peut aussi le faire avec les submodalités auditives, mais c'est plus difficile à conduire. Il s'agit d'une stratégie complexe ; elle peut toutefois être menée individuellement ou avec un petit groupe de participants, entraînés à modifier les submodalités.

Il faut prendre la première image qui déclenche le comportement non désiré, tout au début du processus et rester curieux à propos de ce que peut être l'image déclenchante.

Demandez à la personne de construire et de noter des phrases avec « Je suis sûre que… » et « Je me demande si… ». Donnez-lui le *schéma 38* sur une page pour qu'elle complète les submodalités des trois canaux sensoriels dans les deux situations de certitude et de doute.

- **Du doute :** Conduisez la personne à se faire une image en rapport avec la phrase de doute et à noter dans la figure les submodalités visuelles, auditives et kinesthésiques.

- **De la certitude :** Conduisez la personne à se faire une image en rapport avec la phrase de certitude et à noter dans la figure les submodalités visuelles, auditives et kinesthésiques. Vérifiez qu'il y ait suffisamment de caractéristiques pour que les submodalités critiques soient présentes.

	Certitude Je suis sûre que...	Doute Je me demande si...
Submodalités visuelles	...	...
Submodalités auditives	...	...
Submodalités kinesthésiques	...	...

Tableau 36 : **Identification des submodalités critiques**

Mettre en évidence les submodalités critiques

Demandez-lui ensuite de repérer les submodalités critiques qui font la différence entre le doute et la certitude, de les souligner de la même couleur. Si la personne ne les trouve pas immédiatement, aidez-la en lui demandant plusieurs fois de répéter les phrases de la certitude et du doute. Faites attention à ce que les deux phrases choisies soient formulées selon des syntaxes différentes, sinon il y aura peu de submodalités critiques.

Mettre en doute la croyance limitante

- Rapidement et oralement, repérez avec la personne ses submodalités visuelles, auditives et kinesthésiques en rapport avec la croyance limitante.
- Aidez-la à donner à la croyance limitante la même structure syntaxique et les mêmes submodalités que pour le doute. Par exemple, si le doute est moins net que la croyance, rendre la croyance moins nette. Faites-lui changer ainsi les submodalités visuelles, auditives et kinesthésiques.
- Demandez-lui ensuite d'énoncer la croyance limitante avec les submodalités du doute, avec l'exemple ci-dessus : *Je me demande si à 50 ans on a autant de possibilités de créer qu'à 25 ans.* Vérifiez le changement dans l'énoncé de la phrase.

Inverser avec certitude la croyance

- Suivez la même démarche pour transférer le doute en croyance, jusqu'à ce que la personne puisse énoncer la croyance utile avec les submodalités de la certitude, par exemple : *Je suis sûre qu'à 50 ans, on a autant de possibilités de créer qu'à 25 ans.*

Évaluer le résultat

- Vérifiez que la personne est capable d'énoncer la phrase de la croyance initiale de plusieurs manières.
- Demandez-lui d'écrire sa nouvelle croyance. Par exemple : *Je crois qu'à 50 ans on a autant de possibilités de créer de nouvelles choses qu'à 25.*
- Éventuellement, faites un pont sur l'avenir pour vérifier avec elle les conséquences que ce changement de croyance peut lui permettre dans des situations concrètes.

Swish

Objectif

Il s'agit de permettre à la personne de modifier la stimulation visuelle qui déclenche le comportement. Cette stimulation concerne un environnement ou un comportement, parfois même une croyance ou la perception de soi de la personne.

Démarche

- *Conduisez la personne à s'associer à sa situation actuelle, à repérer précisément l'image qui déclenche le comportement à changer (EP), et à placer cette image sur un écran imaginaire au mur.*
- *Faites-lui faire un état séparateur.*
- *Amenez-la à construire une image d'elle en train de réaliser, ou ayant réalisé les merveilleux changements qu'elle souhaite (ED). Superposez-la sur l'autre écran, au milieu ou en bas à gauche. Demandez-lui de s'associer à cet état désiré déjà atteint.*
- *Incitez-la à faire surgir l'image ED du centre de l'image EP, et à lui donner un mouvement constant de façon à ce que l'image de l'ED recouvre chaque fois celle de l'EP.*
- *Demandez-lui de s'associer à chaque nouvelle image, tandis qu'une autre image encore plus satisfaisante surgit du centre… et encore, et encore, sans interruption une dizaine de fois, de plus en plus vite jusqu'à l'installation de l'ED.*
- *Faites-lui faire un pont sur le futur pour vérifier l'impact du swish au quotidien.*

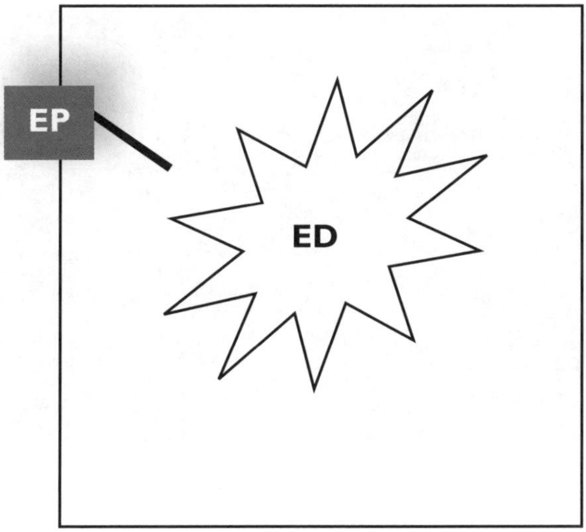

Fig. 37 : Swish

Swish en huit images

Une autre manière intéressante de conduire un *swish* consiste à demander à l'explorateur de spécifier davantage les éléments de sa réalité. Pour cela suivez la procédure suivante.

- *Demandez-lui de découper en quatre composantes son état présent négatif et de leur donner des noms-code. Faites-lui faire quatre images en précisant leurs submodalités. Les placer côte à côte aux quatre coins d'un cadre rectangulaire.*
- *Faites-lui choisir quatre situations provoquant des états internes positifs, antagonistes au premier EP (souvenirs agréables ou Objectifs visés) avec les noms-code. Demandez-lui de s'en faire quatre images avec leurs submodalités et de les placer au centre du grand rectangle comme dans l'illustration ci-dessous.*
- *Incitez l'explorateur à installer un mouvement continu à partir du centre, de façon à ce que les submodalités des quatre images d'états internes positifs couvrent rapidement, de plus en plus vite et à plusieurs reprises l'ensemble du grand rectangle (swish).*
- *Vérifiez la nature et l'intensité de l'état interne ressenti par la personne après l'exercice.*

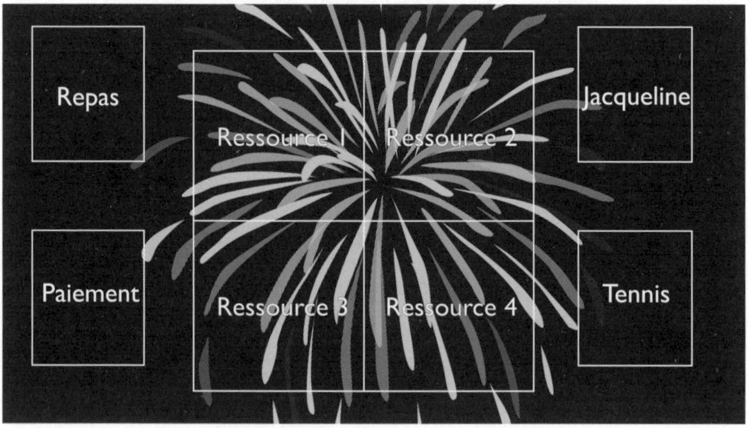

***Fig. 38 : Swish* en huit images**

- *Si nécessaire (si l'État interne est encore négatif), faites-lui reprendre les quatre premiers points en insistant sur les submodalités critiques.*

N.B. : Vous pouvez noter les noms-code de l'EP avec leurs submodalités sur une feuille de papier. Noter ensuite les initiales des ressources sur une autre feuille de taille appropriée, si possible avec des couleurs correspondant aux submodalités. Au moment du *swish,* retourner la feuille de l'EP afin que seules les ressources restent visibles.

Poursuite d'objectifs avec les symboles mouvants

Il s'agit d'une stratégie visuelle pour élargir les pistes de solutions propres à réaliser le passage entre un État présent et un État désiré. Cette démarche illustrée par la *Fig. 39,* peut être utilisée pour n'importe quelles expériences contrastées (EP et ED). Le processus tend à empêcher de s'enliser dans une représentation trop rationnelle, concrète des deux situations, en déplaçant le processus de résolution de problème, de créativité… dans une autre carte du monde.

L'histoire du dernier point, jaillissant de la nouvelle image, amène le client à descendre l'échelle de l'abstraction pour trouver des pistes originales, concrètes et opérationnelles pour atteindre son but.

Démarche

- *Pensez aux différences entre votre état présent et votre état désiré Remarquez un quelconque décalage entre où vous êtes et où vous voulez aller, entre vos ressources présentes et désirées.*

- *Alors que vous pensez à votre état présent (état problématique, blessant), quelle image visuelle ou représentation avez-vous ? Remarquez la localisation, la distance et les autres submodalités visuelles de l'image par rapport à vous. Donnez-lui un nom-code.*

- *Décrivez-la brièvement.*

- *Permettez ensuite à votre esprit de changer la première image en une sorte de symbole abstrait et visuel. Laissez apparaître le symbole. Gardez-le à la place et à la distance de la première image.*

Ici, se calquer sur le vocabulaire et l'expérience de la personne : *dessin animé, caricature,* sont des mots qui peuvent mieux atteindre le client que *représentation visuelle.* Certaines personnes développeront des symboles détaillés et élaborés, alors que d'autres se tourneront vers une représentation aussi simple qu'une couleur. L'idée est de guider la personne d'une image concrète, spécifique, à une représentation abstraite, visuelle, symbolique.

- *Répétez le même processus avec la seconde image, changez-la en un symbole de même localisation et distance de la seconde image.*

- *Regardez maintenant les deux images symboliques en même temps et à leur propre place. Prenez le temps de les observer. Commencez ensuite tranquillement à les tourner, permettez-leur de changer de place, ramenez-les à leur place originale, changez-les de place à nouveau, etc. Commencez à les faire tourner, à leur faire exercer une rotation maintenant plus rapide. Tournez-les de plus en plus rapidement pendant 10 secondes environ.*

La clé est la relation dynamique entre deux symboles en lien entre eux.

- *Alors que vous avez fait tourner ces images très, très rapidement, faites-les maintenant se rejoindre, s'entrechoquer, en une seule nouvelle image. Placez-la en face de vous pour bien la voir. Dites de quoi il s'agit et décrivez brièvement l'image.*

- *Commencez immédiatement à raconter n'importe quelle histoire ou incident qui vous vient à l'esprit. Cela peut venir d'un souvenir passé ou d'un incident de votre vie, d'une fable imaginaire ou d'une histoire que vous avez entendue, être une métaphore ou un film créé de toutes pièces, mais comme si vous l'aviez vécu… N'importe quoi, commencez seulement à raconter immédiatement.*

- *Repérez à la fin de l'histoire en quoi cette histoire est liée à la réalisation de l'État désiré*

***Fig. 39 :* Les symboles mouvants**

L'histoire/métaphore est symbolique, mais cependant moins abstraite que les symboles choisis précédemment. La métaphore donne des ouvertures sur des éléments spécifiques qui permettent de percevoir et d'analyser la situation différemment.

Stratégie de métacognition

Pour aider quelqu'un à régler un problème de choix, à apprendre quelque chose de nouveau (une nouvelle langue…) ou stabiliser un état interne difficile à gérer (peur de l'avion, par exemple), vous pouvez lui suggérer de transférer ses compétences présentes dans une situation satisfaisante, à la situation qui ne l'est pas.

Démarche

1. Amenez la personne à identifier les deux états différents, l'un fermé à l'apprentissage (ou à la prise de décision, ou la situation difficile à gérer), et l'autre ouvert à l'apprentissage (ou à la prise de décision, ou une situation de sécurité).

2. Installez 5 espaces (avec des chaises, par exemple) pouvant servir d'ancrages spatiaux et amenez-la à s'associer successivement à chacun de ces états et à identifier :
   - sa physiologie (posture, gestes, respiration, voix, regards) ;
   - ses schémas cognitifs (submodalités VAKOG) ;
   - et à noter les différences en termes de submodalités critiques.

3. Associez-la à l'EP sur l'espace 5.

4. Amenez la personne sur l'espace 3, position neutre. C'est sur cet espace que vous lui permettez d'interrompre, de discuter, de réfléchir, si nécessaire.

5. Associez-la à l'ED sur l'espace 1.

6. **Étape A :** Faites-la se déplacer progressivement de "ouvert à l'apprentissage" à "fermé à l'apprentissage", en prenant conscience de la spécificité de chaque place intermédiaire par rapport aux deux extrémités. Rendez-la attentive aux modifications physiologiques et cognitives liées aux déplacements.

7. **Étape B :** Demandez-lui de faire de même dans l'autre sens.

8. **Étape C :** Conduisez-la finalement à un dernier parcours en veillant à garder la STRUCTURE de l'expérience ouverte, pour la transférer et l'appliquer au CONTENU de chaque espace, jusqu'à l'expérience fermée y compris.

Vérifiez avec la personne ce qu'elle a appris et faites-lui faire un pont sur le futur. Éventuellement, ancrez le changement.

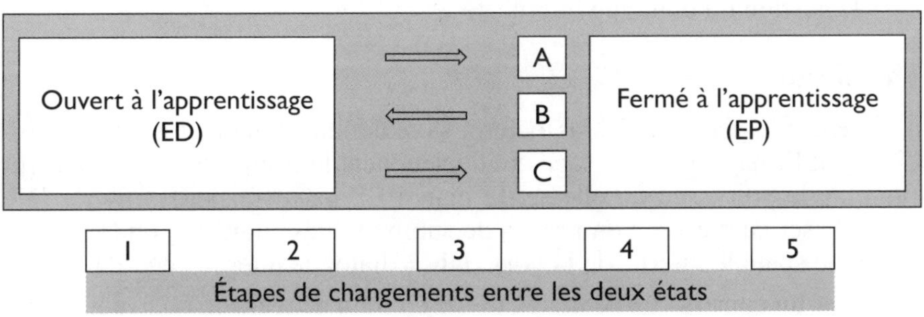

Fig. 40 : **Stratégie de métacognition**

Grand swish *pour générer le changement par modification du dialogue interne*

Vous rencontrez probablement des gens qui savent ce qu'ils devraient faire ou croire… mais qui se révèlent incapables d'agir dans le sens positif qu'ils souhaitent. Ils sont nombreux et vous demandent peut-être de les aider à passer cette difficulté.

Pour qu'un véritable changement s'opère, il faut que la personne ait un objectif précis, désirable pour elle, qu'elle sache comment l'atteindre et enfin qu'elle puisse mettre en œuvre les stratégies et moyens adéquats. Autrement dit, il faut réunir *trois conditions : vouloir, savoir* et *pouvoir le faire*. Lorsqu'il manque cette dernière phase de la démarche, c'est presque toujours qu'une émotion plus ou moins confuse de frustration ou de culpabilité vient freiner le processus ; au fond, la personne sent qu'elle risque de perdre quelque chose si elle cesse de se droguer, de trop manger, de se disputer avec son conjoint ou de s'inquiéter pour ses enfants. Il convient alors de jouer habilement sur l'intensité émotionnelle, ce qui se fait par la conjonction de plusieurs outils.

- L'utilisation d'un langage approprié pour amplifier les émotions stimulantes et atténuer celles qui limitent.
- La modification des submodalités critiques, d'abord du système sensoriel dominant, puis des autres canaux sensoriels.

Vous trouvez ci-après une sorte de générateur de comportement particulièrement efficace. Il est enrichi de plusieurs outils connus que vous utiliserez consciemment pour poursuivre l'objectif, soit :

- l'alternance d'association/dissociation ;
- de nombreux *swish* rapides ;
- la variation des submodalités critiques ;
- la gestion du dialogue interne.

Démarche

1. Amenez la personne à s'associer à sa situation actuelle et à repérer précisément l'image et le message qui déclenchent le comportement à changer (ce qu'elle voit et ce qu'elle se dit dans l'EP insatisfaisant) ; invitez-la à caractériser ce message en termes de submodalités auditives, en localisant l'origine spatiale interne de la voix (DI- = dialogue interne négatif).

2. Faites-lui construire une image d'elle en train de réaliser, ou ayant réalisé les merveilleux changements qu'elle souhaite. Demandez-lui de s'associer à cet état désiré déjà atteint et d'identifier le message performant, l'opérateur modal positif (DI+) de l'ED.

3. Vérifiez que la personne associe une réelle douleur à l'EP et un vrai plaisir à l'ED.

4. Aidez-la à amplifier l'intensité de ces émotions en l'invitant à trouver des adjectifs plus puissants pour les qualifier (SUPER, GÉNIAL, DOUÉ).

5. Conduisez-la à modifier la localisation de la voix DI- ainsi que d'autres submodalités auditives, en amenant par exemple la voix à l'extérieur, près de l'oreille gauche, avant de l'éloigner au loin à gauche, du côté associé remémoré, jusqu'à ce qu'elle disparaisse à l'infini, devenant de ce fait inaudible ; calibrez soigneusement l'impact de ces modifications.

6. Demandez-lui ensuite de faire revenir la voix, mais avec le message DI+, lorsqu'elle est près de l'oreille gauche, la faire entrer et s'installer à l'intérieur, à la place et avec les mêmes submodalités que l'ancien message DI-.

7. Faites-lui faire un État séparateur avant de travailler sur les images.

8. Incitez la personne à faire surgir l'image ED du centre de l'image EP, et à lui donner un mouvement constant.

9. Demandez-lui de s'associer à chaque nouvelle image, tandis qu'une autre image encore plus satisfaisante surgit du centre… Dès que possible, proposez-lui de superposer le message DI+ avec les submodalités adéquates, et de répéter une dizaine de fois, de plus en plus vite le *swish* complet (visuel et associé).

10. Faites-lui enfin faire un pont sur le futur dans différents contextes de sa vie pour tester le changement. Si le résultat est satisfaisant, ANCREZ-LE immédiatement et apprenez à la personne à le RENFORCER de façon à l'installer durablement. Ceci se fait par un entraînement constant du système nerveux à associer le plaisir aux comportements positifs, souhaitables, et la douleur aux situations néfastes à éviter. Il faut donner au cerveau des messages univoques, clairs, simples, pour que les associations comportement X = plaisir et comportement Y = douleur, restent distinctes.

Chapitre 7

Exploitation des niveaux logiques

La Légende du Prince Potentiel

La légende nous raconte l'histoire d'un roi qui vivait en des temps très anciens, si anciens, que seuls quelques-uns en ont gardé le souvenir. Il régnait sur un royaume très lointain, si lointain, que nul ne sait plus où il se situe. Le Roi gouvernait son royaume avec talent, son peuple l'aimait et reconnaissait la sagesse dont il faisait usage dans ses actions quotidiennes.

En observant par la fenêtre le jeu du soleil caressant le paysage en cette fin d'après-midi, le Roi écoutait la musique et les rires qui lui parvenaient de la salle des fêtes où son peuple fêtait les 18 ans de son fils, le jeune Prince Potentiel.

L'heure était venue pour lui de se retirer et de confier la direction du royaume à son fils. Il le fit appeler.

« Mon fils, lui dit-il, tu as maintenant acquis une grande variété de talents qui te seront nécessaires pour agir en Roi et conduire notre peuple vers son destin. Cependant, il te reste à passer une dernière épreuve, l'épreuve qui démontrera, si tu la passes avec succès, que tu es digne de me succéder à la tête du royaume. »

À ces mots, le prince sentit monter en lui une grande vague de fougue et d'énergie. Le moment était venu, il semblait prêt. Il répondit à son père : « Mon père je suis prêt à affronter cette épreuve. Que me faudra-t-il faire pour être digne de vous succéder à la tête du royaume ? »

« Mon fils il te faudra démontrer que tu contrôles le royaume et qu'ainsi il marche pour le plus grand bien de tes sujets. »

« Mon père, » dit le Prince dont le visage s'illumina d'un large sourire, « ce problème est facile à résoudre, je vais contrôler l'environnement du royaume. Il ne se passera rien à quelqu'endroit que ce soit, à quelque moment du jour ou de la nuit sans que je le contrôle. Ainsi je contrôlerai le royaume et serai digne d'en être le Roi. »

« Mon fils, » dit le Roi avec un sourire amusé, « te voilà bien présomptueux ! Même s'il t'était possible de contrôler ce qui se passe ici à tous les moments, c'est bientôt d'un royaume inanimé dont tu serais le Roi, car le plus petit événement ne pourrait s'y dérouler sans que tu l'approuves. » Ces mots ne suffisaient pas à entamer la détermination du Prince. D'une voix forte et assurée il répondit aussitôt :

« Qu'à cela ne tienne, je vais contrôler les comportements de mes sujets. Ainsi, ils ne feront que ce qui est bon, j'assurerai le contrôle du royaume et je serai digne d'être Roi. »

« Mon cher fils, ne crains-tu pas d'en faire des automates sans cervelle dont le plus petit geste dépendrait de toi et perdrait tout naturel et toute spontanéité qui caractérisent la vie ? »

« Vous dites vrai, mon père, je vais plutôt bâtir un institut de formation. J'y formerai mes sujets sur ce qu'il est bon qu'ils sachent et fassent et ce qu'il leur faut éviter de faire. Ainsi je contrôlerai mon royaume et serai digne d'être Roi. »

« Mon fils », dit le Roi de plus en plus amusé, « voilà qui est mieux, tu veux donc couper la créativité de tes sujets et par là même les rendre dépendants de toi pour le développement de leurs capacités. »

La voix chaleureuse du Roi laissait percer une pointe de moquerie qui commençait à entamer la superbe du Prince. Celui-ci se calma, comme piqué au vif. Il semblait tantôt chercher l'image qui lui donnerait la clef, tantôt écouter la voix qui l'inspirerait. Son visage s'illumina soudain et il dit : « Cette fois, mon père, je crois que j'ai trouvé. Je vais rendre le bonheur obligatoire, cela développera chez mes sujets de stratégies et des comportements ayant des retombées positives sur l'environnement, de cette façon je contrôlerai mon royaume et serai digne d'en être le Roi. »

« Bravo mon fils, tu sembles avoir du talent pour oublier l'essentiel. En admettant que tu parviennes à figer les émotions de tes sujets, comment feront-ils alors pour se diriger dans la vie sans boussole qui les guide vers ce qui est bon pour eux en évitant ce qui ne l'est pas ? Et comment feras-tu pour connaître le climat du royaume faute de la richesse des émotions qui ne pourront plus s'exprimer pour t'informer ? »

Le jeune Prince se sentait perplexe mais il ne s'avouait pas encore battu. Comment pouvait-il contrôler son royaume s'il ne contrôlait ni l'environnement ni les comportements de ses sujets, ni leurs capacités, ni leurs émotions ? À part lui-même, il ne voyait rien d'autre à contrôler. Il dit d'une voix mal assurée : « Je ne vois plus guère que moi. Est-ce cela la réponse mon père ? En me contrôlant moi-même, je contrôlerai mon royaume et serai digne d'être Roi. »

Son père souriait ; dans ses yeux, la tendresse avait remplacé la moquerie, il lui dit avec beaucoup de douceur :

« Mon très cher fils, en voilà assez pour aujourd'hui. La fête en l'honneur de tes 18 ans a eu raison de tes forces. Quel sujet voudrait pour Roi un homme sous contrôle, fût-il le sien ? Comment feras-tu pour être disponible aux autres si tu passes ton temps à te surveiller toi-même ? Je t'invite à aller te coucher, la nuit porte conseil ! Demain matin tu comprendras sans aucun doute ce qu'il suffit de contrôler pour tout contrôler sans avoir à contrôler tout. »

Sans plus attendre, tant il était rempli d'humiliation à l'idée de n'avoir pas trouvé la clef de cette énigme en apparence si simple, le Prince gagna sa chambre et s'endormit.

Au cours de la nuit, il fit un rêve. Dans ce rêve, il se mit à voler et s'éleva si haut au-dessus du château que les détails s'effaçaient, laissant la place à une image globale qui émergeait sous ses yeux émerveillés. Sa perception du temps se modifiait à mesure que l'image s'élargissait et il vit bientôt non seulement la totalité du royaume, mais aussi toute une histoire passée, présente et future. Il comprit l'unité et la profonde cohérence de cette histoire pleine de sens dans le temps. Il vit l'harmonie dans la diversité croissante des formes et comme cela faisait la richesse de la vie. Chacun concourant au bien-être des autres dans une symbiose dont il avait été jusqu'à présent inconscient. Ce fut comme si un mur venait de s'écrouler laissant à sa vue émerveillée et ravie le sens du tout. Il comprit dans cette lumineuse perception le sens de l'épreuve que son père lui faisait passer. Il était devenu en cet instant d'éternité le Porteur du Sens et c'était là son rôle de Roi.

Ainsi, de l'identité à la perception de l'environnement, tous ses sujets s'aligneraient librement sur cette vision

> désirable et pleine de sens comme un vol de fauvettes babillardes sur le ciel étoilé pour voler vers son destin migratoire. C'est par le sens qu'il contrôlait son royaume et serait digne de succéder à son père. Il apporterait à son peuple, jour après jour, sa vision riche du sens de la vie, de cette création toujours renouvelée, orientée toute entière vers un futur plus généreux et plus beau auquel ses sujets auraient envie de participer et d'appartenir.
>
> Le soleil emplissait de sa lumière la chambre où venait de s'éveiller un nouveau Roi.
>
> *Éric Mortier*[28]

Pour la présentation générale, voir aussi le *Chapitre 5* de la *Deuxième partie :* « Organisation personnelle de coach : les niveaux logiques d'organisation mentale ».

7.1. Situation des niveaux logiques de résolution de problème

La fonction d'un niveau logique est d'organiser l'information au niveau inférieur. Par conséquent, un changement effectué à un niveau donné aura forcément des retentissements sur tous les niveaux inférieurs mais pas nécessairement sur les niveaux supérieurs. Il est impossible de résoudre un problème au niveau auquel il a été engendré. De nombreux problèmes personnels et relationnels surgissant d'une confusion entre niveaux chez l'une ou les deux personnes, ou du fait que deux interlocuteurs se situent à des niveaux différents de communication.

Dans des situations d'incertitude et/ou de difficulté à arrêter un choix, l'alignement des réponses aux questions des niveaux logiques, dans un ordre organisé, peut suffire à clarifier les choses et à apaiser le conflit intérieur. C'est aussi utile pour confirmer un choix déjà fait ou pour installer une conviction à propos de celui-ci. Lorsque les réponses sont données par le client sur des espaces organisés au sol, les ancrages spatiaux augmentent la puissance de l'alignement.

La question de savoir : *à quel niveau se situe le problème ? la solution ?*, est absolument centrale dans toutes les interactions, notamment dans les situations de négociation. Dès le moment où le niveau du problème est identifié, il suffit de poser une question à propos du niveau supérieur pour débloquer la situation. Généralement, il est possible de s'entendre sur un

28. Collection de l'auteure.

niveau supérieur et ensuite construire ensemble les réponses des niveaux inférieurs suivants dans l'ordre.

La correspondance entre les types de questions à se poser et les niveaux concernés par le changement est illustrée par la *Figure 41* ci-dessous.

À quel niveau se situe le problème ? La solution ?

Type de questions

Où ? Quand ? Avec qui ? Quel cadre ?	**Environnement**	Contexte externe *L'endroit où ça se passe*
Quoi ?	**Comportements**	Actions et réactions *Ce que je fais*
Comment ?	**Capacité**	Cartes et plans *Mes qualités, mes ressources*
Pourquoi ?	**Valeurs Croyances**	Permission et motivation *Ce que je crois qui est vrai, juste, important*
Qui ? Quelle mission ?	**Identité Mission**	Survie identitaire *Qui je suis et ce que je veux faire de ma vie*
Quel sens ? Pour qui ? Pour quoi ? Qui d'autre ?	**Vision**	Vision et spiritualité *Mon but par rapport à ce qui est plus grand que moi, qui était avant et sera après*

Niveaux de changement

Fig. 41 : **Questions et niveaux de changement**

7.2. Alignement des niveaux logiques d'apprentissage

Par exemple, lorsqu'un enfant rencontre des difficultés d'apprentissage, plutôt que de le réprimander ou de tenter de lui faire modifier ses comportements – ce qui à moyen terme s'avère peu efficace car relevant de la motivation extrinsèque – il vaut mieux l'amener à établir un lien entre les efforts à accomplir au présent et le sens de sa vie à long terme. Les questions ci-dessous s'avèrent utiles pour cela.

- *Où et quand peux-tu/dois-tu apprendre efficacement ?*
- *Quels comportements dois-tu mettre en œuvre à ce moment-là et à ces endroits pour apprendre efficacement ? Que dois-tu faire ?*
- *De quelles capacités as-tu besoin pour faire cela à ce moment-là et à ces endroits ? De quoi as-tu besoin pour apprendre plus efficacement ? Comment dois-tu t'y prendre pour apprendre plus efficacement ?*
- *Pour/quoi veux-tu mettre en œuvre ces capacités, pour apprendre efficacement dans cet environnement ? Quelles sont les valeurs importantes que tu respectes quand tu apprends efficacement ? Qu'est-ce que tu crois vrai, juste, bon, important lorsque tu apprends ?*
- *Qui es-tu lorsque tu crois ces choses vraies, justes, bonnes, que tu mets en œuvre ces capacités pour apprendre efficacement à ce moment-là et à ces endroits ? Quelle est ta mission dans la vie en rapport avec ces apprentissages ? Quelle métaphore de toi-même conviendrait à cette situation ?*
- *Qui d'autre sers-tu/serviras-tu grâce à ton apprentissage ? Quelle est ta vision de la vie, de l'humanité lorsque tu apprends ? Quel sens cela a-t-il ?*

7.3. Installation de l'excellence personnelle

> C'est une belle harmonie quand le dire et le faire vont ensemble.
>
> *Montaigne*

Si vous conduisez quelqu'un à l'aide de cet exercice, vous pouvez le faire debout, sur des papiers portant les titres des six niveaux, papiers que vous posez au sol au fur et à mesure que vous avancez dans les questions. Cet exercice consiste en une *automodélisation structurelle* d'une situation ponctuelle d'excellence. Il débute par l'environnement, ce qui permet à la personne de se réassocier à une situation réellement vécue, d'en réexpérimenter toute la puissance, de manière à en faire émerger la structure profonde généralement non consciente lors de l'expérience réelle.

Demandez à votre client de choisir une situation très ponctuelle, de moins d'une minute, lors de laquelle il a expérimenté une grande satisfaction liée à une réussite dans son contexte professionnel, personnel ou de loisir. Il se peut que lui seul soit au courant de cet exploit. Il n'est pas du tout nécessaire que quelqu'un d'autre y ait assisté ou l'ait remarqué.

Vous le conduisez à explorer cette situation à l'aide des questions ci-dessous, ou d'autres du même genre. Notez les temps de la conjugaison pour vos questions : le passé pour l'environnement, puis le présent, de façon à conduire la personne à rester associée, à revivre le plus possible la situation d'excellence. Vous serez plus efficace avec une voix légèrement hypnotique et si vous suggérez à la personne de se répondre à elle-même plutôt que de vous répondre. Veillez à ce que ses réponses concernent vraiment le niveau questionné, si ce n'est pas le cas, poussez délicatement la personne sur le papier portant le nom du niveau à propos duquel elle s'exprime.

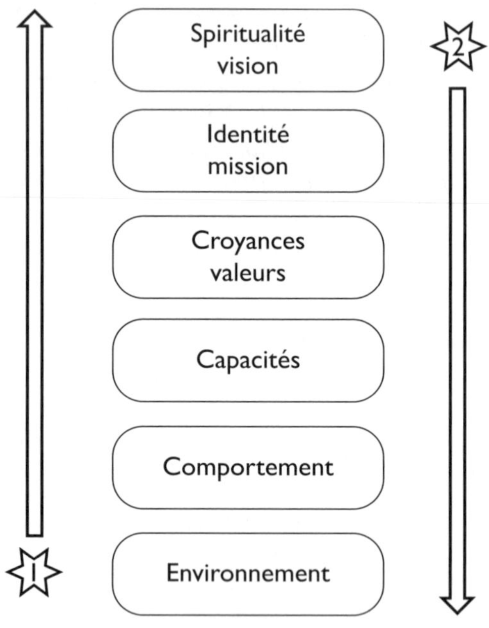

***Fig. 42 :* Installation de l'excellence personnelle**

- *Environnement* : Où avez-vous réussi cela ? Avec qui ? Quel jour ? À quelle heure ? Prenez le temps de vous remettre dans la situation, de revoir ce qu'il y avait à voir, à entendre, à ressentir à ce moment-là.
- *Comportement :* Dans ce contexte, à ce moment-là que faites-vous avec votre corps, vos émotions, comment organisez-vous vos pensées ?

- *Capacités :* Quelles sont les ressources, les capacités spécifiques que vous mettez en œuvre pour faire cela dans ce contexte ?
- *Croyances, valeurs :* Qu'est-ce qui pour vous est vrai, juste, important lorsque vous mettez en œuvre ces capacités, pour réussir cela, dans cet environnement ?
- *Identité, mission :* Qui êtes-vous lorsque vous croyez ces choses vraies, justes, importantes, grâce à quoi vous mettez en œuvre ces capacités, pour réussir cela, dans cet environnement ? Qu'êtes-vous en train de faire de votre vie ?
- *Spiritualité, vision :* Quel sens cela a-t-il, compte tenu de ce qui est plus grand que vous, qui était avant et sera après ? Pour qui d'autre le faites-vous ? (famille, communauté, planète, univers, Dieu...)

Vous pouvez proposer à la personne de se retourner sur le dernier espace lorsqu'elle a répondu au niveau *Spiritualité, vision,* pour faire à son rythme, se donnant les réponses dans sa tête, le chemin en sens inverse ; accompagnez-la de façon non verbale, en silence sur ce parcours.

Invitez-la ensuite à constater, si ce n'est déjà fait, à quel point sa réalisation personnelle est liée à sa congruence interne. Cet exercice peut lui servir à modéliser ses propres stratégies d'excellence ; ce sont parmi les plus précieuses à imiter car elles sont forcément très adaptées à ses caractéristiques et ressources, donc faciles à reproduire.

Les procédures complètes de modélisation avec les niveaux logiques sont très sophistiquées. Elles impliquent, selon Dilts[29], « *(...) d'identifier les stratégies mentales ("neuro") qu'une personne utilise en analysant les schémas ou patterns de langage ("linguistique") de cette personne et ses réactions non verbales. Les résultats de cette analyse sont ensuite traduits en stratégies ou procédures déroulant une succession d'étapes ("programmation") susceptibles d'être utilisées pour transférer la compétence à d'autres personnes et pour l'appliquer à d'autres contextes* ».

De fait, l'utilisation de l'alignement des niveaux logiques comme ci-dessus, amène automatiquement le sujet à installer un circuit neurologique performant, sans forcément en conscientiser chaque fois tout le processus.

29. R. Dilts, « Introduction », in *Modéliser avec la PNL,* InterÉditions, 2004, p. XIV.

7.4. Résolution de problèmes par transfert des réponses-ressources

Aucun problème ne peut être résolu sans changer le niveau de conscience qui l'a engendré.

Einstein

Comme déjà expliqué, un grand nombre de problèmes sont directement liés à l'environnement. Ils peuvent concerner les facteurs géographiques ou politiques, les contraintes organisationnelles, les délocalisations, les lois et règlements, la concurrence, la pollution, l'aménagement des locaux, les nouvelles technologies, le matériel défectueux, l'ambiance de travail, l'état de santé, le relâchement des liens parentaux, conjugaux, familiaux et amicaux, les problèmes avec le voisinage, la solitude, les conflits interpersonnels…

Certaines difficultés concernent les tâches et comportements liés à un environnement donné. Par exemple : travailler trop ou trop peu, arriver en retard, ne pas tenir ses engagements, se mettre en colère, dire oui quand on pense non, dire des choses désagréables à quelqu'un ou s'exprimer difficilement, ne pas réussir à faire ou arrêter de faire quelque chose, boire de l'alcool, fumer, mal manger…

D'autres problèmes proviennent d'incapacités physiques, mentales ou émotionnelles. Ce niveau se réfère par exemple au manque de ressources, de concentration, de détermination, de confiance en soi, de compétence, de logique, d'organisation ou de créativité.

Dans notre monde occidental, les niveaux les plus travaillés, ceux sur lesquels portent les changements lorsque des difficultés surgissent sont les trois niveaux inférieurs. Or, le plus souvent, lorsque les problèmes persistent, c'est qu'ils proviennent d'un niveau logique supérieur comme déjà expliqué au *Chapitre 2 de la Deuxième partie*. Le changement efficace est celui qui est opéré au moins à un niveau supérieur à celui où il se pose, voir la *Fig. 12 : Espaces de changements sur les niveaux logiques*.

Il faut donc souvent considérer les facteurs liés aux valeurs et aux croyances. C'est de ce niveau que part la motivation ou la démotivation, les permissions ou blocages, tout ce qui concerne les causes et les conséquences installées dans les représentations, dans la carte du monde de la personne. Les valeurs représentent ce qui compte, ce qui est vrai, juste, important et qui s'exprime par des substantifs abstraits comme : la liberté, l'amour, l'amitié, la justice, la paix, la santé, la richesse, la sécurité.

Les facteurs liés à l'identité sont également souvent responsables de certains blocages. Ils concernent la conscience du soi, la définition de son rôle et sa mission dans la vie. La question **Qui suis-je ?** demeure évidemment l'une des plus difficiles pour chaque être humain. Dans une situation de *coaching*, lorsque le client est associé à sa propre histoire, il répond presque toujours à cette question par son nom ou par Je suis moi ; ce qui convient tout à fait, contrairement à des généralisations de comportements ou d'incapacités comme : « Je suis un nul, un malchanceux, un perdant, un malade, un fumeur, un toxicomane, un chômeur ».

Parfois la difficulté prend son origine aux niveaux transpersonnels, systémiques. Ce sont ceux qui relient la personne à quelque chose de plus vaste, comprenant ce qui était avant, ce qui sera après et dans quoi elle s'inscrit. Ces niveaux sont nombreux mais pas encore théorisés, ils incluent probablement, la famille, la communauté, la race, l'univers, la spiritualité ; Dieu, s'il existe, est forcément au sommet de cette pyramide. Selon que votre client se sent appartenir ou non à un système plus vaste auquel il tient et croit, toute votre action de *coach* auprès de lui change. Bien sûr, à ce niveau plus encore qu'aux autres, il s'agit de vous synchroniser sur la carte du monde de votre client, plutôt que de rester centré sur la vôtre.

Démarche

Pour permettre à votre client de transférer tout le potentiel de la congruence personnelle qu'il possède dans une situation d'excellence, installez deux séries de cercles ou autres espaces au sol, portant les titres des niveaux logiques et procédez comme illustré ci-après par la *Figure 43* et conduisez la résolution de problèmes de la manière suivante.

- *Choisissez une situation personnelle ou professionnelle où vous êtes particulièrement compétent. Déplacez-vous sur les espaces en vous posant les questions des niveaux logiques auxquelles vous répondez le plus précisément possible en vous associant complètement à votre situation. Faites l'exercice aller et retour. Si vous avez travaillé avec lui l'Installation de l'excellence personnelle, vous pouvez bien sûr reprendre la même situation d'excellence, ce sera encore plus puissant.*

Vous pouvez pour cette première partie de l'exercice, reprendre la démarche de l'Installation de l'excellence personnelle, illustrée par la *Fig. 42 : Installation de l'excellence personnelle.*

- *Choisissez une autre situation personnelle ou professionnelle par rapport à quoi vous souhaitez clarifier votre rôle ou améliorer votre compétence ; et refaites avec cette situation, en parallèle le même exercice. Cherchez le niveau qui gère l'insatisfaction ou l'incompétence et, en passant d'une série de cercles à l'autre, montez d'un ou deux niveaux et transférez les réponses de la situation de compétence sur la situation problématique, de façon à remplacer l'inadéquation par l'adéquation.*

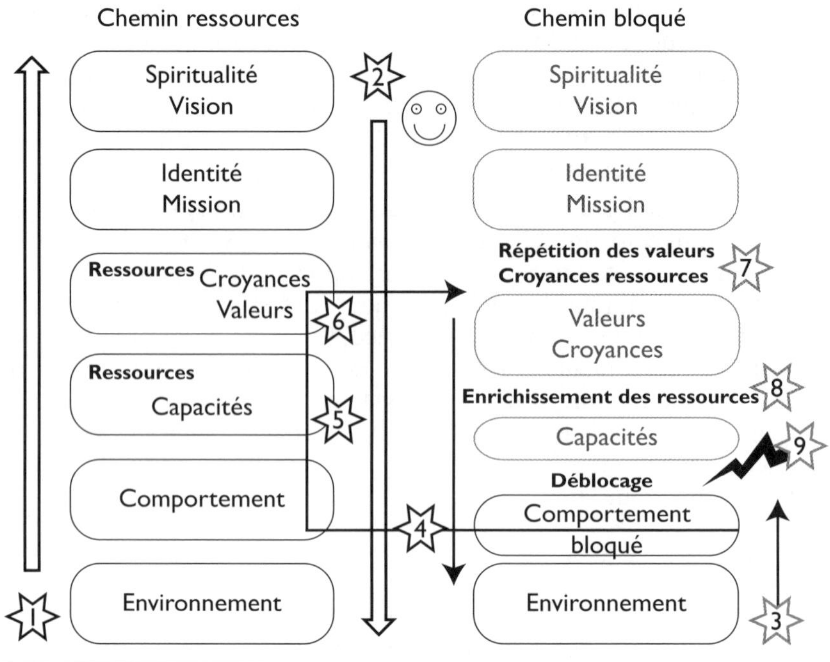

Fig. 45 : **Résolution de problème avec les niveaux logiques**

7.5. Changements de croyances

Que vous croyiez pouvoir faire une chose ou que vous croyiez ne pas pouvoir faire cette chose, vous avez raison dans les deux cas.

Henry Ford

Voici en exemple l'histoire désormais classique d'un homme hospitalisé en clinique psychiatrique qui est persuadé d'être un cadavre. Il ne mange pas, ne travaille pas. Il ne fait que rester assis et il affirme qu'il est un cadavre. Un psychiatre tente de convaincre l'homme qu'il n'est pas réellement mort. Ils discutent et argumentent longuement. Finalement, le psychiatre demande : *les cadavres saignent-ils ?* L'homme réfléchit et répond : *non, toutes les fonctions corporelles ont cessé, il n'y a donc plus de saignement.* Le psychiatre propose alors de faire une expérience. Il prend une aiguille, pique le doigt du patient et l'homme se met à saigner. Il regarde son doigt avec surprise et s'exclame : *que je sois damné, les cadavres saignent !*

Certaines croyances, même fausses, peuvent être utiles à certaines personnes à un moment donné. Comme le disait Richard Bandler : *même une pendule arrêtée donne l'heure exacte deux fois par jour.*

D'une manière générale, on peut affirmer que si quelqu'un croit qu'il peut changer, il le fera. Il s'agit donc d'aider les gens à modifier leurs croyances lorsque celles-ci limitent le changement souhaité, c'est le plus efficace.

Les croyances se trouvent à un niveau supérieur aux capacités et au comportement, il vaut mieux agir sur elles que directement sur les niveaux inférieurs.

Une croyance est la généralisation d'une expérience ponctuelle ancienne, imprimée inconsciemment et qui ressurgit de manière automatique. Souvent, la personne sélectionne dans son vécu ultérieur ce qui vient confirmer sa croyance et a tendance à omettre ce qui risquerait de l'infirmer. La croyance constitue pour la personne qui l'a, la vérité, donc une sorte d'évidence à partir de laquelle elle agit, parfois en dépit parfois de toute argumentation logique.

Dans le cadre de son séminaire *Dépassez vos limites et réalisez vos projets,* Robert Dilts (Institut Repère, juin 2011), évoqua une enquête intéressante réalisée auprès de cent patients guéris d'un cancer diagnostiqué incurable, et toujours en vie dix ans plus tard. Il se trouve que ces différentes personnes s'étaient soignées de manières très différentes : certaines avaient suivi les traitements médicaux habituels, d'autres avaient prié ou avaient préféré des traitements de médecine parallèle ou encore s'étaient alimentées différemment. Certaines n'avaient même rien fait. Une seule chose caractérisait ces cent personnes : toutes croyaient, que ce qu'elles faisaient les guérirait. Un autre exemple évoqué par Dilts démontre aussi de manière très convaincante, la force des croyances, c'est celui des placebos. En étudiant les recherches menées sur ces médicaments qui n'en sont pas, il semble qu'en moyenne, un placebo agisse aussi bien qu'un vrai médicament.

Les croyances s'appliquent à tous les niveaux logiques. Leur impact sur la résistance au changement s'accroît au fur et à mesure qu'on monte dans les niveaux. Généralement, les réponses aux questions des niveaux logiques sont cohérentes pour une personne. Plus elles le sont, plus la structure est solide, y compris lorsqu'il s'agit de faiblesses, dépendances et autres problèmes.

Beaucoup d'outils de changements peuvent servir à changer de croyances. Selon les circonstances, la dimension du problème, l'objectif visé, les ressources et capacités de votre client, le temps à disposition, vous choisirez l'une ou l'autre des quatre démarches ci-dessous. Ces stratégies pourraient figurer dans le chapitre des outils combinés car elles mêlent et superposent habilement plusieurs techniques de base que vous connaissez déjà.

7.6. Changements de croyance avec la synesthésie sensorielle

Tu peux choisir de désobéir à ta croyance... afin d'obéir à ta croissance.

M. Kérouac

Lorsque la personne veut atteindre un objectif et qu'une croyance limitante installée dans le passé y fait obstacle, vous pouvez l'aider à mettre de l'ordre dans ses représentations sensorielles trop globalisées de la croyance en question. Cette démarche purement technique et complexe peut s'avérer très efficace, en particulier avec des personnes qui désaccordent et expliquent les choses à grands renforts de discours et d'arguments logiques.

Démarche

Il s'agit de conduire fermement et précisément le client à travers *quatre étapes*.

1. Séparer la synesthésie VAK de la croyance limitante dans l'État présent. Pour cela, dites-lui d'identifier sa croyance et aidez-le à :
   - observer sa physiologie et la position de ses yeux lorsqu'il est associé à cette croyance ;
   - trouver ce qui se passe intérieurement dans chacun des systèmes sensoriels (VAK) à ce moment-là ;
   - séparer la synesthésie VAK en mettant chaque représentation sensorielle dans la position oculaire appropriée.
2. Explorer la synesthésie VAK de la croyance aidante dans l'État désiré :
   - vérifiez avec votre client l'écologie de la croyance désirée (but, attitude) ;
   - demandez-lui de regarder en haut à droite (dans visuel construit) et de visualiser le but et l'attitude correspondant à la croyance désirée ;
   - faites-lui trouver l'intention positive du ressenti (séparément) et du dialogue interne (séparément) de l'état désiré par opposition à l'État présent.
3. Recadrer le passé :
   - amenez-le à prendre les images des souvenirs associés à la croyance limitante et à se construire un souvenir plus réaliste de la situation. pour cela, dites-lui d'alterner les souvenirs positifs et négatifs, de sorte qu'ils s'organisent sur sa ligne du temps, selon la chronologie appropriée ;

   - faites-lui constater que certains de ses souvenirs peuvent aussi le mener directement au but désiré et même plus s'il le souhaite. assurez-vous qu'il trouve des moyens de relier les souvenirs à la croyance désirée ;
   - ancrez-lui une expérience positive, génératrice de ressources ; par exemple, quelque chose qu'il est certain de pouvoir réaliser dans le futur.
4. Changer la croyance :
   - faites-lui superposer les submodalités de cette expérience positive à la croyance désirée ;
   - conduisez-le à rendre les qualités VAK des submodalités du but désiré, identiques à celles de l'expérience positive de référence ;
   - activez l'ancrage positif pendant qu'il regarde le but désiré, pour installer le processus.

7.7. Réconciliation des croyances sur la ligne du temps

Comme pour le changement de croyance avec la synesthésie sensorielle, cette démarche est utile à la personne qui a une croyance limitante installée dans le passé. Cette croyance l'empêche d'atteindre l'objectif qu'elle s'est fixé. Ce sont des injonctions du dialogue interne, comme : Je n'y arriverai jamais, je n'ai pas le droit, je ne mérite pas de réussir, je ne suis pas capable, je suis malade depuis toujours. Cette démarche convient aussi lorsque deux croyances incompatibles s'interfèrent de façon inconfortable et paralysante pour prendre le contrôle du comportement.

Vous lui expliquez préalablement les présupposés.

- **Chaque croyance est déclenchée par une partie de nous qui ne s'occupe que de cela.**
- **Toute croyance a ou a eu une fois une intention positive.**

Et vérifiez qu'il les accepte aisément.

Vous faites le travail en restant vous-même debout, proche de votre client, lui aussi debout sur sa ligne du temps préalablement installée au sol (avec des papiers signalant quelques étapes). À partir du PRÉSENT, posez-lui les questions nécessaires à fixer son objectif et demandez-lui de situer celui-ci au moyen d'un nom-code écrit sur un papier posé dans le FUTUR, sur sa ligne du temps tracée sur le sol.

Démarche

Demandez-lui de s'associer dans le future à son objectif déjà réalisé, faites-lui préciser ses réponses aux questions des niveaux logiques dans cette situation.

De l'extérieur de sa ligne du temps, en position méta, aidez-le à identifier la croyance-obstacle à la réalisation de l'objectif.

1. Guidez-le à s'associer sur sa ligne du temps à la croyance-obstacle, puis :
   - à interroger sa partie responsable de cette croyance ;
   - lui demander d'indiquer son intention positive ;
   - la remercier et rester en contact avec elle.
2. Invitez-le à faire de même avec sa croyance favorable à l'objectif.
3. Faites-le ensuite venir en position méta pour considérer les intentions positives de sa croyance-obstacle et de sa croyance favorable à l'objectif. Demandez-lui d'utiliser leurs submodalités respectives, avant de les informer tour à tour de l'intention positive de l'autre. Enfin, faites-lui leur demander de reconnaître, de part et d'autre, la légitimité de l'autre.
4. Ramenez la personne sur sa ligne du temps au présent pour qu'elle organise la réconciliation des parties responsables des deux croyances. Demandez-lui de les réintégrer et de les remercier.
5. Reprenez la poursuite de l'objectif initial et vérifiez l'efficacité de la réconciliation.

7.8. Changement de croyance sur ancrages spatiaux

Voici une autre démarche pour amener votre client à changer une croyance limitante qui le gêne pour poursuivre son développement ou son objectif.

Démarche

Pour ce changement de croyance, vous allez utiliser l'ancrage spatial, les submodalités et le langage pour faire passer l'ancienne croyance, par le doute avant de l'abandonner ; et la nouvelle croyance, par la possibilité d'adoption, avant de l'adopter, soit :

- **Placez au sol six étiquettes portant les titres**
  - Méta
  - Croyance limitante (1) = *Je crois…*
  - Doute (2) = Je me demande si…

– Croyance dépassée (3) = *Je ne crois plus…*

– Ouverture à l'adoption (4) = *Il se peut que…*

– Croyance installée (5) = *Je crois que…*

Établissez les ancres en insistant sur les submodalités visuelles, auditives et kinesthésiques de chaque espace, avec l'aide d'un exemple de la vie courante (Je ne crois plus au Père Noël…).

- **Guidez l'assouplissement de la croyance limitante**
  - L'explorateur prend le contenu de sa croyance (1) et l'emmène en position 2, lui donnant du même coup les submodalités du doute et la formulation du doute.
  - Faites répéter plusieurs fois alternativement les deux phrases sur le même ton, avec les mêmes submodalités, la même syntaxe somatique… jusqu'au doute installé.
- **Guidez l'abandon de la croyance limitante**
  - L'explorateur énonce en position méta la croyance dépassée.
  - Il prend le contenu de sa croyance (1) et l'emmène en position 3, et lui donne les submodalités et la formulation de la croyance dépassée.
  - Faites répéter plusieurs fois alternativement les deux phrases sur le même ton, avec les mêmes submodalités, la même syntaxe somatique… jusqu'à la croyance dépassée.
- **Guidez l'adoption de la nouvelle croyance**
  - L'explorateur énonce en position méta la nouvelle croyance possible.
  - Il prend le contenu de la nouvelle croyance et se place en position 4, lui donnant toutes les caractéristiques de l'éventualité ouverture à l'adoption.
  - Faites répéter plusieurs fois alternativement les deux phrases sur le même ton, avec les mêmes submodalités, la même syntaxe somatique… jusqu'à l'ouverture à l'adoption de la nouvelle croyance.
- **Guidez l'installation de la nouvelle croyance**
  - L'explorateur choisit en position méta la nouvelle croyance énoncée en phrase positive.
  - Il prend le contenu de la nouvelle croyance et se place en position 5, lui donnant toutes les caractéristiques de la nouvelle croyance installée.
  - Faites répéter plusieurs fois alternativement les deux phrases sur le même ton, avec les mêmes submodalités, la même syntaxe somatique… jusqu'à l'installation de la nouvelle croyance.

- **Vérifiez les incidences du changement dans ce futur**
  - L'explorateur s'associe à la certitude de la nouvelle croyance qu'il ancre en position 5 ;
  - Il explique « comment » sera sa vie à partir de maintenant (petit générateur de comportement).

7.9. Changements de croyances par recadrages divers

Avec les questions du métamodèle sur les métaprogrammes

- **Renversement**

Retourner l'équivalence ou la cause-effet sur eux-mêmes : est-ce vraiment à B (premier élément) de faire A (deuxième élément) ? est-ce vraiment A qui est la cause de B ?

- **Stratégie de réalité, tri primaire**

Mettre en cause le modèle du monde (la carte n'est pas le territoire) : Comment savez-vous ?

- **Redéfinition**

Du critère exprimé ou sous-jacent : B est plutôt X.

Du comportement : A est plutôt Y.

- **Processus d'interaction en désaccord**

Contester : A n'est vraiment pas B.

Disqualifier : B n'existe pas.

Citer un contre-exemple : Quelqu'un qui fait A sans adhérer à B.

Placer en position méta : Je ne savais pas que vous faisiez A.

- **Taille du découpage plus large**

Faire appel à un critère supérieur.

Généraliser : B est-il vraiment applicable dans tous les domaines ?

- **Taille du découpage plus étroit**

Spécifier : *comment spécifiquement A exprime-t-il B ? comment spécifiquement exprimez-vous B ?*

- **Cadre de référence (du contexte)**

Changer le temps, le lieu, les circonstances :

- du critère B dans le contexte X
- du comportement : A est-il B dans le contexte Y ?

Décaler le cadre : B est vraiment anachronique !

• **Orientation du temps futur**

Anticiper les conséquences négatives de la croyance/du comportement

• **Index de référence**

Replacer la croyance sous la responsabilité de son auteur : C'est vous qui le pensez.

Appliquer à soi-même le critère.

• **Métaphores**

Modifier l'orientation de perception, le cadrage, le tri primaire, le cadre de référence…

Enrichir les représentations sensorielles, changer le filtre de relation et la taille du découpage, assouplir le processus d'interaction, changer de position, d'orientation temporelle, d'index de référence et d'application.

Utiliser les moteurs de l'action les plus opérants.

• **Les croyances peuvent être changées avec la plupart des outils « classiques ».**

- Par ancrages, désactivation d'ancres.
- Par recadrage en 6 points.
- Par réconciliation/négociation entre croyances conflictuelles.
- Par modification des submodalités.
- Par transfert ou alignement des niveaux logiques.
- Sur la ligne du temps, par changement d'expérience d'empreinte.
- Combinaison d'outils sur ancrages spatiaux.

7.10. Un exemple d'application : les niveaux logiques d'un groupe : le couple

La voisine du couple Seguin

Le soir était déjà tombé, lorsque près de la pierre où elle s'assied pour méditer, Sidonie reçut la visite de ses voisins, le couple Seguin. Bien tristes qu'ils étaient ce soir-là, le riche propriétaire et sa Blanquette.

Malgré lui, il jeta précipitamment dans le tablier de la gentille vieille dame, les mille pièces de son rêve brisé. Dans le désordre. Incompréhensible.

Amoureusement, il avait dessiné l'enclos à l'abri du vent, semé l'herbe fine, allongé la corde et sculpté lui-même le pieu. Tout était prêt. Il acheta le collier dont elle était si fière…

Et elle ? Oh, elle ! Elle mangeait dans sa main d'homme heureux, surtout le sel.

Et puis imperceptiblement, tout à fait imperceptiblement, Blanquette perdit le goût du sel.

Très tard, trop tard il constata sa maladie. Trop de sel ou pas assez ? Collier trop lourd ou trop rustique ? Ou était-ce la faute du pieu ? De la corde ? De l'herbe ou de l'enclos ? Comment savoir ? Peut-être l'absence de vent ? Quoi qu'il en soit, elle était malade.

A confirmé elle-même à Sidonie qu'elle se sentait irrémédiablement atteinte.

Le souffle court, des diamants plein les yeux et les joues en feu… sans un mot elle avait tout raconté.

D'un regard Sidonie a compris la dimension du rêve et celle de l'enclos ; la soif de liberté et le poids du collier d'argent, l'appel de la forêt. Juste pour les perles de rosée au petit matin sur les fougères et le genièvre parfumé.

D'un regard Sidonie a su comment elle s'arracha du pieu… y laissant son cœur brisé. Dont il ne prit pas soin. Mais que faire le soir dans cet enclos d'un cœur brisé ?

Pas forcément un monstre, Monsieur Seguin, pas forcément une garce, la petite Blanquette. Nostalgie inutile aujourd'hui.

Pas de pointure unique pour le bonheur à deux… c'est juste une question de taille, dira Sidonie.

Christiane Grau

Il s'agit d'un petit jeu de communication importante à faire en couple, une fois, dans la perspective de multiplier les chances de construire une relation solide et durable… ou de constater l'incompatibilité sur les questions essentielles. En effet, ce n'est pas parce que deux personnes s'aiment beaucoup que la vie commune sera possible et satisfaisante durablement.

Seule une complicité sur les réponses aux questions des niveaux logiques supérieurs donnera de bonnes garanties pour que les deux partenaires puissent résoudre facilement, avec le moins de frustrations possibles, les divergences qui ne manqueront pas d'arriver au cours de la vie commune. Si nous pouvons affirmer cela avec beaucoup de certitude, c'est que – vous

vous en souvenez – *la plupart des problèmes trouvent leur solution à un niveau supérieur à celui où il se pose.*

C'est le fondement de l'outil : *Résolution de problème avec les niveaux logiques.* La voisine du couple Seguin évoquée ci-dessus, vous le dira !

Pour favoriser la réalisation de cet objectif il convient de :

- **vérifier que les deux partenaires souhaitent vraiment mieux se connaître et le faire avec le support de ce jeu ;**
- **se donner suffisamment de temps, une soirée par exemple ;**
- **suivre scrupuleusement les consignes.**
  - Ne s'autoriser aucune interruption sur accord visuel.
  - Éviter d'échanger durant l'exercice (Passer d'une étape à l'autre, ne pas donner ou demander d'explication complémentaire).
  - Bien réfléchir avant de parler.
  - Éviter toute justification de ses réponses.
  - Parler peu, avec authenticité, dans un langage personnel précis, pas en écho à ce que l'autre vient de dire.

Consignes

1. Individuellement. Chacun installe sa cohérence entre vision et comportements, sur la base des réponses aux questions des niveaux logiques (Cohérence entre vision et action).

2. En couple. Chacun décrit en moins de cinq minutes sa vision du monde idéal auquel il a envie d'appartenir et donne les réponses y relatives pour tous les niveaux.

3. Les deux illustrent en silence, durant environ cinq minutes, par un dessin ou un schéma, ce qu'il a compris du modèle du monde de l'autre.

Chacun :

- redit, comme le ferait un magnétophone, ce qu'il a entendu de la vision de son partenaire ;
- explique comment il l'a interprétée et présente son dessin ;
- exprime en un mot et sans justification ni explication, l'émotion qu'il ressent en entendant les réponses de son partenaire.

Lorsque les réponses de chacun sont connues des deux, ils peuvent procéder à l'alignement des réponses du couple. Ils vérifieront ainsi dans quelle mesure leurs rêves de vie s'ajustent et se complètent, comme évoqué par les *Figures 44 et 45.*

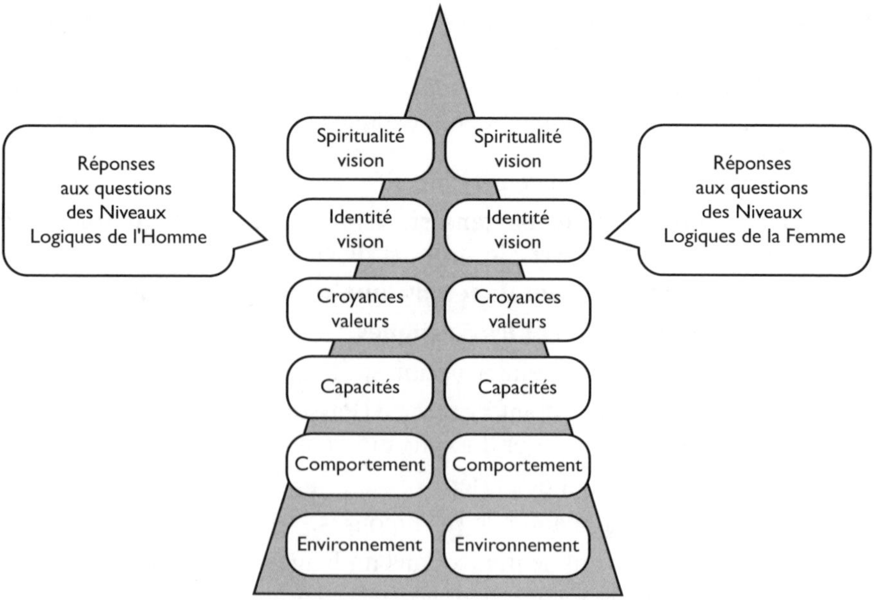

Fig. 44 : **Réponses individuelles aux questions des niveaux logiques**

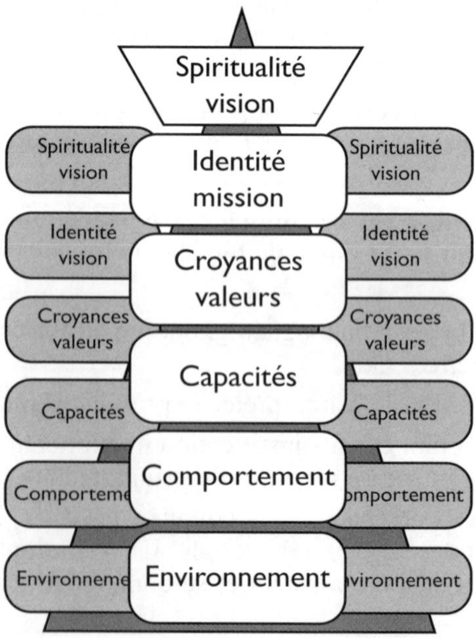

Fig. 45 : **Réponses aux questions des Niveaux Logiques du Couple**

Chapitre 8

Outils combinés

Histoire d'une goutte

Voici l'histoire d'une goutte d'eau, une goutte aussi minuscule que toutes les gouttes. Mais cette goutte-là cultivait des rêves de grandeur… Elle ne savait ni d'où elle venait ni où elle allait. Sans connaître son sort, elle s'en lamentait déjà. Elle craignait si fort de se perdre dans l'océan. Elle enviait les plus grands, les plus puissants de ce monde.

Hardie, elle alla quémander les conseils du soleil :

— Toi le plus puissant du monde, dis-moi comment l'on devient fort et influent ?

Le soleil répondit :

— Je ne suis pas le plus puissant du monde, demande plutôt au nuage qui me masque.

Décidée, la goutte questionna le nuage :

— Ô toi le plus puissant du monde…

Le nuage l'interrompit :

— Je ne suis pas le plus puissant du monde, demande plutôt au vent qui me chasse.

Résolue, la goutte s'adressa au vent, celui-ci répliqua :

— Je ne suis pas le plus puissant du monde, demande plutôt au mur qui m'arrête.

Persévérante, la goutte interrogea le mur, celui-ci rétorqua :

— Je ne suis pas le plus puissant du monde, demande plutôt à la souris qui me traverse.

Obstinée, la goutte posa sa sempiternelle question à la souris. La souris l'écouta. Elle pensa : « Le plus puissant du monde, c'est l'eau qui m'abreuve… ». Mais comme elle jugeait la goutte un peu orgueilleuse, elle ne répondit rien. La goutte répéta sa question. Les moustaches de la souris frémissaient d'attention et son œil s'arrondissait d'impatience, mais elle, elle se taisait.

Dépitée, la goutte s'irisa de tristesse et elle se lamenta d'une voix cristalline :

— Je ne sais ni d'où je viens, ni où je vais, j'ai si peur de me perdre dans l'océan, s'il te plaît, souris grise, réponds-moi, aide-moi !

La souris sourit, son œil s'adoucit. Sa voix s'éclaircit et chanta cette mélodie :

— Tu as pu naître rosée et perler sur les prés, engorgée de parfum au petit matin, tu as pu naître pluie et permettre ainsi au bel arc-en-ciel de déployer ses ailes, tu as pu naître larme, douce fleur de l'âme et appeler le baiser utile pour consoler.

Émoustillée par toutes ces possibilités, la goutte semblait se distiller.

La souris précisa :

— Ajoute tous les refrains que tu désires, mais sache qu'une chose est encore plus facile à inventer, c'est ton avenir…

Cette fulgurante déclaration chauffa la goutte d'émotion. Elle s'évapora. Elle pourra ainsi renaître là où le monde a besoin d'elle.

Christine Spagnoli[30]

8.1. Élaboration d'une ressource collective par synchronisation

Cet exercice utilise les ancrages spatiaux et la syntaxe somatique. Il favorise la perception du « nous » émergeant de l'expérience de la similarité entre les membres d'un groupe. Il entraîne le sens de la communauté en prenant en compte l'intérêt de l'ensemble du système et favorise le bien commun en intégrant celui des individus qui composent le collectif.

Cette faculté d'identification à l'autre peut aussi être utile si vous travaillez à intégrer une personne ou un groupe d'une autre culture.

Travail de groupe par paires

Individuellement

- Identifiez une expérience-ressource.
- Associez-vous chacun à un instant ponctuel de cette expérience.
- Laissez émerger un mouvement accompagnant ou exprimant cet état-ressource.

30. Collection personnelle de l'auteure.

Face à votre partenaire

- Montrez-lui votre mouvement sans le commenter.
- Observez-le alors qu'il vous démontre le sien.
- Imitez simultanément chacun le mouvement de votre partenaire.
- Changez de place avec votre partenaire.
- Reproduisez les mouvements de votre partenaire « comme si » vous étiez cette personne.
- Remarquez pour vous-mêmes en quoi l'expérience est différente de la première fois.
- Mettez-vous côte à côte, en dehors de la ligne d'interaction, en position d'observateur.
- Discutez ensemble des similarités et différences entre vos mouvements et ceux de votre partenaire.
- Retournez à vos positions initiales mais côte à côte avec votre partenaire.
- Reproduisez votre mouvement initial en même temps que votre partenaire reproduit le sien.
- Ensemble, introduisez de petits changements jusqu'à ce que vous fusionniez vos deux états et mouvements-ressources en un troisième qui intègre les deux.

Multiplication des paires et installation de la ressource du grand groupe

- Par paires, trouvez une autre paire et reproduisez ce processus en utilisant cette fois-ci le mouvement que vous avez élaboré à deux.
- Répétez ce processus par groupe de 4 puis de 8, jusqu'à trouver un mouvement-ressource commun à l'ensemble du groupe.

8.2. Alignement d'objectifs dans le temps

> Il y a des gens qui voient les choses telles qu'elles sont et se demandent pourquoi. D'autres rêvent les choses telles qu'elles n'ont jamais été et se disent pourquoi pas !
>
> *Rose-Marie Mallea*

Rappel des présupposés liés à la motivation intrinsèque :

- **Autodétermination :** les efforts nécessaires à l'apprentissage sont facilités par l'intérêt personnel à la satisfaction de ses besoins.

- **Attribution causale :** la conscience d'être le seul responsable de la réussite de sa vie et de la réalisation de ses objectifs favorise l'implication.
- **Émotions positives :** les satisfactions anticipées des accomplissements futurs fournissent des encouragements à agir.
- **Confiance en soi :** une image de soi positive et le sens de sa propre valeur agissent sur la légitimité morale d'atteindre le but, ce qui influe évidemment sur la motivation.
- **Efficacité personnelle :** l'investissement augmente avec le sentiment de maîtriser la tâche, avec la croyance que le résultat est déterminé par des actions connues et contrôlables.

Objectif

Cet exercice en deux grandes étapes est très puissant pour aider quelqu'un – une personne ou un groupe – dans une situation difficile dont l'enjeu est important, particulièrement si :

- la personne a de la difficulté à se projeter dans le temps, à anticiper le résultat ou les étapes d'un processus de changement ;
- la personne doute d'elle-même, de ses capacités ou de la légitimité de son objectif.

Démarche

Conduisez la personne (ou le groupe) à confirmer à haute voix, en position associée, son objectif déjà formulé selon les six critères habituels.

Sur une ligne de temps passé, présent, futur, posée au sol comme ci-dessous, conduisez la personne ou le groupe à parcourir les espaces posés au sol, selon les étapes suivantes.

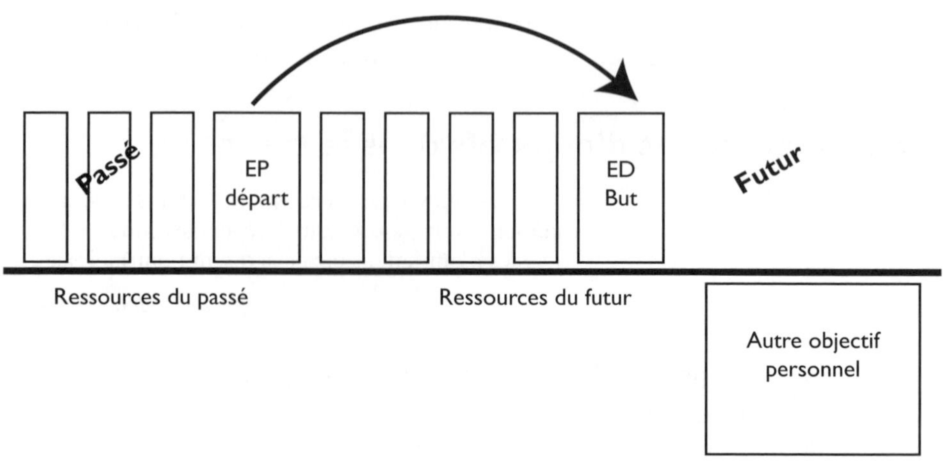

- *En tant qu'acteur, sur la case ED, associez-vous à votre objectif réalisé, repérez ce que vous voyez, entendez, ressentez à ce moment-là, considérant votre futur et votre passé. Amplifiez les indices de votre satisfaction.*
- *Reculez d'un pas et demandez-vous quel est le comportement que vous devez poser à cet endroit-là pour parvenir au but.*
- *Avancez à partir de cette étape jusqu'à l'EP en vérifiant que le chemin est possible.*

Explorez avec votre client les schémas physiologiques et cognitifs associés à cette étape intermédiaire avant de poursuivre vos injonctions.

- *Continuez à reculer en direction de l'État présent (EP) en faisant plusieurs fois le même parcours jusqu'à l'état désiré ; prenez de plus en plus conscience de la facilité avec laquelle vous franchissez les étapes.*
- *Lorsque vous êtes arrivés dans l'EP, investiguez votre passé et trouvez les expériences de référence qui, antérieurement, vous ont préparé le chemin jusqu'à votre objectif Identifiez également des mentors qui vous ont soutenu et aidé.*
- *Refaites le parcours de l'EP jusqu'à l'ED, en transportant avec vous toutes les ressources nécessaires. Exprimez-vous au PRÉSENT à toutes les étapes.*

8.3. Métaphore de vie sur la ligne du temps

Je est un autre.

Rimbaud

La musique de l'identité

Dans certaines tribus africaines, les femmes enceintes se regroupent, s'éloignent du village, prient et cherchent, chacune, la chanson de leur enfant. Car chaque être humain a sa propre vibration, d'une unique couleur. Chaque femme apprend la chanson de son enfant, l'apprend à tout le village et, le jour de sa naissance, tous les habitants du village se réunissent pour accueillir le nouveau-né au son de sa musique personnelle.

Ensuite, lorsqu'il entre dans le monde des adultes, lorsqu'il se marie, lorsqu'il meurt, tout le village lui chantera sa chanson.

> Si l'individu commet un crime ou un acte coupable à l'égard de la communauté, il n'est ni puni ni rejeté mais on lui chante sa chanson pour qu'il se relie à nouveau à la vibration de son identité singulière et retrouve les ressources nécessaires à une attitude sociale positive.
>
> *Tradition orale africaine*

L'identité est le fil conducteur qui se déroule depuis la naissance à travers toutes les étapes de la vie. Elle s'exprime dans différents environnements et comportements, soutient le développement des capacités et oriente le choix des croyances et valeurs-clés d'une personne. Elle prend tout son sens dans la perspective de la vision idéale du monde auquel cette personne aimerait appartenir.

Pour permettre le changement évolutif caractéristique d'un être en développement, il s'agit de travailler à **donner plus de consistance à l'identité.**

L'exercice suivant permet à la personne de se remémorer quelques étapes de sa vie et d'y repérer les éléments de continuité qui la caractérisent.

Démarche

Installez au sol une ligne de vie ouverte sur un futur lointain et demandez à votre client de situer quelques étapes clés (petite enfance - écolier - adolescent - jeune adulte - professionnel….).

À chaque étape, jusque dans le présent, conduisez la personne à :

- rechercher un objet, un jouet, une activité, un loisir qui a compté pour elle ;
- une histoire, un livre, un conte, une chanson, un film… qui avait du sens à ce moment-là ;
- soyez attentif à la description que votre client fait de ces éléments et notez à côté de chaque espace les mots significatifs à cette étape. Discutez de l'ensemble du parcours et repérez avec votre client ce qui est resté identique, par comparaison à ce qui a changé ;
- sur l'espace « PRÉSENT » demandez à votre client :
  - qui il veut être ;
  - ce qu'il veut transmettre ;
  - ce qu'il veut accomplir ;
  - les caractéristiques du monde idéal dans lequel s'inscrit son identité.
- pour chaque point vérifiez ensemble que :
  - ça dépend de lui ;

– c'est vérifiable et observable ;
– des ressources existent ;
– cela donne une direction positive pour vivre ;
– les contextualisations spatiales et temporelles sont définies.

- suggérez finalement à votre client d'écrire un texte métaphorique : la vie c'est comme… et moi je suis comme… puis, éventuellement, d'en dessiner une belle illustration.

8.4. Optimalisation des épreuves

Cet exercice peut être utilisé avec l'aide d'objets symboliques (poupées-soucis, cailloux, poupées russes…) :

- soit pour mettre de l'ordre dans une succession d'événements qui, réunis, déclenchent un état interne globalement négatif ;
- soit dans une situation très difficile à cause des multiples éléments qui lui sont liés.

Objectifs

Cet outil permet à la personne :

– d'identifier et de localiser les émotions déclenchées et les critères violés par chacun des aspects de la situation ;
– de changer la taille du découpage ;
– de s'approprier les émotions liées à l'expérience ;
– de prendre du recul ;
– de recontextualiser les parties d'expérience ;
– de faire un ou des apprentissages liés à chaque événement, et de les empiler sous forme de ressources ;
– d'inscrire un nouveau circuit neurologique en modifiant le processus ;
– d'augmenter la référence interne de la personne et sa capacité décisionnelle si nécessaire.

Démarche

Conduire la personne selon les injonctions ci-dessous.

- *Nommez tous les aspects de la situation impliqués dans l'État interne négatif ressenti et donnez-leur un nom-code et notez-les.*
- *Faites une image (photo) du 1er élément (le moins négatif).*

- *Fermez les yeux en gardant l'image en tête et soyez attentif à ce que vous entendez et à ce que vous ressentez en regardant cette image. Repérez où et comment ça se manifeste physiquement. Lorsque l'endroit est localisé nommez l'état interne négatif (émotion, angoisses, etc.) suscité par l'image.*
- *Confiez toute la situation, soit l'image, les sons et l'état négatif qui l'accompagnent, à l'une des petites poupées de votre choix.*

Calibrer attentivement le déplacement, éventuellement le discours, qui l'accompagne et poursuivre l'exercice.

- *Remerciez la poupée de conserver cette part d'expérience, l'image, les sons et l'état interne négatif de s'être déplacés.*
- *Procédez ainsi pour tous les éléments ou situations concernés.*

Demander à la personne de prendre le temps de regarder et de considérer une à une, chacune des poupées et de fermer le sac. Décider de l'endroit où sera déposé ce sac.

Inviter la personne à considérer tous les nouveaux apprentissages liés à ces événements.

Pour chaque apprentissage : le nommer, éventuellement écrire son nom et/ou le dessiner ; s'en faire une représentation visuelle, le zoomer grand, lui donner les caractéristiques (submodalités critiques) favorables à un état interne positif, et faire un pont sur le futur pour en imaginer quelques utilisations possibles.

8.5. Changement d'expérience d'empreinte

Nature du travail et objectif

Il s'agit d'une restructuration d'événements du passé sur la ligne du temps, par une modification significative de l'expérience qui est à l'origine de croyances limitantes généralisées. Ce travail permet à la personne de choisir ses comportements en fonction des circonstances ponctuelles, plutôt qu'à partir d'une interprétation rigide adoptée définitivement longtemps auparavant.

Présupposés nécessaires à discuter préalablement

- Lorsqu'un seul élément d'un système change, il provoque une modification de l'ensemble.

- Les deux partenaires d'une interaction ont tous deux un impact sur l'issue de la communication.
- Il est possible d'imaginer qu'on envoie à autrui des ressources que l'on possède.

Démarche

- Après avoir éventuellement ancré une expérience très positive avec ses submodalités dans un cercle de ressources, invitez la personne à donner un nom-code neutre X à l'État présent insatisfaisant (EP-).
- Inscrire ce nom-code et l'âge de la personne sur un espace posé au sol. Conduire la personne à s'associer à l'émotion qu'elle ressent lorsqu'elle pense à l'expérience limitante X.
- Amener la personne à reculer sur sa ligne du temps de 5 ans ou 10 ans. Lui faire se souvenir d'un instant ponctuel, agréable, dans une situation positive. Noter le nom-code de ce souvenir sur un espace au sol, avec son âge à ce moment. L'amener à s'associer sur cet espace et à vérifier si elle connaît déjà X (EP-).
- La conduire ainsi de suite jusqu'à identifier la scène la plus ancienne lors de laquelle elle a ressenti cette même émotion X.
- Sortir la personne de l'espace d'empreinte et lui faire raconter la scène la plus ancienne à la 3e personne comme s'il s'agissait de quelqu'un d'autre.
- Lui demander d'imaginer comment aurait pu ou dû se dérouler la scène pour qu'elle, plus jeune, tire des conclusions différentes. Lui faire éventuellement choisir les ressources (utiliser si besoin le cercle de ressources 1), dont l'un ou l'autre des protagonistes de la scène aurait eu besoin, pour pouvoir se comporter comme souhaité.
- Dans le cercle de ressources, se mettre en contact avec les ressources choisies, les envoyer au personnage qui en aurait eu besoin.
- Revivre la même scène selon le nouveau scénario.
- Remonter la ligne du temps assez rapidement vers le présent en modifiant si nécessaire, les autres situations identifiées en 3 sur le même principe.
- Vérifier sur l'espace X (tourner la feuille avec le nom-code !), la réalisation de l'objectif.

8.6. Transformations essentielles

Vos enfants ne sont pas vos enfants. Ils sont les fils et les filles de l'appel de la Vie à elle-même.

Khalil Gibran

Cette démarche est construite sur la base de l'ouvrage d'Andreas[31]. Elle ponctue une étape de vie, de formation, de deuil, de réhabilitation. Elle favorise une conscience claire de la finalité et du sens du parcours de vie.

Lorsque vous constatez que votre client est perturbé de façon récurrente par un État interne ou un comportement insatisfaisant, amenez-le à s'associer à cet État interne (EI) ou à ce comportement insatisfaisant pour lui et conduisez-le en associé.

- Demandez-lui d'entrer en contact avec la PARTIE responsable de cet État interne ou de ce comportement ; la remercier pour son intention positive quelle qu'elle soit, avant de lui demander de la lui communiquer explicitement.
- À partir de l'intention positive citée par la PARTIE responsable, aidez votre client à remonter la chaîne des motivations en posant répétitivement la question suivante : *et si tu as…* (l'intention positive citée), *qu'est-ce que cela te permet et qu'est-ce qui est encore plus important pour toi ?* et ce jusqu'au but fondamental.
- Arrivé à la motivation fondamentale, ou but, ancrez l'émotion/sensation qui l'accompagne.
- Conduisez ensuite la personne à demander à la PARTIE responsable quel est son âge et à vérifier si elle a vraiment besoin de tous ces intermédiaires pour être en contact avec sa motivation fondamentale ou si cette dernière est une qualité d'être, toujours présente.
- Tout en tenant l'ancre qui permet au sujet d'être en contact avec sa motivation fondamentale, passez en revue, l'un après l'autre, tous les buts intermédiaires de la PARTIE, en commençant par le dernier cité. Pour chacun des buts, demandez au sujet en quoi le fait d'être en contact avec sa motivation fondamentale transforme sa perception du monde au niveau logique concerné.
- Demandez au sujet de ressentir la PARTIE dans tout son corps et de la faire grandir avec la sensation qui accompagne le but fondamental, continuez à stimuler l'ancre tout au long du processus.

31. C. & T. Andreas, *La transformation essentielle,* La Tempérance, 2008.

- Demandez à la PARTIE devenue grande comment elle considère maintenant chacun des buts cités précédemment.
- Vérifiez ensuite avec le sujet l'écologie d'une généralisation de la sensation d'être en contact avec le but fondamental : *y a-t-il une PARTIE qui n'est pas d'accord ?* Si oui, amenez la personne à chercher l'intention positive de la PARTIE et reprendre le processus à partir du n° 3 ; sinon poursuivre.
- Demandez au sujet de se placer en imagination avant sa naissance sur sa ligne de temps – la ligne peut être posée par terre ou imaginée dans l'espace par le sujet – et de remonter alors vers le futur, en contact avec son but fondamental comme attitude de base face au monde.

8.7. Stratégie de créativité

> Nos modes de pensée créent des problèmes qui ne peuvent pas être résolus par ces mêmes modes de pensée.
>
> *Einstein*

Walt Disney et les trois phases de la créativité

Le don de Walt Disney de relier sa créativité innovatrice avec une stratégie des affaires et une séduction du grand public lui a permis de créer un empire, qui des décennies après sa mort, demeure le premier groupe mondial des loisirs.

Disney incarne la capacité de faire une entreprise qui réussit en se basant sur la créativité. Il représente la capacité de transformer des rêves en expressions concrètes et tangibles. D'une certaine façon, son moyen d'expression, le dessin animé, caractérise le processus fondamental de tout génie : pouvoir prendre quelque chose qui n'existe qu'en rêve et en faire une expérience physique qui influence l'expérience des autres positivement.

Le pouvoir d'attraction, simple et pourtant mondial, des personnages de Disney, de ses films, de ses parcs de loisirs, démontre une capacité exceptionnelle à saisir, synthétiser et simplifier des principes à la fois sophistiqués et uniques et à les décliner dans des dessins animés, des spectacles et des parcs de loisirs. Disney a également été à l'origine de nombreuses innovations techniques et organisationnelles dans l'animation et l'industrie du film.

Les outils et les distinctions PNL rendent possible la création de cartes explicites des stratégies de réussite de personnes, telles que Walt Disney, bénéficiant d'un talent spécial. La PNL explore la façon dont les gens se servent de leurs capacités sensorielles pour s'organiser et agir sur le monde. L'une des caractéristiques du génie de Disney était sa capacité à explorer quelque chose à partir de positions perceptuelles différentes. Cette information sur la stratégie de Disney nous a été révélée par le commentaire d'un de ses animateurs : En fait, il y avait trois Walt, différents : le rêveur, le réalisateur et l'emm… Vous ne pouviez pas savoir lequel allait s'asseoir à la table de réunion.

Ce n'est pas seulement une parole sur la personnalité de Walt Disney, mais aussi sur l'acte créatif. Créer est un processus total qui implique la coordination de ces trois sous-processus. Un rêveur ne peut pas transformer ses idées en expressions tangibles sans le réalisateur. Et sans lui le critique et le rêveur restent bloqués dans un affrontement perpétuel. Un rêveur et un réalisateur peuvent créer des choses ensemble, mais sans le critique, les idées ne seront peut-être pas fameuses. Le critique permet d'évaluer et de raffiner les produits de la créativité.

Bien entendu, chacune de ces phases représente toute une stratégie à elle seule. Stratégies qui ont souvent tendance à s'opposer plutôt qu'à se compléter.

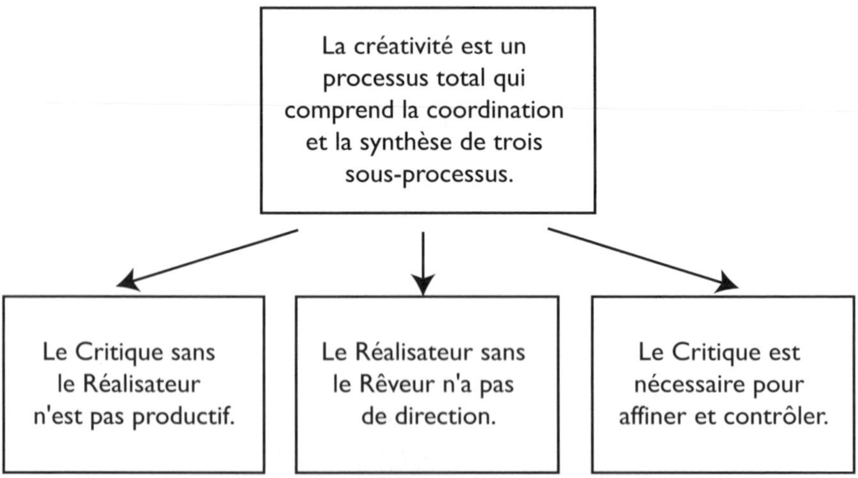

***Fig. 46 :* Spécificité des rôles de Rêveur, Réalisateur et Critique**

La première partie de ce commentaire se concentre sur les interactions entre le Rêveur et le Réalisateur. L'autre regard est évidemment celui du Critique. Ce commentaire définit *trois perspectives* différentes.

Le Rêveur crée la vision, il perçoit l'histoire dans sa totalité. Le scénariste doit clairement voir dans sa tête comment chaque élément de l'histoire s'organise.

Le Réalisateur éprouve des sentiments et met en œuvre l'action, il est en première position, associé : il bouge. Il doit sentir chaque expression, chaque réaction.

Le Critique intervient tout le temps, il est placé en troisième position, en retrait : il doit prendre suffisamment de recul pour avoir un autre regard sur le rêve et les étapes de réalisation. Il estime :

– *toute l'histoire : il doit voir s'il y a des temps morts ;*

– *chaque personnage immobile : il doit voir si le public trouve les personnages attachants et sympathiques ;*

– *chaque personnage en mouvement : il doit également voir si ce que font les personnages est intéressant.*

Cet autre regard fournit une deuxième description. Elle vous donne des informations importantes, une profondeur de champ supplémentaire.

Ce qui rend cet autre regard si important en PNL, c'est la référence explicite à prendre suffisamment de recul. En se tenant trop près, les autres perceptions sont encore puissantes. De même cette distanciation pourrait tout autant les influencer. Si le critique se tient trop près du rêveur, il peut inhiber ses rêves.

Exercice de créativité

En vous inspirant de la stratégie de Walt Disney, des grands créateurs et/ou en modélisant votre propre stratégie d'excellence en matière de créativité, aidez votre client en suivant la démarche ci-dessous.

Préparation

En métaposition, choisissez trois endroits dans la pièce et appelez-les : (1) Rêveur, (2) Réalisateur, (3) Critique.

- *Ancrez la stratégie correspondant à chaque endroit. Utilisez votre métaposition pour vous assurer que chaque état reste « pur ».*
- *Pensez à un moment où vous avez pu donner libre cours à votre créativité et produire des idées nouvelles sans inhibition. Mettez-vous en (1) et revivez cette expérience.*
- *Identifiez une fois où vous avez pu concevoir de façon très pratique un plan pour agir en fonction d'un objectif précis. Déplacez-vous en (2) et revivez cette expérience.*
- *Pensez à une fois où vous avez critiqué un projet de façon constructive, c'est-à-dire en faisant des remarques et des suggestions positives et en trouvant les difficultés cachées. Assurez-vous que l'endroit (3) est suffisamment éloigné des deux autres pour ne pas les contaminer. Mettez-vous en (3) et revivez cette expérience.*

Application

Conduisez votre client avec les injonctions au travers des étapes suivantes.

1. Choisissez un objectif et mettez-vous dans la position du Rêveur. Visualisez-vous en réalisant ce but comme si vous étiez un personnage dans un film. Laissez-vous aller et pensez à ce projet d'une façon tout à fait libre et sans inhibition.

2. Placez-vous dans la position Réalisateur, associez-vous au « rêve » et mettez-vous dans la peau des différents personnages impliqués. Puis, revoyez cette séquence comme s'il s'agissait d'un *story-board,* d'un découpage en suite d'images.

3. Mettez-vous dans la position du Critique et voyez s'il manque ou s'il faut ajouter quelque chose. Puis, transformez les critiques en questions « comment » pour le Rêveur.

4. Souvenez-vous que seul le Critique peut agir à ce niveau. Le Réalisateur et le Rêveur restent en retrait.

	Rêveur	Réalisateur	Critique
Niveau d'attention	Quoi	Comment	Pourquoi
Style cognitif	Vision grande image	Action étapes à court terme	Logique évite les problèmes en trouvant ce qui manque
Attitude	Tout est possible	Faire "comme si"	Que faire si un problème surgit
Micro-stratégie de base	Synthétiser les sens	S'associer "*story boarding*"	Se mettre à la place du public et considérer l'ensemble

Fig. 47 : **Caractéristiques des rôles**

5. Ce travail est facilité si le Critique reconnaît d'abord quels éléments du plan sont satisfaisants avant de poser des questions.

6. Remettez-vous dans la position du Rêveur pour apporter des solutions, des alternatives et des ajouts en réponse aux questions du Critique. Si ces dernières sont trop difficiles ou si vous avez du mal à vous associer à la fonction de Critique, repassez en metaposition avant de retourner en position de Rêveur. Vous pouvez même reformuler les questions du Critique à partir de la metaposition.

7. Après avoir fait ce cycle plusieurs fois, concentrez-vous sur quelque chose que vous aimez faire et que vous réussissez en vous promenant dans les trois positions. Ceci facilite la pensée latérale et la réflexion inconsciente.

8. Refaites les étapes 4, 5 et 6 jusqu'à ce que votre plan soit parfaitement en phase avec chaque position.

9. Vous pouvez utiliser cette démarche pour vous-mêmes, elle vous permettra de développer toutes sortes d'autres démarches pédagogiques utiles à votre *coaching*.

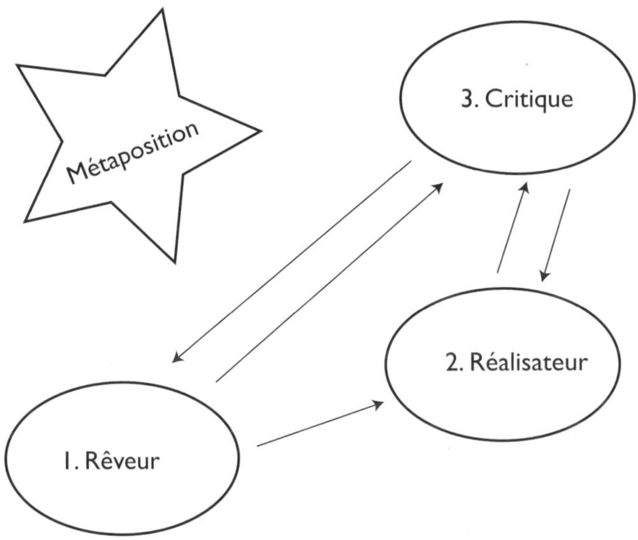

***Fig. 48 :* La stratégie Walt Disney**

Chapitre 9

Le praticien en apprentissage

Un jeune homme entre en rêve dans un magasin.
Derrière le comptoir se tient un ange.
Le jeune homme lui demande :

— Que vendez-vous ?

L'ange répond :

— Tout ce que vous désirez.

Alors le jeune homme commence à énumérer :

— Si vous vendez tout ce que je désire, alors j'aimerais bien la fin des guerres dans le monde, la fin des bidonvilles en Amérique Latine, l'intégration dans la société de tous les marginaux, du travail pour tous les chômeurs, plus d'amour et de vie communautaire…

L'ange lui coupe la parole :

— Excusez-moi Monsieur, vous m'avez mal compris, ici nous ne vendons pas des fruits, nous ne vendons que les graines !

Sagesse Populaire

Voilà, à partir de mes connaissances, de mes réflexions et expériences, j'ai mis pour vous dans ce livre les principaux axes qui soutiennent l'éducation, la formation ou le *coaching*. Ils sont résumés sur les *tableaux 51* des pages suivantes :

- le cadre conceptuel de référence qui sert à se représenter de façon opérationnelle le comportement humain ;
- le cadre de communication qui permet d'instaurer et de maintenir une relation de qualité avec le client et d'évaluer constamment ses réactions ;
- le cadre méthodologique qui trace le fil rouge d'une démarche favorable à l'autonomie et à la responsabilisation du client ;
- les outils de changement pour modifier ce qui doit l'être, afin de conduire le client à réaliser ses objectifs.

Peut-être avez-vous tout compris et tout appris… peut-être pas !

Finalement, selon le conseil attribué à C. G. Jung, Apprenez vos théories aussi bien que vous le pouvez, puis mettez-les de côté quand vous entrez en contact avec le vibrant miracle de l'âme humaine.

À partir de là, soyez *Coach* – plutôt que de faire du *coaching* – développez avec créativité vos propres modèles, soyez à l'écoute des besoins individuels particuliers des personnes avec qui vous travaillez, devenez chaque jour un peu plus porteur de lumière pour les autres. Et, pour ce faire, prenez soin de vous, soyez vivant et heureux !

Pour terminer ce parcours, j'ai encore envie de vous partager une question tirée du dernier livre de Christiane Singer[32] alors que la mort la pressait déjà : Comment nous contaminer les uns les autres de ferveur de vie ? Voilà la question qui me hante et m'a menée si souvent, le cœur battant, à la porte des classes d'école.

32. Ch. Singer, *Derniers fragments d'un long voyage,* Albin Michel, 2007, p. 39.

I. Cadre conceptuel de référence

Les présupposés de la PNL

- La carte n'est pas le territoire.
- On ne peut pas ne pas communiquer.
- Toute personne fait le meilleur choix parmi ceux qui lui paraissent possibles.
- Chaque comportement a ou a eu une intention positive pour la personne.
- Les ressources sont dans la personne.
- À tout problème correspondent plusieurs solutions. Si quelque chose ne marche pas, essayez autre chose.

Boucle comportementale

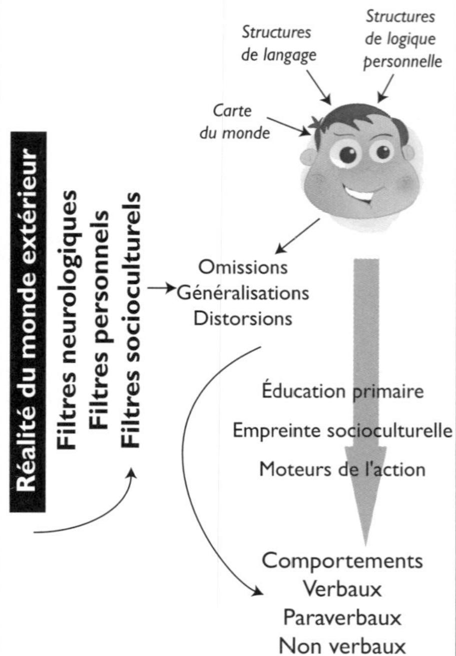

Secteurs du comportement

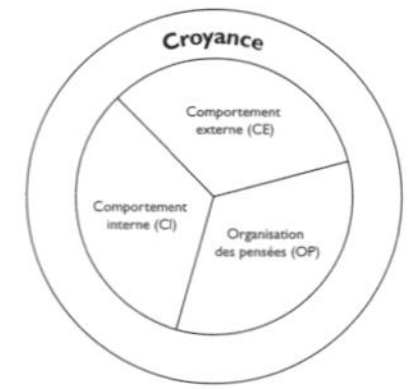

- Le changement peut être modifié à partir de l'un de ces secteurs et modifier en conséquence les deux autres.
- Il n'y a pas de différence significative pour notre cerveau entre expérience réelle et une expérience imaginée.
- Les croyances constituent la porte qui ouvre ou ferme à l'expérience.
- Seuls les comportements externes peuvent être observés. Chaque modification comportementale observée est en relation avec une modification émotionnelle.
- Il est possible de mettre une étanchéité autour des émotions, cette distance est une dissociation.

Fig. 49 : **Les 4 axes de la pédagogie en relation d'aide**

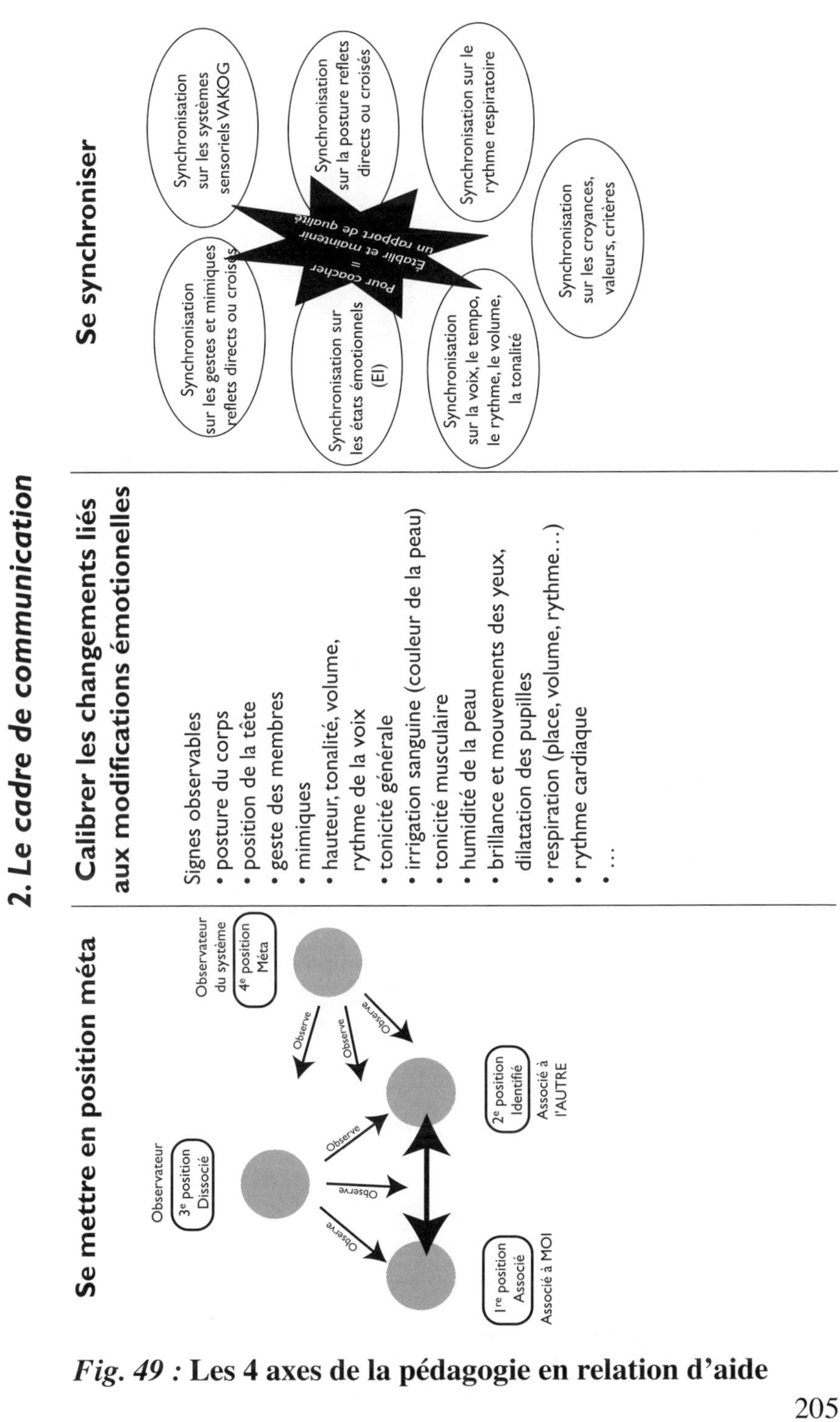

Fig. 49 : **Les 4 axes de la pédagogie en relation d'aide**

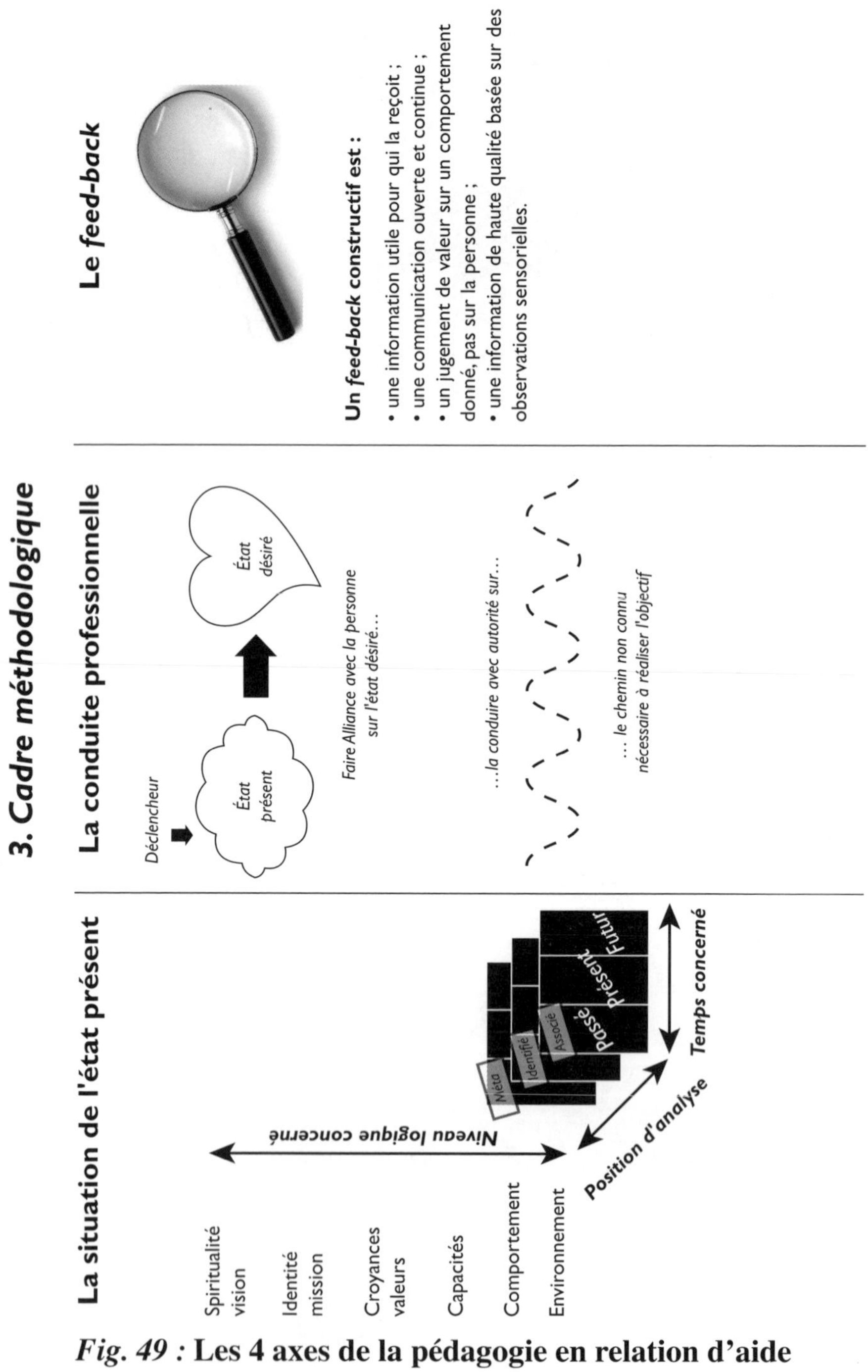

Fig. 49 : **Les 4 axes de la pédagogie en relation d'aide**

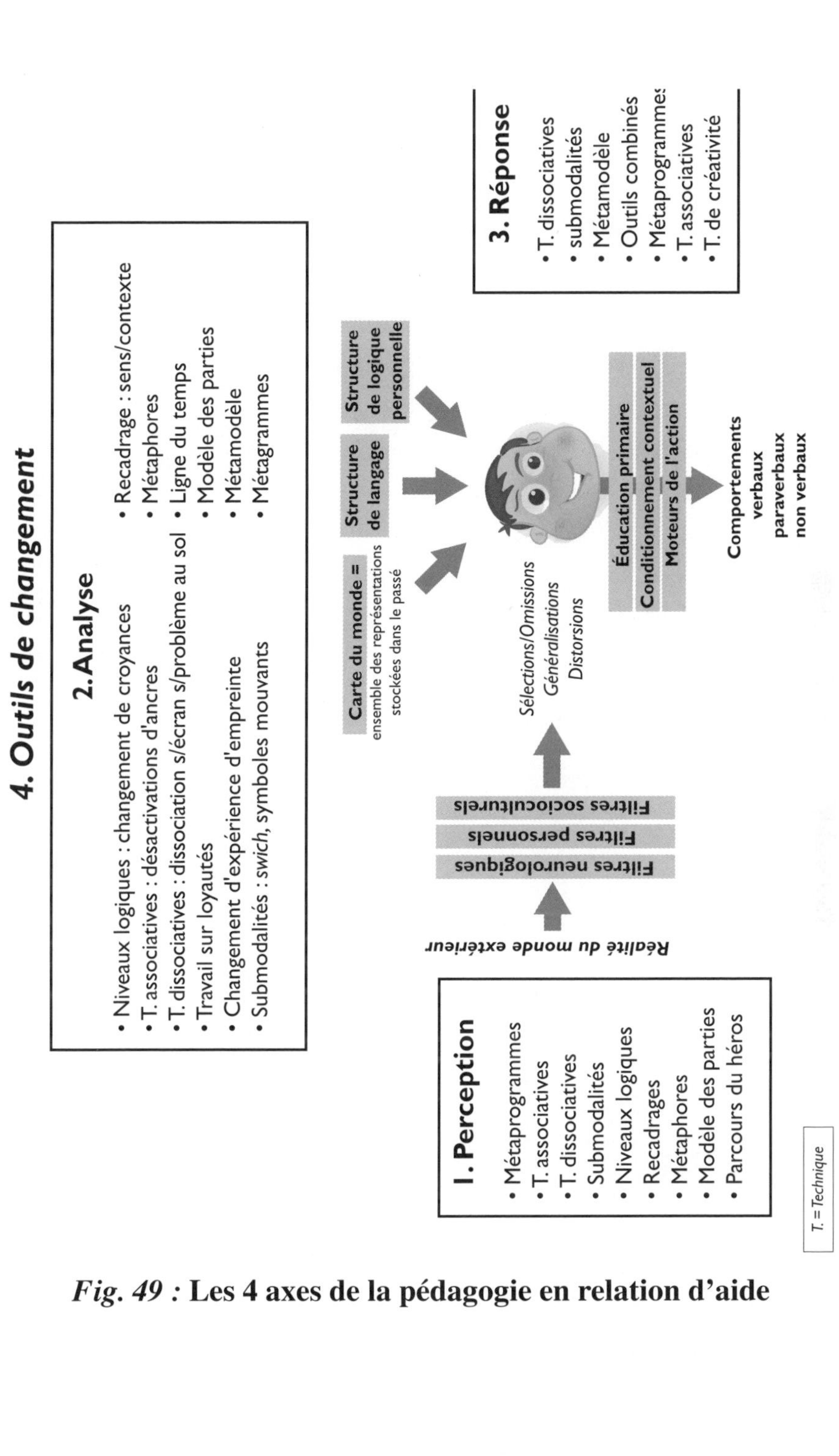

Fig. 49 : **Les 4 axes de la pédagogie en relation d'aide**

Quatrième partie

Compléter la connaissance du fonctionnement spécifique du *coaché*

L'éducation n'est qu'un tissage de regards.

Christiane Singer

Des outils de base pour cerner les spécificités du coaché *et le conduire en conséquence, sont mis à la disposition du formateur.*

Ce sont cinq tests originaux développés pour caractériser le profil de la logique de perception, d'analyse et d'action de la personne avec qui le coach travaille.

- *Test 1 : Système sensoriel dominant pour la perception*
- *Test 2 : Système sensoriel dominant pour l'analyse*
- *Test 3 : Métaprofil de perception*
- *Test 4 : Métaprofil d'analyse*
- *Test 5 : Métaprofil de motivation*

Ce sont des instruments complémentaires précieux dans la mesure où ils permettent de repérer les caractéristiques relativement stables de la structure de pensée d'une personne et donc d'en anticiper le comportement.

- *Des exemples de phrases utiles à activer la motivation facilitent la synchronisation avec chaque personne compte tenu de sa structure de motivation personnelle.*
- *Grilles de* coaching
- *Répertoire des recherches sur la motivation au XX*e *siècle*

Système sensoriel dominant pour la perception[33]

But de ce test

Ce test a pour but de :

- **vous permettre de connaître votre système sensoriel préférentiel pour mieux l'utiliser ;**
- **vous entraîner à développer aussi les autres systèmes.**

Attention : Vous disposez de 3 points pour chaque question, à répartir entre les 3 réponses proposées, en fonction de votre préférence.

N°	*Énoncés*	*N°*	*Points*
1	Lorsque vous êtes présenté à quelqu'un pour la première fois		
	Il vous suffit d'un regard pour vous en faire une bonne idée.	1.	
	Vous pouvez vous faire une bonne idée de lui après cinq minutes de conversation.	2.	
	Rien qu'en lui serrant la main, vous savez déjà à qui vous avez affaire.	3.	
2	Vous apprenez une langue étrangère		
	Vous vous répétez les mots de vocabulaire et les phrases types à haute voix.	4.	
	Vous photographiez dans votre tête les mots nouveaux.	5.	
	Vous copiez les mots nouveaux et les répétez en marchant.	6.	
3	Lorsque vous rentrez chez vous après une journée de travail		
	Retrouver votre appartement si bien rangé et décoré vous repose.	7.	

33. Inspiré de P. Longin, *Agir en leader avec la Programmations Neuro Linguistique,* Dunod, 1993, p. 245-248.

	Écouter de la musique ou votre entourage raconter sa journée vous repose.	8.	
	Embrasser votre entourage et vous blottir sur un canapé moelleux vous repose.	9.	
4	Vous admirez une voiture pour		
	Son *look*, sa couleur, sa forme.	10.	
	Le silence de son moteur, malgré une grande puissante.	11.	
	Le confort de son intérieur et la qualité de sa suspension.	12.	
5	Selon vous, ce qui fait le petit plus d'un excellent restaurant, c'est		
	Les odeurs qui flottent dans l'air et le goût merveilleux de ce que l'on vous sert.	13.	
	La décoration toujours originale et la présentation des plats.	14.	
	L'ambiance feutrée ou la musique particulière qui créent l'atmosphère du lieu.	15.	
6	Lorsque vous avez beaucoup à faire en même temps		
	Vous voyez la succession de toutes vos tâches de manière organisée.	16.	
	Vous répétez dans votre tête les tâches à accomplir.	17.	
	Vous vous plongez dans l'action le plus vite possible.	18.	
7	Lorsque vous passez la soirée avec un groupe de gens que vous connaissez peu		
	Vous commencez par observer, avant de parler.	19.	
	Vous discutez pour mieux connaître les personnes qui vous entourent.	20.	
	Vous cherchez le contact avec les personnes que vous connaissez le mieux avant d'aborder les autres.	21.	
8	Lorsque vous discutez avec quelqu'un		
	Vous regardez l'expression du visage de votre interlocuteur, ses habits, son regard.	22.	
	Vous sentez tout de suite si ça se passe bien.	23.	
	Pour savoir si vous êtes sur la même longueur d'ondes, vous êtes surtout attentif à sa manière de vous dire les choses.	24.	
9	Vous recevez une lettre d'un être cher		
	Vous la lisez attentivement et imaginez votre ami en train de vous écrire.	25.	

	Vous êtes sensible à la texture du papier, à l'odeur qui l'accompagne, et vous sentez proche de votre ami.	26.	
	Vous entendez la lettre dans votre tête comme si votre ami vous parlait.	27.	
10	Vous devez vous rendre pour la première fois dans un lieu que vous ne connaissez pas et quelqu'un vous explique comment faire		
	Vous vous en faites un schéma dans votre tête.	28.	
	Vous enregistrez ce qu'il vous dit oralement, vous lui répétez pour confirmation, et, en général, cela vous suffit.	29.	
	Vous vous imaginez en train de suivre le chemin indiqué et sentez tout de suite si les informations vous conviennent.	30.	
11	L'endroit où vous vous concentrez le mieux doit être		
	Bien rangé, beau et net.	31.	
	Confortable, avec des repères qui vous font vous sentir chez vous.	32.	
	Silencieux, ou du moins, harmonieux sur le plan de l'ambiance sonore.	33.	
12	Lorsque vous assistez à une conférence		
	Vous écoutez aisément tout ce que dit le conférencier.	34.	
	Vous avez besoin de documents projetés, de préférence clairs et bien organisés, pour soutenir votre attention.	35.	
	Vous êtes sensible à l'ambiance de la salle et prenez des notes pour rester concentré.	36.	
13	Avec un interlocuteur		
	S'il ne vous regarde pas, vous avez l'impression qu'il ne vous écoute pas.	37.	
	Vous êtes autant sensible au ton, au rythme, au débit, au timbre de sa voix qu'au contenu de son discours.	38.	
	Ce qui compte surtout, ce sont les liens qu'il crée avec vous.	39.	
14	Lorsque vous regardez un film		
	Vous êtes attentif aux dialogues et à la musique qui donnent sens aux images.	40.	
	Vous vous laissez émouvoir très facilement.	41.	
	Vous êtes attentif aux prises de vue, au physique des acteurs, à leurs costumes et attitudes.	42.	

15	Le printemps, pour vous, c'est		
	Le chant si particulier des oiseaux, le matin.	43.	
	Cette symphonie de vert qui vous émerveille.	44.	
	Le renouveau qui vous fait vibrer intérieurement.	45.	

Résultats : Système sensoriel dominant pour la perception

Reportez vos notes en face de chacun des numéros d'items ci-dessous et faites le total du nombre de réponses de chaque colonne.

Visuel		*Auditif*		*Kinesthésique*	
1		2		3	
5		4		6	
7		8		9	
10		11		12	
14		15		13	
16		17		18	
19		20		21	
22		24		23	
25		27		26	
28		29		30	
31		33		32	
35		34		36	
37		38		39	
42		40		41	
44		43		45	
Total		Total		Total	

Système sensoriel dominant pour l'analyse de l'information[34]

But du test

Ce test a pour but de :

- **Vous permettre de connaître votre système sensoriel préférentiel pour mieux l'utiliser.**
- **Vous entraîner à développer aussi les autres systèmes.**
- **Attention : Vous disposez de 3 points pour chaque question, à répartir entre les 3 réponses proposées, en fonction de votre préférence.**

N°	*Énoncés*		*Points*
1	Lorsque vous rentrez de la visite d'un nouveau centre commercial		
	Vous avez l'impression qu'ils vous en ont mis plein la vue avec leur superbe mise en scène.	1.	
	Vous êtes encore assourdi par les slogans publicitaires et devez mettre la sourdine.	2.	
	Vous avez conscience qu'ils ont tout fait pour accrocher et conquérir les clients.	3.	
2	Vous vous apprêtez à passer un entretien très important		
	Vous vous répétez à l'avance tout ce que vous direz.	4.	
	Vous relisez plusieurs fois ce que vous voulez dire.	5.	
	Vous faites en sorte de dénouer votre estomac crispé.	6.	
3	Lorsque vous repensez à votre journée de travail		
	Vous vous faites un aperçu des moments-clés.	7.	
	Vous vous souvenez surtout des moments harmonieux et des moments discordants.	8.	
	Vous êtes encore touché par certains moments-clés.	9.	
4	Vous aimeriez pouvoir choisir une voiture pour		
	Son *look*, sa couleur, sa forme.	10.	

34. Inspiré de P. Longin, *Agir en leader avec la Programmations Neuro Linguistique*, *op. cit.* p. 245-248.

	Le silence de son moteur, malgré une grande puissante.	11.	
	Le confort de son intérieur et la qualité de sa suspension.	12.	
5	Lorsque vous conseillez un restaurant, c'est		
	Pour les goûts merveilleux de ce que l'on y déguste et le confort du lieu.	13.	
	Pour le cadre magnifique et la présentation avantageuse des aliments qui vous séduisent dès le premier coup d'œil.	14.	
	Pour l'ambiance feutrée et harmonieuse dans laquelle on peut parler agréablement tout en mangeant.	15.	
6	Lorsque vous avez beaucoup à faire en même temps		
	Vous faites une liste claire de toutes vos tâches.	16.	
	Vous répétez dans votre tête les tâches à accomplir.	17.	
	Vous décidez de vous accrocher et de mettre la main à la pâte.	18.	
7	Lorsque vous pensez à vos vacances		
	En un instant les personnes et les lieux vous apparaissent.	19.	
	Vous vous replongez dans cette ambiance sonore caractéristique.	20.	
	Vous êtes assailli par les odeurs et l'atmosphère du lieu.	21.	
8	Lorsque vous repensez à une discussion très importante que vous avez eue		
	Vous revoyez l'expression du visage de votre interlocuteur, ses habits, son regard.	22.	
	L'atmosphère, les odeurs, les contacts restent dans votre souvenir.	23.	
	Vous vous repassez la bande-son plusieurs fois, sensible à la moindre intonation.	24.	
9	Vous pensez à un être cher :		
	Vous vous souvenez de son visage trait pour trait.	25.	
	Vous vous laissez envahir par l'émotion.	26.	
	Vous entendez le son de sa voix et son accent particulier.	27.	

10	Vous avez un problème à régler		
	Vous prenez le temps d'observer les divers aspects et envisagez la meilleure solution.	28.	
	Vous analysez mot pour mot les arguments et laissez résonner ceux qui vous parlent.	29.	
	Vous pesez les divers aspects et retenez les plus solides.	30.	
11	Lorsque vous êtes très fatigué, c'est parce que		
	Vous pensez simultanément à toutes les choses qu'il y a à gérer.	31.	
	Vous vous sentez envahi par tout ce qui vous pèse.	32.	
	Vous êtes assourdi de prescriptions diverses et de ce que vous vous dites à ce sujet.	33.	
12	Lorsque vous avez été intéressé par une conférence		
	Vous vous remémorez facilement tout ce qu'a dit le conférencier.	34.	
	Vous savez restituer la structure de l'exposé et schématiser les idées principales.	35.	
	Vous êtes touché par quelques idées dont vous êtes encore imprégné.	36.	
13	Après une discussion difficile		
	Vous mettez clairement en ordre vos idées.	37.	
	Vous vous dites que vous n'étiez pas sur la même longueur d'onde.	38.	
	Vous êtes triste ou en colère d'avoir dû gérer ainsi les choses.	39.	
14	Lorsque vous repensez au film de la veille		
	Vous considérez que l'image était surtout faite pour soutenir les dialogues et la musique.	40.	
	Vous vous laissez émouvoir au souvenir de l'histoire.	41.	
	Vous vous souvenez dans le détail des scènes et des attitudes des personnages.	42.	
15	Votre enfance, pour vous, c'est		
	Les bruits environnants qui vous indiquaient l'heure du repas.	43.	
	Les visages autour de la table.	44.	
	L'odeur caractéristique de la cuisine avant le repas.	45.	

Résultats : Système sensoriel dominant pour l'analyse de l'information

Reportez vos notes en face de chacun des numéros d'items ci-dessous et faites le total du nombre de réponses de chaque colonne :

Visuel		*Auditif*		*Kinesthésique*	
1		2		3	
5		4		6	
7		8		9	
10		11		12	
14		15		13	
16		17		18	
19		20		21	
22		24		23	
25		27		26	
28		29		30	
31		33		32	
35		34		36	
37		38		39	
42		40		41	
44		43		45	
Total		Total		Total	

Métaprofil de perception

Le métaprofil indique les métaprogrammes les plus forts qui vous caractérisent au moment où vous percevez les informations de la réalité extérieure.

Consigne

• Attribuez à chaque énoncé (3e colonne), le nombre de points correspondant à votre attitude spontanée, immédiate, celle qui vient de l'intérieur de vous avant que vous réfléchissiez.

– 0 ce n'est pas moi
– 1 c'est peut-être moi
– 2 c'est parfois moi
– 3 c'est souvent moi
– 4 c'est toujours moi

• Attention : Chaque question ne doit avoir qu'une seule fois le même chiffre dans les réponses !

• Il n'y a pas de bons ou de mauvais métaprogrammes. Certains sont plus utiles que d'autres dans certains contextes et inversement.

• Reportez sur la figure de la page qui suit le test les notes attribuées à chaque réponse et faites les totaux par colonne.

N°	Énoncés	N°	Points
1	Lorsque vous êtes présenté à quelqu'un pour la première fois		
	Il vous suffit d'un regard pour vous en faire une bonne idée	1.	
	Vous pouvez vous faire une bonne idée de lui après cinq minutes de conversation	2.	
	Rien qu'en lui serrant la main, vous savez déjà à qui vous avez affaire	3.	
2	Vous apprenez une langue étrangère		
	Vous vous répétez les mots de vocabulaire et les phrases types à haute voix.	4.	
	Vous photographiez dans votre tête les mots nouveaux.	5.	

	Vous copiez les mots nouveaux et les apprenez en marchant.	6.	
3	Lorsque vous rentrez chez vous après une journée de travail		
	Retrouver votre appartement si bien rangé et décoré vous repose.	7.	
	Écouter de la musique ou votre entourage raconter sa journée vous repose.	8.	
	Embrasser votre entourage et vous blottir sur un canapé moelleux vous repose.	9.	
4	En groupe, pour choisir un restaurant dans une ville inconnue		
	Vous savez vous-même comment procéder.	10.	
	Vous faites confiance aux autres personnes du groupe.	11.	
5	Lorsque vous racontez un voyage		
	Vous donnez toutes sortes d'informations.	12.	
	Vous précisez le détail des activités.	13.	
	Vous décrivez l'endroit, donnez des détails sur les lieux.	14.	
	Vous parlez surtout des personnes.	15.	
	Vous évoquez les objets, l'artisanat, ce que vous avez peut-être acheté.	16.	
6	En visitant une exposition		
	Vous regardez d'abord largement l'ensemble, la structure globale.	17.	
	Vous êtes tout de suite attiré par un détail ou un tableau.	18.	
7	Lorsque vous arrivez dans une nouvelle salle de travail		
	Vous remarquez tout de suite ce qui va vous manquer peu de lumière, température mal réglée, mauvaise acoustique.	19.	
	Vous appréciez d'abord tout ce qui vous convient.	20.	
8	En ouvrant la lettre de votre ami le jour de votre anniversaire		
	Vous avez le cœur qui bat d'émotion	21.	
	Vous restez calme jusqu'à ce que vous ayez lu… et parfois même après.	22.	
9	Pour vous le printemps c'est		
	Le chant si particulier des oiseaux, le matin.	23.	
	Cette symphonie de vert qui vous émerveille.	24.	

	Le renouveau qui vous fait vibrer intérieurement.	25.	
10	Pour le choix des vacances		
	Vous acceptez volontiers l'idée des autres membres de la famille ou de vos amis.	26.	
	Généralement c'est vous qui aimez proposer.	27.	
11	Lorsque vous avez beaucoup à faire en même temps		
	Vous voyez la succession de toutes vos tâches de manière organisée.	28.	
	Vous répétez dans votre tête les tâches à accomplir.	29.	
	Vous vous plongez dans l'action et avancez le plus vite possible.	30.	
12	Lorsqu'un de vos collègues de travail se confie à vous		
	Vous avez une grande facilité à vous laisser émouvoir par son discours.	31.	
	Vous l'écoutez ou l'aidez sans forcément impliquer vos émotions.	32.	
13	Lorsque vous assistez à un spectacle		
	Vous êtes exigeant, votre sens critique est connu.	33.	
	Vous êtes plutôt « bon public » et appréciez ce qui est présenté.	34.	
14	Lors de la visite d'un appartement à louer		
	Vous vous faites une idée globale des avantages et inconvénients du lieu.	35.	
	Vous avez besoin de considérer tous les détails pour vous faire une opinion.	36.	
15	Lors de la visite d'un appartement à louer		
	Vous savez vous-même ce que vous voulez vérifier.	37.	
	Vous vous laissez guider par votre colocataire ou l'employé de l'agence.	38.	
16	Ce que vous retenez de votre enfance		
	Diverses informations toutes personnelles.	39.	
	Les activités auxquelles vous consacriez du temps.	40.	
	Toutes les choses et objets qui faisaient votre quotidien.	41.	
	Les personnes qui ont compté pour vous.	42.	
	Surtout les lieux où vous passiez votre temps.	43.	

17	Lorsque vous choisissez une destination de vacances, ou un billet d'avion vous		
	Survolez globalement les offres.	44.	
	Êtes attentif à tous les détails.	45.	
18	Vous devez vous rendre pour la première fois dans un lieu que vous ne connaissez pas et quelqu'un vous explique comment faire		
	Vous vous en faites un schéma dans votre tête.	46.	
	Vous vous imaginez en train de suivre le chemin indiqué et sentez tout de suite si les informations vous conviennent.	47.	
	Vous enregistrez ce qu'il vous dit oralement, vous lui répétez pour confirmation, et, en général, cela vous suffit.	48.	
19	Vous recevez une lettre d'un être cher		
	Vous la lisez attentivement et imaginez votre ami en train de vous écrire.	49.	
	Vous êtes sensible à la texture du papier, à l'odeur qui l'accompagne, et vous sentez proche de votre ami.	50.	
	Vous entendez la lettre dans votre tête comme si votre ami vous parlait.	51.	
20	Dans la rue, lorsqu'un parent réprimande sévèrement son enfant		
	Vous le remarquez à peine, ça ne vous concerne pas.	52.	
	Vous imaginez ce que l'enfant ressent et ça vous fait mal.	53.	
21	Lorsque vous assistez à une conférence ou une explication par un guide touristique		
	La moindre incohérence vous frappe.	54.	
	Vous êtes sensible à la cohérence de l'ensemble.	55.	
22	Lorsque vous organisez une soirée pour un groupe d'amis		
	Vous êtes attentif au choix du lieu.	56.	
	Ce sont surtout les personnes qui comptent.	57.	
	Vous prévoyez les activités pour la soirée.	58.	
	Vous recueillez toutes sortes de renseignements avant de mettre au point le déroulement : goûts des convives, leurs disponibilités, la nature de leurs relations, ce qu'ils connaissent déjà…	59.	
	Vous prévoyez une décoration de table que vos amis pourront emporter.	60.	

23	Si vous lisez un journal		
	Vous le lisez dans les moindres détails.	61.	
	Vous le parcourez dans les grandes lignes.	62.	
24	Si vous parlez de votre travail à un vieil ami rencontré par hasard		
	Vous lui expliquez ce qui vous satisfait.	63.	
	Vous lui expliquez ce qui mériterait d'être amélioré.	64.	
25	En essayant un vêtement qui a attiré votre attention dans un magasin		
	Vous remarquez immédiatement ce qui ne vous avantage pas vraiment.	65.	
	S'il est à votre taille, vous vous trouvez généralement bien.	66.	
26	Si votre chef vous fait une remarque critique		
	Vous êtes sensible à ce qu'il vous dit au point de ne savoir quoi répondre.	67.	
	Vous gardez de la distance et savez tout de suite quoi répondre.	68.	
27	Lorsque vous visitez une ville pour la première fois		
	Vous cherchez rapidement le genre de souvenir à rapporter chez vous.	69.	
	Vous vous préoccupez des activités possibles à cet endroit.	70.	
	Vous êtes d'abord attentif au lieu, à ses habitations et au paysage.	71.	
	Vous cherchez à connaître les habitants de cet endroit.	72.	
	Vous prenez les informations utiles sur la ville.	73.	
28	Lorsque vous visitez une ville pour la première fois		
	Vous êtes curieux et appréciez d'abord ce que vous rencontrez.	74.	
	Vous évaluez ce qui manque ou ce qui est inconfortable à cet endroit avant d'apprécier les côtés positifs.	75.	
29	Lorsqu'une bonne nouvelle vous arrive		
	Vous gardez la distance et restez plutôt neutre.	76.	
	Vous laissez votre exubérance s'exprimer.	77.	
30	En lisant le mode d'emploi d'un nouvel appareil		
	Vous prenez soin de comprendre chaque détail.	78.	
	Vous comprenez globalement et ça vous suffit.	79.	

31	En vous asseyant chez vous à table, si quelque chose manque		
	Vous le remarquez tout de suite.	80.	
	Vous ne vous en apercevez pas forcément.	81.	
32	Si vous êtes bien quelque part		
	Il vous arrive fréquemment d'oublier l'heure.	82.	
	Vous êtes toujours conscient du temps qui passe.	83.	
33	Lorsque vous êtes avec des amis		
	C'est vous qui donnez le signal de rentrer ou de changer d'activité.	84.	
	Vous êtes rarement celui qui décide de rentrer ou de changer d'activité.	85.	
34	Si vous vous promenez dans un marché		
	Vous regardez surtout les articles qui sont présentés.	86.	
	Vous êtes sensible à l'endroit : son ambiance, sa beauté.	87.	
	Vous observez surtout les stratégies de vente, les déplacements.	88.	
	Vous regardez surtout les personnes, leurs visages, leurs interactions.	89.	
	Vous prenez toutes sortes d'informations sur les articles proposés.	90.	
35	Devant un riche buffet de petit-déjeuner		
	Vous vous dirigez tout de suite vers quelques plats qui vous intéressent.	91.	
	Vous regardez d'abord globalement ce qui est proposé.	92.	
36	Si vous voulez préparer une bonne nouvelle recette		
	Vous suivez scrupuleusement une recette nouvelle.	93.	
	Vous vous inspirez dans les grandes lignes d'une recette nouvelle.	94.	
37	Si vous voulez préparer un repas simple		
	Vous vous débrouillez avec ce que vous avez.	95.	
	Si quelque chose vous manque, vous le déplorez avant de trouver une solution.	96.	
38	Si vous voulez préparer un repas simple pour vous et votre ami		
	Vous savez généralement décider seul du menu.	97.	
	Vous consultez votre ami avant de choisir le menu.	98.	

39	Pour passer de bonnes vacances		
	Vous choisissez rapidement et y allez.	99.	
	Vous demandez conseil à quelqu'un qui connaît.	100.	
40	Les critères importants pour vous si vous pouvez choisir entre deux places de travail		
	Vous privilégiez les contacts que vous pourrez y développer.	101.	
	Vous donnez la priorité à ce qu'il y aura à faire.	102.	
	Vous pensez aux objets, machines et autres équipements à disposition.	103.	
	Vous vous intéressez au lieu dans lequel se déroule le travail.	104.	
	Vous prenez un maximum d'informations dans tous les domaines et vous comparez.	105.	
41	À la perspective d'un entretien d'embauche		
	Vous êtes stressé.	106.	
	Vous gardez la tête froide.	107.	
42	Lors d'un entretien d'embauche		
	Vous répondez globalement aux questions posées.	108.	
	Vous expliquez les choses dans le détail même si on ne vous en demande pas autant.	109.	
43	Lorsque vous rencontrez des difficultés à utiliser un nouvel appareil		
	Vous vous énervez rapidement.	110.	
	Vous restez calme.	111.	
44	Avant une votation		
	Vous vous informez auprès de gens crédibles.	112.	
	Vous savez vous-même ce que vous allez voter.	113.	
45	Dans un pays étranger		
	Vous vous intéressez aux choses que vous pourrez ramener chez vous.	114.	
	Vous vous intéressez aux habitants du lieu et à leurs coutumes.	115.	
	Vous êtes sensible aux paysages.	116.	
	Vous remarquez les activités possibles pour les loisirs ou le travail.	117.	
	Vous recueillez toutes sortes d'informations.	118.	

46	Ce que vous retenez d'un film		
	Un maximum d'informations.	119.	
	Toutes les actions des personnages.	120.	
	Les caractéristiques des lieux, les paysages, les cadrages.	121.	
	Les acteurs qui incarnent les héros principaux.	122.	
	Les objets, costumes et accessoires.	123.	
47	Pour évaluer votre carrière professionnelle		
	Vous écoutez les avis de vos proches.	124.	
	Vous seul êtes bon juge pour savoir ce qu'est la réussite.	125.	
48	Vous vous souvenez de votre première rencontre		
	Vous revoyez son sourire et la lumière dans ses yeux.	126.	
	Vous sentez encore la chaleur de sa main dans la vôtre.	127.	
	Le timbre si particulier de sa voix reste présent dans votre oreille.	128.	

Dépouillement

NB. : La liste des métaprogrammes ne fait pas encore partie du champ unifié de la PNL. Les catégories et leur nombre varient d'un auteur à l'autre.

Étant donné le grand nombre de stimulations soumises simultanément à nos sens, nous sélectionnons, distordons et généralisons les informations que nous recevons du monde extérieur. Cela se fait grâce à trois catégories de filtres qui constituent notre structure personnelle de perception. La PNL a identifié sous le nom de métaprogrammes ces catégories de filtres qui passent la réalité au crible de nos critères propres. C'est la fréquence de leur utilisation qui indique la tendance de la catégorie de tri. Il n'y a pas de bons ou de mauvais métaprogrammes… Certains sont plus utiles que d'autres dans certains contextes et inversement.

- **Vos 6 métaprogrammes les plus marqués vous indiquent votre métaprofil.**

Cadre de référence		Contenu					Cadrage		Filtre sensoriel			Position		Orientation	
Soi	*Autre*	*Infos*	*Personnes*	*Lieux*	*Choses*	*Activités*	*Étroit*	*Large*	*Visuel*	*Auditif*	*Kinesthésique*	*Associé*	*Dissocié*	*Présence*	*Manque*
10	11	12	15	14	16	13	18	17	1	2	3	21	22	20	19
27	26	39	42	43	41	40	36	35	5	4	6	31	32	34	33
37	38	59	57	56	60	58	45	44	7	8	9	53	52	55	54
84	85	73	72	71	69	70	61	62	24	23	25	67	68	63	64
97	98	90	89	87	86	88	78	79	28	29	30	77	76	66	65
99	100	105	101	104	103	102	91	92	46	48	47	82	83	74	75
113	112	118	115	116	114	117	93	94	49	51	50	106	107	81	80
125	124	119	122	121	123	120	109	108	126	128	127	110	111	95	96
Cadre de référence		Contenu					Cadrage		Filtre sensoriel			Position		Orientation	

Interprétation des résultats

Cadre de référence : **Soi/Autre**

Si vous avez un cadre de référence Soi, c'est vous-même qui êtes à l'origine de ce que vous sélectionnez comme information à prendre dans la réalité extérieure, si vous avez un cadre de référence Autre, vous êtes orienté par autrui pour faire ces choix.

Contenu : **Informations/Personnes/Lieux/Choses/Activités**

Cette catégorie de métaprogrammes, indique à quoi vous êtes attentif lorsque vous percevez la réalité extérieure. Généralement 2 ou 3 de ces 5 catégories sont de manière permanente les plus fréquemment utilisées par une personne.

Cadrage : **Étroit/Large**

Vous avez un cadrage Étroit si vous percevez la réalité avec une vision rapprochée, détaillée. Vous avez un cadrage Large si vous avez une vision globale, que vous percevez l'ensemble.

Filtre sensoriel : **Visuel/Auditif/Kinesthésique**

Vous percevez les informations du monde extérieur au moyen de vos cinq sens de façon plus ou moins consciente. Vous triez cependant ces perceptions en privilégiant le canal sensoriel Visuel, Auditif ou Kinesthésique, comme l'indiquent vos résultats au test.

Position : **Associé/Dissocié**

Si vous êtes associé, c'est que vous recevez les informations en les vivant émotionnellement. Si vous êtes dissocié c'est que vous prenez du recul comme un spectateur extérieur avec une sorte de détachement. Évidemment, nous sommes tantôt associés, tantôt dissociés, vous l'avez remarqué en répondant aux questions du test.

Orientation de la perception : **Présence/Manque**

Si votre perception sélectionne ce qui est là, comme dans l'expression le verre à moitié plein – on dit que vous triez par la Présence, alors que si vous remarquez plutôt le verre à moitié vide – c'est que vous triez par le Manque.

Métaprofil d'analyse

Le métaprofil indique les métaprogrammes les plus forts qui vous caractérisent au moment où vous analysez votre expérience.

L'intérêt de ce test est de mieux vous connaître. Pour être très significatif, il nécessite un grand nombre de questions. Il y en a 73 !

Si nécessaire, faites-le en plusieurs fois.

Consigne

Attribuez à chaque énoncé (3e colonne), le nombre de points correspondant à votre attitude spontanée, immédiate, celle qui vient de l'intérieur de vous avant que vous réfléchissiez.

- 0 ce n'est pas moi
- 1 c'est peut-être moi
- 2 c'est parfois moi
- 3 c'est souvent moi
- 4 c'est toujours moi

Attention : Chaque question ne doit avoir qu'une seule fois le même chiffre dans les réponses !

Il n'y a pas de bons ou de mauvais métaprogrammes. Certains sont plus utiles que d'autres dans certains contextes et inversement.

NB. : La liste des métaprogrammes ne fait pas encore partie du champ unifié de la PNL. Les catégories et leur nombre varient d'un auteur à l'autre.

N°	Énoncés	N°	Points
1	Lorsque vous rentrez de la visite à un nouveau centre commercial		
	Vous avez l'impression qu'ils vous en ont mis plein la vue avec leurs décorations brillantes.	1.	
	Vous êtes encore assourdi par les slogans publicitaires et devez faire silence.	2.	
	Vous sentez qu'ils ont tout fait pour accrocher et conquérir les clients.	3.	

2	Souvent, face à un problème		
	Vous le comparez avec une autre situation et en repérez les similitudes.	4.	
	Vous le comparez avec une autre situation et en repérez les différences.	5.	
3	Vous vous apprêtez à passer un entretien très important		
	Vous en analysez les aspects dans les moindres détails.	6.	
	Vous considérez globalement les choses.	7.	
4	Lorsqu'on vous propose quelque chose		
	Vous avez tendance à être plutôt d'accord même si vous nuancez ensuite ces accords.	8.	
	Vous avez tendance à émettre d'emblée les objections avant de donner éventuellement votre accord.	9.	
5	Lorsque vous pensez à votre entretien conflictuel du jour		
	Vous êtes envahi d'émotions.	10.	
	Vous prenez facilement de la distance.	11.	
6	Pour évaluer une nouvelle procédure		
	Vous la comparez à l'ancienne.	12.	
	Vous la testez dans l'instant.	13.	
	Vous prévoyez ce que ça va donner à moyen terme.	14.	
	Vous la considérez à travers le temps dans son évolution.	15.	
7	Pour analyser une information		
	Vous vous fiez généralement à votre bon sens.	16.	
	Vous prenez des informations auprès de quelqu'un.	17.	
8	Dans une situation de crise		
	Vous vous fiez à votre bon sens pour conseiller les gens en difficultés.	18.	
	Vous vous fiez à votre bon sens pour savoir quoi faire pour vous-même.	19.	
	Vous vous fiez à votre bon sens pour conseiller les gens en difficultés mais savez demander conseil pour vous-même.	20.	
	Vous prenez des informations et les transmettez aux autres.	21.	
	Vous recueillez des informations en priorité pour vous-même.	22.	
9	Pour choisir une profession		
	Le mieux est de faire un stage.	23.	

	L'idéal est de pouvoir observer divers professionnels en train de travailler.	24.	
	L'idéal est de pouvoir discuter avec divers professionnels compétents.	25.	
10	Pour choisir une profession		
	Il faut comparer les métiers et trouver en quoi ils se ressemblent.	26.	
	Il faut comparer les métiers et trouver en quoi ils sont différents.	27.	
11	Pour choisir une destination de vacances		
	Il vaut mieux bien connaître les différentes possibilités pour faire un bon choix.	28.	
	Il suffit d'avoir une idée générale pour savoir si c'est intéressant.	29.	
12	Face à un nouveau projet		
	On peut compter sur vous pour anticiper les éventuelles difficultés.	30.	
	En général, vous êtes plutôt favorable.	31.	
13	Lorsque vous pensez à votre enfance		
	Vous pouvez vous en détacher, ce sont des souvenirs que vous savez gérer.	32.	
	Vous ne pouvez y penser sans ressentir de la mélancolie.	33.	
14	Pour décider du choix d'une voiture		
	Vous savez déjà ce qui vous a rendu les meilleurs services, vous en tenez compte.	34.	
	Vous prévoyez ce dont vous aurez besoin dans les prochaines années, vous en tenez compte.	35.	
	Rien n'est prévisible, vous décidez en fonction de vos besoins actuels, ensuite vous aviserez.	36.	
	Vous réfléchissez compte tenu de votre expérience et de vos besoins futurs de façon à faire un choix durable.	37.	
15	Pour réajuster un modèle		
	Vous consultez beaucoup de documentation, des personnes compétentes avant de prendre une option.	38.	
	Vous faites confiance à votre créativité et décidez selon votre génie propre.	39.	
16	Votre nouveau modèle, vous pensez devoir l'appliquer		
	Généralement d'abord à vous-même.	40.	

	Tout de suite à tous ceux qui en ont besoin.	41.	
	À tous ceux qui en ont besoin mais ça ne vous empêche pas d'en chercher un autre pour vous.	42.	
17	Un nouveau logiciel vous est envoyé		
	Vous le conseillez à ceux qui ne le connaissent pas encore.	43.	
	Vous le testez tout de suite.	44.	
18	Lorsque vous vous remémorez un groupe de travail sympathique		
	Vous revoyez vos collègues, chacun à sa place comme si vous y étiez encore.	45.	
	Vous vous rappelez les longues conversations durant les pauses et le rire de votre collègue.	46.	
	Il vous reste l'ambiance chaleureuse de cette équipe où tous tiraient à la même corde.	47.	
19	Lorsque vous vous remémorez votre emploi à ses débuts		
	Vous ne pouvez vous empêcher de constater combien plus rien n'est pareil.	48.	
	Même si les choses changent un peu, le travail est toujours le même.	49.	
20	Pour choisir un restaurant pour la prochaine fête		
	Vous ne voulez pas cette proposition banale de votre cousin.	50.	
	Vous acceptez la proposition de votre cousin, ça ira sûrement.	51.	
21	Lorsque vous pensez aux enfants qui souffrent		
	Ça vous touche beaucoup et si vous étiez seul, vous pourriez en pleurer.	52.	
	Vous analysez le drame avec considération et distance.	53.	
22	Lorsque vous pensez aux enfants qui souffrent de la faim		
	Vous considérez que malheureusement ça s'est toujours passé dans l'histoire.	54.	
	Vous analysez l'historique de ce problème et tentez de prévoir comment la situation va évoluer.	55.	
	Vous vous demandez si ça va s'arranger avec la mondialisation.	56.	
	Vous pensez surtout aux récentes informations reçues à ce sujet.	57.	
23	Vous devez écrire un petit mot pour le départ d'un collègue de travail		

	Vous allez relire les billets des années précédentes dans le livre d'or de l'atelier.	58.	
	Vous construisez quelque chose selon votre inspiration et ce que vous connaissez de la personne qui s'en va.	59.	
24	Lorsque votre collègue est victime d'une injustice		
	Vous savez toujours le conseiller judicieusement.	60.	
	Vous avez connaissance d'une solution efficace utilisée dans un autre bureau et l'indiquez à votre collègue.	61.	
	Si vous étiez à sa place vous demanderiez conseil, mais là vous savez quoi suggérer à votre collègue.	62.	
	Si vous étiez à sa place vous sauriez comment vous défendre.	63.	
	Si vous étiez à sa place vous demanderiez conseil, c'est plus prudent.	64.	
25	Lorsque vous organisez une tâche		
	Vous la prévoyez dans les moindres détails.	65.	
	Vous la structurez dans les grandes lignes.	66.	
26	Pour faire le point de votre journée		
	Vous revoyez toutes vos activités simultanément comme sur un tableau.	67.	
	Vous vous rappelez toutes les conversations et l'ambiance sonore des différents moments.	68.	
	Il vous reste l'ambiance générale et le poids des moments difficiles.	69.	
27	Votre emploi actuel		
	C'est ce que vous avez toujours fait et que vous espérez toujours faire.	70.	
	C'est bien maintenant, après on verra.	71.	
	C'est ce qui vous permet de préparer demain.	72.	
	C'est un domaine où ça vous a toujours donné satisfaction.	73.	
28	Votre dernier week-end		
	Vous l'avez passé au même endroit que le précédant, tout était à peu près comme d'habitude.	74.	
	Vous avez fait beaucoup de choses différemment.	75.	
29	Pour savoir si vous avez réussi		
	Vous vérifiez vos résultats et le savez.	76.	

	Vous appréciez que votre collègue se prononce.	77.	
30	Pour évaluer le travail de l'équipe		
	Vous êtes perspicace et donnez volontiers votre avis.	78.	
	Vous demandez à votre chef et informez vos collègues du résultat.	79.	
	Vous donnez votre appréciation aux collègues mais demandez à votre chef son avis sur votre propre performance.	80.	
	C'est le genre de chose que vous demandez généralement à quelqu'un de compétent.	81.	
	Vous savez ce qu'il en est, vous en tirez les conclusions à votre niveau, que les autres en fassent autant !	82.	
31	Si on vous demande ce que vous avez fait ce matin		
	Vous avez l'habitude de répondre de façon spécifique, en donnant beaucoup de détails.	83.	
	Vous répondez de façon globale en une seule phrase qui résume vos activités.	84.	
32	Lorsque vous repensez à un souvenir marquant		
	Vous vous rappelez les choses comme si vous étiez spectateur de vous-même, sans forcément éprouver beaucoup d'émotions.	85.	
	Vous vous y replongez immédiatement comme si vous le reviviez avec toutes les émotions y relatives.	86.	
33	Lorsque vous comparez 3 appartements		
	Vous soulignez ce qu'ils ont de différent : espace, ameublement, vue...	87.	
	Vous remarquez surtout leurs similitudes : côté pratique, accessible, ensoleillé...	88.	
34	Pour travailler sereinement		
	C'est plus facile si on vous donne des repères précis.	89.	
	C'est plus facile si on vous laisse toute votre autonomie.	90.	
35	Pour qualifier la politique d'un personnage connu		
	Vous inventoriez tout ce qui reste immobile et que vous déplorez.	91.	
	Vous soulignez tout ce qui change dans le mauvais sens.	92.	
36	Pour commenter la politique d'un personnage connu		
	Vous remarquez ce qui vous paraît intéressant.	93.	
	Vous êtes plutôt critique.	94.	
37	Lorsque vous faites le bilan de votre départ dans la vie professionnelle		

	Vous pensez que vous avez fait le mieux possible compte tenu de votre situation du moment.	95.	
	Vous regrettez de ne pas avoir pu ou osé agir différemment.	96.	
38	Ce qui vous paraît primordial c'est		
	De maintenir votre cap en loyauté avec vous-même et votre famille.	97.	
	D'évoluer pour vous-même et votre famille.	98.	
39	Pour faire le bilan de cette période difficile de votre vie professionnelle		
	Vous cherchez à saisir les enjeux éparpillés de la situation.	99.	
	Vous voyez l'ensemble des enjeux hétéroclites de la situation.	100.	
	Vous vous dites que les enjeux de la situation étaient discordants et difficiles à harmoniser.	101.	
40	Pour prendre soin de votre santé		
	Vous vous connaissez bien et savez ce qui vous convient le mieux.	102.	
	Vous pensez que les spécialistes de la santé peuvent donner des conseils utiles pour vous.	103.	
41	Lorsque vous rencontrez un nouveau produit		
	Vous vous renseignez sur son efficacité auprès de ceux qui l'ont testé.	104.	
	Vous l'utilisez presque en secret, ça ne regarde personne.	105.	
	Vous ne l'utilisez pas forcément mais le conseillez à ceux à qui il pourrait être utile.	106.	
	Si vous le trouvez convaincant, vous le conseillez ensuite.	107.	
	Vous le conseillez à ceux à qui il pourrait être utile mais demandez à ceux qui l'ont testé si ça serait bien pour vous.	108.	
42	Lorsque vous rencontrez un nouveau médicament		
	Vous imaginez déjà les transformations qu'il va permettre.	109.	
	Vous le considérez comme une nouvelle étape dans le développement de la connaissance pharmaceutique.	110.	
	Vous vous demandez si c'était bien nécessaire, compte tenu de l'efficacité satisfaisante de celui qui a déjà fait ses preuves.	111.	
	C'est intéressant dans l'état actuel des besoins.	112.	
43	Vous vous intéressez à un nouveau style d'architecture		
	À cause du bien-être qu'il ajoute à l'habitat.	113.	

	Pour l'ambiance feutrée qu'il assure même dans les lieux très animés.	114.	
	Parce que vous trouvez que c'est beau.	115.	
44	En matière d'architecture		
	Ce sont les détails qui font le style.	116.	
	C'est l'ensemble qui donne la qualité.	117.	
45	Lorsque vous vous faites une image de votre vie dans votre appartement		
	Vous vous y voyez comme dans un film.	118.	
	Vous vous imaginez en train de visiter chaque pièce comme si vous y étiez.	119.	
46	Pour penser à votre vie dans votre appartement		
	Il n'est pas nécessaire que vous pensiez à toutes les pièces et à différents moments.	120.	
	Il vaut mieux considérer quelques détails pour y penser vraiment.	121.	
47	Le sport que vous aimez pratiquer en ce moment		
	C'est ce qui vous a toujours intéressé.	122.	
	C'est ce qui vous intéressera longtemps.	123.	
	C'est surtout en ce moment, vous n'avez pas encore décidé si vous allez continuer.	124.	
	C'est quelque chose qui a fait partie de votre vie, qui peut évoluer mais qui vous accompagnera encore.	125.	
48	Si votre ami vous fait une suggestion pour modifier vos habitudes		
	Généralement vous n'êtes pas d'emblée d'accord, il se peut qu'ensuite vous entriez en matière.	126.	
	Généralement vous êtes d'emblée d'accord, mais il se peut qu'ensuite vous réfléchissiez pour finalement refuser.	127.	
49	Si votre ami vous fait une suggestion pour modifier vos habitudes		
	Vous n'appréciez pas, vous savez vous-même ce que vous avez à faire.	128.	
	C'est toujours intéressant de s'améliorer, vous prenez en compte son avis.	129.	
50	Dans le domaine sportif		
	Vous savez conseiller votre ami même si vous ne pratiquez pas le même sport que lui.	130.	
	Vous êtes votre meilleur *coach*.	131.	
	Vous savez conseiller votre ami, mais êtes aussi à l'écoute de ses conseils lorsqu'il s'agit de vous.	132.	

	Vous savez conseiller votre ami parce que vous suivez régulièrement les reportages sportifs.	133.	
	Vous demandez généralement un avis, soit à votre ami, soit au spécialiste.	134.	
51	Si vous vous intéressez à la politique internationale		
	C'est pour être au courant de ce qui se passe dans le monde.	135.	
	C'est qu'il est nécessaire de comprendre ce qui se passe pour éviter les erreurs futures.	136.	
	C'est pour comprendre le sens de l'histoire	137.	
	C'est qu'il faut vérifier les conséquences de ce qui a été entrepris ou non dans le passé.	138.	
52	Lorsque vous repensez à vos vacances		
	Vous êtes encore ému de ce que vous avez vécu.	139.	
	Vous avez une idée précise de ce que cela représente pour vous.	140.	
53	Lorsque vous repensez à vos vacances		
	C'est avec beaucoup de précisions.	141.	
	C'est plutôt dans les grandes lignes.	142.	
54	Lorsque vous rediscutez de vos vacances avec votre compagnon de voyage		
	Vous n'êtes pas forcément d'accord sur sa manière d'évoquer vos souvenirs.	143.	
	Vous partagez souvent sa façon d'en parler.	144.	
55	La simple évocation des bons moments passés ensemble		
	Vous emplit encore de joie.	145.	
	Vous savez que c'était bien.	146.	
56	Lorsque votre collègue résume la situation		
	Vous avez souvent quelque chose à ajouter, compléter ou rectifier.	147.	
	En général, ça vous convient.	148	
57	Si vous reformulez ce qui a été dit		
	Vous en faites un tableau succinct.	149.	
	Vous détaillez fidèlement le discours.	150.	
58	Pour présenter votre conviction		
	Vous racontez le détail de vos arguments.	151.	
	Vous résumez votre avis en quelques mots.	152.	
59	Pour présenter une nouvelle idée à votre chef		

	Vous schématisez clairement votre proposition.	153.	
	Vous lui expliquez votre proposition pour lui faire entendre raison.	154.	
	Vous l'entraînez à vous emboîter le pas.	155.	
60	Pour présenter une nouvelle idée à votre chef		
	Vous avez soin de lui faire comprendre que ce n'est pas si différent de ce qu'il avait lui-même proposé.	156.	
	Vous avez soin de mettre en évidence ce qui complète ce qu'il avait lui-même proposé.	157.	
61	Pour présenter une nouvelle idée à votre chef		
	Vous vous préparez à l'avance.	158.	
	Vous faites confiance à votre inspiration de l'instant.	159.	
	Vous reprenez les arguments qui l'ont déjà plusieurs fois convaincu.	160.	
	Vous vous préparez dans le sens de ce qui le convainc d'habitude.	161.	
62	Cette nouvelle idée pour l'entreprise		
	Vous savez que c'est la meilleure et la proposez à votre supérieur.	162.	
	Un chef d'entreprise en a parlé à la TV, vous vous en faites l'écho auprès de votre supérieur.	163.	
	Un chef d'entreprise en a parlé, vous allez la tester dans votre secteur.	164.	
	Vous la proposez à votre supérieur et demandez conseil pour savoir quoi choisir pour votre secteur.	165.	
	Vous savez que c'est une bonne idée et la mettez en œuvre dans votre secteur.	166.	
63	Cette nouvelle idée pour l'entreprise		
	A priori, vous êtes contre tous ces changements dans lesquels vous ne vous retrouvez plus.	167.	
	A priori, vous êtes pour tous ces changements qui amènent de la diversité.	168.	
64	Les changements de l'école actuelle		
	Vous ne voyez pas encore ce que ça va donner.	169.	
	Vous ne savez quoi dire à ce sujet.	170.	
	Vous n'en avez pas encore saisi les tenants et les aboutissants.	171.	
65	Si vous devez vous prononcer sur les changements de l'école actuelle		

	C'est facile vous savez exactement qu'en penser.	172.	
	Vous vous informez avant de répondre.	173.	
66	Lorsque vous apprenez les horreurs qu'endurent certains enfants dans le monde		
	Vous comprenez la situation et êtes d'avis que les organismes compétents doivent agir.	174.	
	Vous êtes très touchés et continuez à vous sentir proches de ces enfants.	175.	
67	Lorsque vous apprenez les horreurs qu'endurent certains enfants dans le monde		
	Ces informations vous restent dans l'oreille et vous vous dites que c'est vraiment terrible.	176.	
	Vous emportez cette préoccupation avec vous.	177.	
	Les images liées à ces situations vous restent en mémoire comme un mauvais film.	178.	
68	Lorsque vous apprenez ce qu'endurent certains travailleurs exploités par des patrons peu scrupuleux		
	Vous cherchez tout de suite une solution.	179.	
	Vous cherchez une solution en revisitant l'évolution de ce problème.	180.	
	Vous cherchez une solution vraiment efficace pour l'avenir.	181.	
	Vous évaluez le passé pour chercher une solution vraiment efficace pour l'avenir.	182.	
69	Lorsque vous apprenez ce qu'endurent certains travailleurs exploités par des patrons peu scrupuleux		
	Ça vous touche beaucoup et vous inquiète.	183.	
	C'est un problème grave auquel vous réfléchissez.	184.	
70	Lorsque vous apprenez le problème d'un de vos collègues		
	La solution n'est pas simple, mais vous avez des idées.	185.	
	La solution n'est pas simple, vous allez vous informer pour savoir quoi lui conseiller.	186.	
71	Lorsque vous apprenez le problème d'un de vos collègues		
	Vous allez faire en sorte de ne pas vous mettre dans la même situation.	187.	
	Vous demandez à votre ami avocat ce qui se passe dans ce cas de façon à ne pas vous mettre dans la même situation.	188.	

	Vous demandez à votre ami avocat ce qui se passe dans ce cas de façon à pouvoir conseiller votre collègue.	189.	
	Vous conseillez votre collègue et demandez à votre ami avocat si vous risquez quelque chose.	190.	
	Vous lui donnez tout de suite une suggestion pour s'en sortir.	191.	
72	Dans une situation professionnelle délicate		
	Vous demandez conseil à un ami compétent et donnez ce conseil à votre collègue.	192.	
	Vous demandez conseil à un ami compétent et vous tenez compte de ce qu'il vous suggère.	193.	
	Vous aidez votre collègue à gérer la situation et demandez pour vous-même conseil à un ami compétent.	194.	
	Vous savez comment réagir et le faites.	195.	
	Vous aidez facilement votre collègue à gérer la situation.	196	
73	Cette nouvelle répartition des tâches dans l'entreprise		
	Vous retrouvez beaucoup de choses connues, ça ne vous dérange pas.	197.	
	A priori, vous êtes pour les changements qui évitent la monotonie.	198.	

- Reportez sur les figures des pages suivantes les notes attribuées à chaque réponse et faites les totaux par colonne

Vos 6 métaprogrammes les plus marqués vous indiquent votre méta-profil.

Représentation sensorielle			Filtre de comparaison		Taille du découpage		Processus d'interaction		Position d'analyse	
Visuel	*Auditif*	*Kinesthésique*	*Similitude*	*Différence*	*Spécifique*	*Global*	*En accord*	*En désaccord*	*Associé*	*Dissocié*
1	2	3	4	5	6	7	8	9	10	11
24	25	23	26	27	28	29	31	30	33	32
45	46	47	49	48	65	66	51	50	52	53
67	68	69	74	75	83	84	93	94	86	85
100	101	99	88	87	116	117	95	96	119	118
115	114	113	91	92	121	120	127	126	139	140
153	154	155	97	98	141	142	144	143	145	146
169	170	171	156	157	150	149	148	147	175	174
178	176	177	197	198	151	152	168	167	183	184
Visuel	*Auditif*	*Kinesthésique*	*Similitude*	*Différence*	*Spécifique*	*Global*	*En accord*	*En désaccord*	*Associé*	*Dissocié*

Orientation du temps				Index de référence		Application de l'index de référence				
Simultané	*Présent*	*Passé*	*Futur*	*Soi*	*Autre*	*De soi à soi*	*De soi à l'autre*	*De l'autre à l'autre*	*De l'autre à soi*	*De soi à l'autre et de l'autre à soi*
15	13	12	14	16	17	19	18	21	22	20
37	36	34	35	39	38	40	41	43	44	42
55	57	54	56	59	58	63	60	61	64	62
70	71	73	72	76	77	82	78	79	81	80
110	112	111	109	90	89	105	107	106	104	108
125	124	122	123	102	103	131	130	133	134	132
137	135	138	136	128	129	166	162	163	164	165
161	159	160	158	172	173	187	191	189	188	190
182	179	180	181	185	186	195	196	192	193	194
Simultané	*Présent*	*Passé*	*Futur*	*Soi*	*Autre*	*De soi à soi*	*De soi à l'autre*	*De l'autre à l'autre*	*De l'autre à soi*	*De soi à l'autre et de l'autre à soi*

Interprétation des résultats

Notre manière de traiter la réalité nous est personnelle à cause de trois catégories de filtres qui produisent des sélections/omissions, des généralisations et des distorsions multiples sur cette réalité déjà transformée au moment de la perception. (cf. boucle comportementale).

C'est la fréquence d'utilisation qui indique la tendance de la catégorie d'analyse considérée. Il n'y a pas de bons ou de mauvais métaprogrammes. Certains sont plus utiles que d'autres dans certains contextes et inversement.

• *Représentation sensorielle :* Visuel/Auditif/Kinesthésique

L'information perçue en images, sons ou sensations n'est pas forcément gérée dans le même système sensoriel. Il arrive souvent que la personne prenne une information en images par exemple, et l'analyse en kinesthésique. On parlera alors de système conducteur pour le filtre Visuel et de système de représentation principal pour le Kinesthésique. Cette distinction à ces deux moments de la boucle comportement peut s'avérer utile. Vous imaginez aisément que le profil de personnalité change selon que l'information est perçue en images ou en sensations et gérée par l'autre système sensoriel, en particulier les éléments sélectionnés (ou omis) sur lesquels portera l'analyse seront différents.

• *Filtre de comparaison :* Similitude/Différence

Pour analyser une information l'être humain la confronte avec l'ensemble des représentations qui constituent sa carte du monde. Certaines personnes le font en soulignant les similitudes entre ce qu'elles connaissent déjà et la nouvelle information, elles vérifient en quoi cette information ressemble à ce qu'elles savent déjà. D'autres personnes s'intéressent à en vérifier les différences d'avec leurs modèles, d'avec ce qu'elles savent.

• *Processus d'interaction :* En accord/En désaccord

Dans la relation interpersonnelle, certaines personnes sont *a priori* plutôt en accord et ont tendance à considérer positivement la proposition de l'interlocuteur avant de la réfuter éventuellement. D'autres, à l'inverse interagissent en désaccord, elles refusent, presque avant de réfléchir à la nature de la proposition de l'interlocuteur, elles ont tendance à dire NON, au mieux OUI MAIS… avant d'accepter éventuellement la proposition.

• *Taille du découpage :* **Spécifique/Global**

Les gens Spécifiques ont tendance à être précis, à donner beaucoup de détails, à analyser, à décrire tous les éléments d'un contexte, à décomposer les tâches, à être concrets. Ils aiment aussi qu'on leur donne des détails quand ils reçoivent de l'information, ils veulent en savoir davantage. Pour tout travail qui requiert de la précision, on souhaitera quelqu'un de spécifique. Ce métaprogramme se révèle précieux dans certaines professions (comptable, informaticien...), il présente toutefois l'inconvénient de négliger les liens avec les autres éléments du système, ce qui est l'avantage du métaprogramme Global. Les personnes globales relient l'information à un ensemble plus large, préfèrent les généralités, se satisfont d'une indication générale. Ils sont à l'aise dans des tâches plus abstraites ou qui nécessitent une bonne capacité de synthèse, qualités souvent requises pour les postes de direction.

• *Position d'analyse :* **Associé/Dissocié**

Les personnes Associées éprouvent immédiatement tous les sentiments de leurs expériences présentes, passées ou même futures. Être associé, c'est vivre en tant qu'acteur impliqué avec ses émotions.

Les gens Dissociés prennent du recul, sont capables de détachement, se voient agir de l'extérieur d'eux-mêmes, ils sont simultanément conscients de tous les rôles on les dit Objectifs et même distants.

Évidemment, nous sommes tantôt Associés, tantôt Dissociés, cependant, certaines personnes sont plus souvent en mode associé ou dissocié.

Comme pour les systèmes sensoriels, la plupart des personnes sont dans des positions de perception différentes aux deux moments de la boucle comportementale. Il est évident que l'analyse en associé sera plus subjective qu'en dissocié C'est ce qui fait dire à la sagesse populaire que *parfois le cœur a ses raisons que la raison ne connaît pas.*

• *Orientation du temps :* **Simultané/Passé/Présent/Futur**

Certaines personnes analysent l'information compte tenu, soit de leur expérience Passée soit du vécu Présent, soit de leurs projets Futurs, soit encore de façon transversale, considérant Simultanément les liens entre cette nouvelle information et la vie dans sa temporalité globale. Vous vous souvenez que les métaprogrammes se combinent entre eux. Par exemple, l'orientation du temps passé, selon que le sujet établit des relations comparatives en similitude ou en différence, va produire une recherche de conformité ou non avec ce passé.

• ***Index de référence :*** **Soi/Autre**

Pour gérer une information les gens qui ont un index de référence Soi se réfèrent exclusivement à leurs propres critères. Ils savent s'ils ont bien fait ou mal fait, se sentent responsables. Ils sont leurs propres critiques et ne sont pas affectés par l'opinion des autres au sujet de leurs propres qualités, ils savent eux-mêmes. Les gens qui ont un index de référence Autre, prennent en compte plusieurs avis, sources documentaires et autres références pour analyser ce qui leur arrive. Ces personnes ont davantage besoin de se faire valoriser par d'autres pour bien se sentir. Elles préfèrent souvent que les autres décident à leur place, elles suivent le mouvement, réagissent quand il y a une demande, initient peu l'action.

• ***Application de l'index de référence :*** **De soi à soi/De soi à l'autre/De l'autre à soi/De l'autre à l'autre/De soi à l'autre et de l'autre à soi**

Dès lors que la personne possède, en référence soi ou en référence autre, les éléments pour analyser son expérience, elle va en appliquer les conclusions à elle-même ou à autrui ce qui donne cinq cas de figures possibles, marquant fortement la personnalité du sujet qui a en métaprogramme pivot l'une des caractéristiques d'Application de l'Index de Référence :

- de Soi à Soi ;
- de Soi à l'Autre ;
- de l'Autre à Soi ;
- de l'Autre à l'Autre ;
- de l'Autre à Soi et de Soi à l'Autre (appelé aussi permuté).

Cette dernière catégorie est très fréquente et se manifeste par des phrases du genre Faites ce que je dis et dites-moi ce que je dois faire.

Métaprofil de motivation

Il s'agit d'un test très complet, long pour des raisons de fiabilité des conclusions.

Si nécessaire, le faire en plusieurs étapes !

Consigne

- Attribuez à chaque énoncé (3e colonne), le nombre de points correspondant à votre attitude spontanée, immédiate, celle qui vient de l'intérieur de vous avant que vous réfléchissiez.
  - 0 ce n'est pas moi
  - 1 c'est peut-être moi
  - 2 c'est parfois moi
  - 3 c'est souvent moi
  - 4 c'est toujours moi

Attention

Chaque question ne doit avoir qu'une seule fois le même chiffre dans les réponses !

- Il n'y a pas de bons ou de mauvais métaprogrammes. Certains sont plus utiles que d'autres dans certains contextes et inversement.

N°	*Énoncés*	*N°*	*Points*
1	Pour réussir mes vacances d'été		
	Je m'organise dès le début de l'année.	1.	
	Je cherche activement dans les offres de dernière minute la semaine qui précède le départ.	2.	
	Je procède comme l'an dernier.	3.	
2	Si je veux réussir ma vie professionnelle, c'est parce que		
	Je veux éviter les inconforts d'un éventuel licenciement.	4.	
	Je veux pouvoir réaliser mon rêve professionnel.	5.	

3.	Lorsque je me mets au travail pour ranger mon appartement, c'est parce que		
	J'en ai envie, que ça me plaît.	6.	
	Je dois le faire, je ne peux pas faire autrement.	7.	
4	Si je refuse de changer la date de mes vacances pour arranger un collègue		
	Je m'en excuse et explique mon impossibilité de changer au dernier moment.	8.	
	Je me mets en retrait, généralement quelqu'un d'autre se propose spontanément.	9.	
	C'est mon droit de maintenir ce qui a été décidé et je le défends.	10.	
5	Lorsque je propose de travailler avec un collègue sur un nouveau projet, c'est parce que		
	Ça me permet de progresser.	11.	
	Ça va renforcer notre relation.	12.	
	Je vais pouvoir lui proposer un modèle original.	13.	
6	Je me mets au travail pour ranger mon appartement lorsque		
	Je le décide.	14.	
	Mon colocataire me dit de m'y mettre.	15.	
7	Lors d'un entretien d'embauche		
	Je dis tout ce que j'ai prévu de dire.	16.	
	Je choisis ce que je dis compte tenu des réactions de mon examinateur.	17.	
8	À la fin d'une journée de travail		
	Je me défends selon les occasions qui se présentent.	18.	
	Je repense à mes activités de la journée.	19.	
	Je me prépare pour le lendemain.	20.	
9	Si je règle mes affaires administratives régulièrement, c'est pour		
	Éviter de me surcharger au dernier moment.	21.	
	Être toujours à jour.	22.	
10	Au travail, lorsque je fais une ou deux heures supplémentaires, c'est parce que		
	J'aime beaucoup ce que je fais.	23.	
	Il faut faire plus que le minimum.	24.	
11	Lorsque je fais un effort pour me perfectionner, c'est parce que		
	Je veux m'enrichir et développer mes compétences.	25.	

	Je veux maîtriser les choses.	26.	
	Je veux être à la hauteur des attentes de ceux qui comptent sur moi.	27.	
12	J'ai enfin recommencé l'entraînement de foot		
	Lorsque mon médecin me l'a autorisé.	28.	
	De ma propre initiative, lorsque je me suis senti rétabli.	29.	
13	Si je dois prendre un train déjà très rempli		
	Je m'arrange pour occuper la place que je choisis.	30.	
	J'attends qu'une place se libère ou reste debout.	31.	
	J'occupe la place à disposition.	32.	
14	Si j'accepte de présider un groupe de loisirs, c'est parce que		
	Je veux en assurer le bon déroulement.	33.	
	Je sais tenir compte des avis de chacun.	34.	
15	Je pratique mon loisir préféré		
	Au gré des occasions qui se présentent.	35.	
	Selon mes horaires habituels.	36.	
	En fonction de ma planification.	37.	
16	J'essaie de pratiquer une activité physique pour		
	Éviter de perdre la forme.	38.	
	Améliorer ma silhouette.	39.	
17	Si je sors avec des connaissances, c'est parce que		
	Ça me fait plaisir.	40.	
	Il faut soigner ses relations sociales.	41.	
18	Je pratique divers types d'activités pour		
	Enrichir et diversifier mon potentiel.	42.	
	Rencontrer des gens.	43.	
	Maîtriser le plus de domaines différents.	44.	
19	Si je vais au spectacle c'est généralement parce que		
	Quelqu'un me le suggère.	45.	
	J'en prends l'initiative.	46.	
20	Lorsque j'ai organisé mon week-end		
	Je suis prêt à modifier mon programme si quelqu'un me le demande.	47.	

	J'attends qu'on m'informe du changement de programme.	48.	
	Je maintiens ce que j'ai prévu.	49.	
21	Si je joue à un jeu de société		
	Je mets en place ma meilleure stratégie.	50.	
	J'observe les autres joueurs pour construire une stratégie adaptée.	51.	
22	Dans une relation de couple		
	Je compte surtout sur mon partenaire pour assurer la qualité de la relation.	52.	
	Je fais les efforts nécessaires pour m'adapter à mon partenaire de façon à évoluer ensemble.	53.	
	Je m'arrange pour que nous progressions constamment.	54.	
23	Face à une proposition de dernière minute pour occuper ma soirée		
	Je suis généralement prêt à accepter.	55.	
	J'hésite à cause de la journée du lendemain qui s'annonce chargée.	56.	
	Je décide en fonction du déroulement de la dernière soirée du même genre.	57.	
24	Si je m'occupe des enfants		
	Je prends plaisir à leur faire faire des expériences nouvelles.	58.	
	Je suis conscient de la nécessité de leur faire faire des expériences nouvelles.	59.	
25	Dans mon contexte professionnel avec mes collègues		
	Je fais le maximum pour me comporter de la façon la plus adéquate.	60.	
	J'adapte mes réactions constamment en fonction des réactions des autres sans me renier moi-même.	61.	
26	Si je choisis des vacances en toute liberté, c'est pour		
	Faire plaisir à mon compagnon.	62.	
	Profiter de toutes les occasions de découvertes.	63.	
	Pouvoir décider selon mon choix du moment.	64.	
27	Si je suis rigoureux et honnête au travail		
	C'est que je déteste avoir des ennuis.	65.	
	C'est que je veux contribuer à la réussite de l'entreprise.	66.	

28	Je suis prêt à m'impliquer dans une cause humanitaire		
	J'attends cependant que l'occasion se présente.	67.	
	Je le fais quand je suis prêt.	68.	
29	En cas de rupture amicale ou amoureuse irréversible		
	Je me dis que je vais en tirer le meilleur parti pour grandir.	69.	
	Je me dis qu'au moins, c'est moi qui ai décidé d'en finir.	70.	
	Les amis et la famille me sont d'un précieux secours.	71.	
30	Si je débarrasse spontanément la table après le repas		
	C'est pour prendre le café dans un cadre agréable.	72.	
	C'est pour éviter que les mouches soient attirées par les restes de la nourriture.	73.	
31	Si j'ai décidé de débarrasser la table après le repas		
	Je le fais dès que la maîtresse de maison me donne le signal.	74.	
	Je le fais dès que je considère que c'est le moment.	75.	
32	Si j'ai la responsabilité de surveiller des enfants		
	Je les observe d'abord et réagis seulement quand c'est nécessaire.	76.	
	Je leur explique d'abord ce que j'attends d'eux.	77.	
33	Lorsque j'ai été injustement traité		
	J'ai envie de me justifier et de réhabiliter la justice.	78.	
	Je dois réhabiliter la justice et je me justifie.	79.	
34	Si je déplore l'injustice qui sévit dans le monde		
	Je vais agir selon mes possibilités à l'endroit où je me trouve.	80.	
	Je suis triste, en colère ou coupable, mais me sens impuissant à changer les choses.	81.	
	Je veux absolument changer cela, je vais agir quoiqu'il m'en coûte.	82.	
35	Si je considère l'inquiétante situation économique mondiale		
	Je me souviens d'autres exemples de situations difficiles et je m'y réfère pour prendre les meilleures décisions.	83	
	Sachant que rien n'est vraiment prévisible, je gère le quotidien et j'attends plus d'informations.	84.	
	J'anticipe et investis au mieux pour prévenir les déconvenues.	85.	

- **Reportez le nombre de points correspondant à vos réponses sur le tableau de la page suivante.**
- **Faites le total de chaque colonne.**
- **Surlignez les 6 métaprogrammes qui ont reçu le plus de points.**
- **Vos 6 métaprogrammes les plus marqués vous indiquent votre Métaprofil de MOTIVATION.**

Rapport au temps			Orientation		Opérateur modal		Base de motivation			Implication			Déclencheur de décision		Centration de l'action	
Passé	*Présent*	*Futur*	*Aller vers*	*S'éloigner de*	*Nécessité*	*Désir*	*Identité*	*Pouvoir*	*Relation*	*Proacti-vité*	*Passivité*	*Réactivité*	*Personnel*	*Orienté par autrui*	*Sur moi*	*Sur l'autre*
3	2	1	5	4	7	6	11	13	12	10	9	8	14	15	16	17
19	18	20	22	21	24	23	25	26	27	30	31	32	29	28	33	34
36	35	37	39	38	41	40	42	44	43	49	48	47	46	45	50	51
57	55	56	66	65	59	58	63	64	62	54	52	53	68	67	60	61
83	84	85	72	73	79	78	69	70	71	82	81	80	75	74	77	76
Passé	*Présent*	*Futur*	*Aller vers*	*S'éloigner de*	*Nécessité*	*Désir*	*Identité*	*Pouvoir*	*Relation*	*Proacti-vité*	*Passivité*	*Réactivité*	*Personnel*	*Orienté par autrui*	*Sur soi*	*Sur l'autre*

Interprétation des résultats

La motivation intrinsèque est le processus qui règle l'énergie qu'une personne met dans une action ou expérience.

De ce point de vue, chaque personne a un mode de fonctionnement propre, une sorte de programme (métaprogramme) qui active l'énergie qu'elle met à agir – ou pas – pour conduire de sa vie, spécifiquement gérer ses apprentissages. La PNL a identifié sous le nom de métaprogrammes ces catégories de filtres qui déclenchent une action chez un sujet selon ses critères propres.

Ce sont les réponses à la question : « Pourquoi le fais-tu ? » et la fréquence de ces réponses du même type qui indique la tendance de la catégorie de moteur de l'action. Il n'y a pas de bons ou de mauvais métaprogrammes... Certains sont plus utiles que d'autres dans certains contextes et inversement.

• *Rapport au temps*

Les gens qui ont un métaprogramme passé agissent pour accomplir les rêves et projets du **Passé,** continuent à faire ce qu'ils ont toujours fait... à moins que leur processus d'interaction soit un métaprogramme pivot en désaccord, auquel cas ils désaccorderont avec leur propre passé et avec la tradition familiale par exemple, mais donc toujours en référence au passé.

Ceux qui sont **Présents** vivent et agissent ici et maintenant, indépendamment des expériences passées et des conséquences futures. Les autres, qui sont **Futurs** agissent maintenant pour préparer demain, donc en fonction des Objectifs qu'ils poursuivent.

• *Orientation*

Le métaprogramme **Aller vers** caractérise les personnes qui agissent pour se rapprocher de leur but, de ce qu'elles désirent, alors que le métaprogramme **S'éloigner de** caractérise celles qui agissent pour s'écarter, fuir une situation présente qu'elles considèrent insatisfaisante.

• *Opérateur modal*

Le métaprogramme de **Nécessité** préside au comportement des gens qui font ce qu'ils font parce qu'ils ne peuvent faire autrement, ils se sentent forcés, contraints par l'environnement ou par un surmoi très fort ; ils sont dans le « Il faut » « Je dois ». Par contre, d'autres gens agissent en fonction de leur envie, ils sont dans l'opérateur modal de **Désir.**

• *Base de motivation*

Plusieurs approches en psychologie retiennent trois axes de la motivation humaine : l'identité, le pouvoir, la relation. En PNL, nous considérons qu'il s'agit de métaprogrammes. Ainsi, les gens qui mettent leur énergie à grandir, développer leur personnalité ont une base de motivation **Identité.** Ceux qui agissent pour avoir un impact, une influence sur la situation, les autres ou le monde... dans une position hiérarchique ou non, ont un métaprogramme **Pouvoir.** Enfin, ceux vivent et agissent par et pour les êtres humains qui les intéressent, sont bien sûr dans la **Relation.**

• *Implication*

Les gens qui ont l'initiative de l'action, qui la déclenchent et en assument la responsabilité, sont dans une modalité d'implication **Proactive ;** ceux qui s'intègrent, contournent les obstacles, s'adaptent de plus ou moins bon gré en continuant à s'impliquer, sont dans la **Réactivité,** ce qui les amène à travailler beaucoup car ils se font parfois déloger de leur place par les guerriers au métaprogramme activité ; ceux qui n'initient, ni ne choisissent les situations, qui les subissent sans réagir, sont dans la **Passivité.**

• *Déclencheur de décision*

Au moment de passer à l'action qu'ils ont décidée, certains le font sur leur unique initiative, poussés exclusivement par un déclencheur **Personnel.** Les autres, qui ont aussi décidé d'une action, attendent cependant que quelqu'un les pousse, leur dise : *vas-y !* on dit que leur déclencheur de décision est **Orienté par autrui.**

• *Centration de l'action*

Certaines personnes, au moment de passer à l'acte, agissent de façon indépendante, se plaçant comme tenant et aboutissant de leurs actes, ils sont centrés **Sur soi.** D'autres prennent à ce moment-là en compte autrui, se préoccupent de la réaction que leur acte va produire **Sur l'autre** et s'ajustent en conséquence, on dit qu'ils ont un cadre de référence centré sur l'autre, ils sont souvent plus stratégiques.

Phrases utiles pour activer la motivation

Catégories de métaprogrammes	Catégories de moteurs de l'action	Types d'injonctions efficaces
Rapport au temps	Passé	Comme hier, comme la dernière fois, pour ne plus jamais…
	Présent	Maintenant, tout de suite…
	Futur	Pour demain, pour dans six mois, pour préparer le futur…
Orientation	Aller vers	Si vous voulez réussir, poursuivez votre objectif, pensez au but,
	S'éloigner de	Si vous ne voulez plus, si vous voulez terminer vite, pour ne plus…
Opérateur Modal	Nécessité	Il faut, c'est nécessaire…
	Désir	Ça va vous faire plaisir, vous aller apprécier…
Base de motivation	Identité	Vous allez apprendre, grandir, progresser, vous avez confiance…
	Pouvoir	Vous allez changer les choses, on a besoin de vous, vous serez reconnu, vous serez le meilleur, on vous fait confiance…
	Relation	Pour me faire plaisir, faites-le pour moi, vous êtes apprécié, aimé…
Déclencheur de décision	Personnel	Faites-le quand vous êtes prêt, c'est vous qui décidez de commencer…
	Orienté par autrui	Faites-le maintenant, allez-y, je vous donnerai le signal…

Outil 6

Implication	Passivité	Adaptez-vous, patientez, attendez…
	Pro activité	Dépassez les obstacles, allez-y foncez, avancez…
	Réactivité	Contournez les obstacles, soyez stratégique…
Cadre de référence	Centré s/soi	Faites-le pour vous, écoutez-vous, pensez à vous…
	Centré s/l'autre	Faites-le pour nous, pour le groupe, pour les autres…

Grilles de *coaching*

Possibilité 1

La grille de *coaching*, telle que conçue sur la page suivante, est à reproduire sur une page de format A4, recto/verso avant d'être pliée pour une utilisation sur format A5, plus pratique.

La grille ci-dessous est remplie avec les réponses d'une cliente venue travailler un problème relationnel rencontré avec son fils.

Cause déclencheur	*Mon fils arrive de plus en plus souvent de l'école avec de mauvaises notes.*		
	Pensées Croyance liée au problème	***Émotions***	***Comportement Signes physiques***
État présent	Lorsque je pense aux notes de mon fils, je crois qu'il limite ses choix professionnels.	J'ai peur et je me mets en colère.	J'ai l'estomac noué, je suis oppressée, j'ai chaud et transpire. Je crie sans le regarder, l'accuse de gâcher la vie de la famille… jusqu'à ce qu'il s'enferme dans sa chambre en pleurant.
État désiré	Dès demain soir, au retour de mon fils, quelles que soient ses notes, je veux croire que c'est un bon garçon qui réussira sa vie sur le chemin qui est le sien. Ce sera bien pour nous deux.	Je suis sereine et calme.	J'ai l'estomac détendu, me sens légère et fraîche. Je regarde mon enfant, lui demande comment il se sent à l'école et en quoi je peux l'aider. Je vérifie ses réactions et réajuste mes propos jusqu'à ce qu'il me dise et me montre que ça va pour lui.

Date :

Ressources :

Métaprofil des moteurs de l'action :

Autres :

Hypothèse d'outils :
• Pour régler le passé :

• Pour poursuivre l'objectif :

Coordonnées personnelles :

Demande :

Cause déclencheur	*Mon fils arrive de plus en plus souvent de l'école avec de mauvaises notes.*		
	Pensées Croyance liée au problème	***Émotions***	***Comportement Signes physiques***
État présent	Lorsque je pense aux notes de mon fils, je crois qu'il limite ses choix professionnels.	J'ai peur et je me mets en colère.	J'ai l'estomac noué, je suis oppressée, j'ai chaud et transpire. Je crie sans le regarder, l'accuse de gâcher la vie de la famille… jusqu'à ce qu'il s'enferme dans sa chambre en pleurant.
État désiré	Dès demain soir, au retour de mon fils, quelles que soient ses notes, je veux croire que c'est un bon garçon qui réussira sa vie sur le chemin qui est le sien. Ce sera bien pour nous deux.	Je suis sereine et calme.	J'ai l'estomac détendu, me sens légère et fraîche. Je regarde mon enfant, lui demande comment il se sent à l'école et en quoi je peux l'aider. Je vérifie ses réactions et réajuste mes propos jusqu'à ce qu'il me dise et me montre que ça va pour lui.

Possibilité 2 sur le modèle du SCORE

Premier entretien : SCORE	Date :		
Nom, prénom		Répondant	
Coordonnées		Compléments utiles	
1. Déclencheur Cause			
2. État présent Symptôme			
État interne (EI)			
Organisation des pensées (OP)			
Comportement externe (CE)			
Croyance qui entretient l'état présent			
3. État désiré Objectif	Personnel - Positif - Vérifiable - Réaliste - Conceptualisé - Écologique		
4. Ressources			

	État présent (EP)	État désiré (ED)	Hypothèses de travail
Figures linguistiques privilégiées	....	....	....
Système sensoriel utilisé (VAK)	....	....	....
Métaprogrammes activés	....	....	....
Submodalités	....	....	....
Croyance majeure	....	....	....

Répertoire des recherches sur la motivation au XXe siècle

Années	Chercheurs	Besoins dominants	Thèmes dominants
1900	Taylor	Besoins primaires Homo economicus	L'argent
1896-1934	Vygotsky	Médiation sociale des processus cognitifs	L'interaction sociale
1930	Mayo	Besoins sociaux	Les relations humaines
1950	Maslow	Hiérarchie des besoins	Partir du niveau le plus bas, insatisfait
1965	Vroom	Réussir à son niveau	Les trois facteurs de la motivation
1967	Piaget	Épistémologie génétique	Construction de l'intelligence
1980	Weiner	Perception attributionnelle	La dynamique motivationnelle
1986	Bandura	Apprentissage social	Apprentissage vicariant et perception d'autoefficacité
1987	Nuttin	Tendance naturelle au progrès	Besoin de croissance et d'autodéveloppement

Lexique

A

• ***Analogique :*** Non verbal (langage). Désigne tout ce qui donne des indications sur l'état interne de la personne observée, à l'exception de ce qu'elle exprime verbalement par des mots.

• ***Ancrage :*** Association d'une réponse interne à un stimulus sensoriel donné. Fondement de l'apprentissage. Ex. : associer un geste convenu à une émotion, un sentiment, un état d'esprit.

• ***Associé :*** État de la personne qui vit une situation en étant branchée sur ses émotions liées à la situation présente.

• ***Auditif :*** Tout ce qui est perceptible par l'oreille. Par extension, personne qui utilise ce canal sensoriel de façon privilégiée pour s'approprier les informations du monde extérieur.

C

• ***Calibrage :*** Observation des signes minimaux et maximaux liés à un Etat Interne donné.

• ***Cause-effet :*** Forme linguistique reflétant l'établissement d'un lien causal réel ou supposé (X cause Y). Ex. : Quand il me regarde comme ça, je me sens bien.

• ***Changement d'expérience d'empreinte (reimprinting) :*** L'une des techniques de base de changement des croyances de la PNL : Le *reimprinting* utilise une ligne de temps pour rechercher des expériences passées (ou « empreintes ») qui ont formé des croyances limitantes dont l'effet se fait toujours sentir dans le présent. Ces situations passées impliquent fréquemment des personnes importantes qui ont servi de modèle inconscient pour nos rôles de vie. Les expériences qui sont à la base de la création de la croyance sont explorées depuis différentes perspectives et « réimprimées » en amenant des ressources aux différentes personnes importantes « internalisées » ainsi qu'au « soi » du client de l'époque. Ce processus permet de recoder les limites émotionnelles consécutives de ces expériences d'empreintes.

• ***Coaching :*** Ensemble des techniques permettant l'optimalisation des potentiels existants chez une personne. Action de susciter le développement personnel et/ou professionnel d'un individu.

• ***Comportement externe (CE) :*** Expression, visible par l'observateur, des processus internes de la personne ; ce qu'on calibre en PNL.

• ***Congruence :*** État d'harmonie totale verbale et non verbale résultant de la correspondance logique entre les valeurs, croyances, stratégies et comportements en vue d'obtenir un résultat précis. Cohérence.

• ***Congruent :*** Se dit lorsque plusieurs messages donnés simultanément se confirment l'un l'autre, sont cohérents.

• ***Critère :*** Norme, valeur que nous avons élaborée à partir de nos filtres neurologiques socioculturels, personnels… Elles structurent à leur tour notre vision du monde et orientent nos perceptions, nos réflexions et nos actions.

• ***Croyance :*** Généralisation d'une expérience ponctuelle. Opinion, prémisse, axiome, préjugé, adhésion intime à une idée. Représente la Vérité pour la personne qui l'a.

• ***Croyance aidante :*** Conviction à propos de la possibilité, des ressources et de la légitimité de réaliser un objectif.

• ***Croyance limitante :*** Conviction à propos de l'impossibilité, du manque de ressources ou de légitimité à réaliser un objectif.

• ***Cybernétique :*** Science des systèmes vivants et non vivants. Théorie des communications et régulations chez les êtres vivants, dans les machines et dans les systèmes.

D

• ***Désactivation :*** Processus qui consiste à neutraliser les états internes négatifs liés à des souvenirs d'expériences pénibles en leur opposant l'énergie contenue dans les souvenirs d'expériences satisfaisantes. Description du processus par lequel nous inscrivons dans notre cerveau des apprentissages en vue d'actions ; cela se fait via notre système nerveux ; nous exprimons nos apprentissages par le langage verbal et/ ou paraverbal.

• ***Dissociation V-K :*** Technique puissante de gestion des phobies, traumas et stress, dans laquelle une personne apprend à « quitter » son corps et se regarder à distance du point de vue d'un observateur.

• ***Dissociation :*** Étanchéité mise autour des émotions. Séparation entre les émotions, les pensées et les comportements.

• ***Dissocié :*** État de la personne qui vit une situation en spectatrice de la situation, se regardant elle-même en interaction avec l'interlocuteur.

E

• ***Écologie :*** Paramètre important de vérification de l'objectif qui consiste à évaluer les implications du changement souhaité à tous les niveaux possibles (personnels et systémiques).

• ***Équivalence complexe :*** Forme linguistique reflétant l'évaluation de deux expériences comme étant liées au niveau de leurs significations. Si l'une est vraie, l'autre aussi, si X alors Y. Ex. : Il m'a offert des fleurs… il m'aime.

• ***État désiré :*** Situation nouvelle visée par l'objectif du changement en correspondance antagoniste avec l'état présent insatisfaisant.

• ***État interne :*** Ensemble des perceptions, émotions et sensations ressenties à propos d'une expérience.

• ***État présent :*** Situation actuelle jugée insatisfaisante par la personne qui demande de l'aide ; problème exprimé aux niveaux comportemental, intellectuel et émotionnel.

• ***État séparateur :*** Étape intermédiaire neutre entre deux phases d'un exercice visant à empêcher un chevauchement ou une combinaison de deux états internes.

F

• ***Feed-back :*** Double circuit d'un message émetteur/récepteur et récepteur/émetteur, avec rétroaction. Par extension résultat d'un test d'évaluation.

• ***Flexibilité :*** Aptitude à varier ses comportements en fonction de la situation. Capacité à essayer quelque chose de différent de ce qu'on fait si ça ne marche pas. On peut être flexible dans ses perceptions, ses pensées, ses comportements, son langage.

G

• ***Généralisation :*** Extension d'une expérience particulière à un ensemble plus large dont cette expérience n'est qu'un élément.

• ***Gustatif :*** Qui se réfère au sens du goût.

I

• ***Identifié :*** État de la personne qui vit émotionnellement la situation relatée par l'interlocuteur (en VAKOG) ; l'identification est nécessaire pour la mère avec son petit enfant, dans les autres situations d'aide ce n'est ni nécessaire, ni souhaitable car ça empêche l'analyse objective de la situation (par saturation du cerveau limbique) et ça repose sur des interprétations pas forcément exactes.

• ***Incongruence :*** État de dysharmonie provoqué par plusieurs messages simultanés se contredisant l'un l'autre. Incohérence.

• ***Induction :*** Ensemble des techniques produisant un état modifié de conscience, généralement utilisé pour suggérer des associations.

• ***Intention positive :*** Propension naturelle de l'inconscient à ne faire que ce qui est, ou a été utile à la protection de la personne.

K

• ***Kinesthésique :*** Tout ce qui est perceptible par le toucher, aussi bien sur la surface de la peau qu'à l'intérieur du corps. Par extension, personne qui utilise ce canal sensoriel de façon privilégiée pour s'approprier les informations du monde extérieur.

M

• ***Métamodèle :*** Modèle d'analyse du langage. Ensemble de techniques linguistiques qui sert à décrire, à étudier et à décoder la structure superficielle du langage pour retrouver le contenu de l'expérience subjective qui s'y rapporte.

• ***Métaphore :*** Forme de discours imagée qui traduit Analogiquement une idée ou une situation, ce qui permet à son destinataire de découvrir, souvent inconsciemment, une issue à son problème.

• ***Métaprofil :*** Ensemble des modèles individuels de perception, d'analyse et d'action qui caractérisent une personnalité.

• ***Métaprogramme :*** Programme-cadre du comportement qui structure la logique de perceptions, de pensées et d'actions. Clés de nos perceptions, nos pensées et nos actions.

• ***Mission :*** But supérieur pas toujours conscientisé qui oriente les croyances, les capacités et les comportements d'une personne.

N

• ***Négociation entre parties :*** Technique de recadrage dans laquelle deux « parties » ou croyances antagonistes à la base d'un conflit interne sont mises en contact afin de négocier une solution plus harmonieuse. Le conflit est résolu en créant du *feedback* et de la communication entre les parties en identifiant le niveau supérieur des « intentions positives » ou de l'objectif de chaque Partie conflictuelle, et en établissant de nouveaux choix grâce auxquels les parties peuvent œuvrer vers des Objectifs communs.

• ***Niveau transpersonnel :*** Niveau logique supérieur, d'ordre spirituel, qui permet de transcender l'ego, de dépasser la notion de personne individuelle pour la relier à un système plus grand qu'elle, qui était avant et sera après.

• ***Niveaux logiques :*** Modèle hiérarchisé d'organisation mentale de l'être humain dans lequel chacun des cinq niveaux détient progressivement plus d'impact psychologique. En ordre croissant d'importance, ces niveaux comprennent l'environnement, le comportement, les capacités, les valeurs/croyances et l'identité. Tous sont organisés par des niveaux supérieurs relatifs au Transpersonnel (vison, spiritualité).

O

• ***Objectif :*** C'est la forme que prend une valeur lorsqu'elle veut être satisfaite. Buts ou états désirés auxquels aspirent les individus ou les organisations.

• ***Observation sensorielle :*** Activité qui consiste à recueillir les données objectives que l'on peut Voir, Entendre, Sentir, Goûter et Ressentir, en dehors en toutes interprétations subjectives.

• ***Olfactif :*** Tout ce qui concerne l'odorat.

P

• ***Parler flou :*** (Milton modèle) Figures du métamodèle auxquelles s'ajoutent souvent les présuppositions, les suggestions cachées et les métaphores ; elles s'adressent à l'inconscient du sujet pour lui communiquer des injonctions à explorer sa réalité qu'il ne pourrait accepter facilement dans un langage direct ; il s'exerce sous induction hypnotique ou pas.

• ***Parties :*** Façon métaphorique de désigner les programmes et stratégies indépendants du comportement. Chaque partie est séparée des autres par une frontière plus ou moins perméable et peut, soit ne pas communiquer, soit entretenir avec elles des relations de coopération ou d'antagonisme.

• ***Pédagogie :*** Action de conduire, accompagner, élever les enfants ; art d'éduquer.

• ***Perception :*** Structure de référence, soit l'expérience réelle sous forme sensorielle.

• ***PNL :*** Programmation neurolinguistique.

• ***Position méta :*** Position à partir de laquelle j'observe ce qui se passe autour de moi, en moi et les commentaires que je me fais sur ce que j'ai observé.

• ***Positions perceptuelles :*** Une perspective ou un point de vue particulier. En PNL, on distingue trois positions fondamentales à partir desquelles il est possible de percevoir une expérience donnée. La première position revient à faire l'expérience de quelque chose en la voyant par ses propres yeux, en s'associant au point de vue de la première personne du singulier. La deuxième position consiste à se mettre dans la peau d'une tierce personne. La troisième position suppose un recul permettant de percevoir la relation qui existe entre soi-même et les autres depuis la perspective d'un observateur extérieur à la situation en cours.

• ***Prédicats :*** Ce sont les mots (comme les verbes, les adverbes et les adjectifs) qu'un individu choisit pour décrire un sujet. On se sert des prédicats en PNL pour détecter quels systèmes de représentation un individu utilise pour traiter l'information.

• ***Programmation neurolinguistique :***
Programmation concerne les stratégies répétitives de comportement.
Neuro fait référence au système nerveux qui véhicule les apprentissages.
Linguistique concerne les langages verbal, non verbal et/ou paraverbal à travers lesquels nous nous exprimons.
Stratégie interventionniste pour permettre aux gens d'obtenir ce qu'ils veulent dans tous les domaines de l'action humaine, en particulier la communication.
Stratégie pour analyser et, le cas échéant, réajuster la manière dont nous nous organisons pour agir.
Grammaire de l'action efficace et de l'excellence.

• ***Proxémie :*** Distance physique qui s'établit entre les personnes lors d'une interaction.

Q

• ***Quête transdérivationnelle :*** Processus de redécouverte à travers la mémoire et les représentations mentales emmagasinées pour revenir à l'expérience de référence d'où sont issus un comportement ou une réaction donnés.

• ***Quintuple :*** Association simultanée des 5 canaux de perception et de représentation sensorielle présente dans une expérience.

R

• ***Rapport :*** Forme de contact établi par le responsable de la communication, obtenu par la reprise en miroir ou croisé d'une partie des caractéristiques de la personne aidée. C'est la synchronisation analogique de la posture, et/ou des mouvements, et/ou du rythme, et/ou du tonus… et la synchronisation digitale des mots, et/ou de la tonalité, du rythme, de l'intensité de la voix, et/ou des métaprogrammes de l'interlocuteur.

• ***Recadrage :*** Modification quelconque permettant à la personne d'accéder à un nouveau choix. Un processus utilisé en PNL par lequel un comportement problématique est séparé de l'intention positive du programme interne ou de la

« partie » qui est responsable du comportement. On établit alors de nouveaux choix de comportement, en confiant à la partie initiatrice du comportement précédent la responsabilité d'essayer ces comportements de remplacement qui devront satisfaire une semblable intention positive sans présenter de sous-produits problématiques.

• ***Recadrage en six points :*** Processus simple et très puissant pour résoudre certains symptômes, qui implique l'établissement d'une communication avec la « partie » interne responsable du comportement, l'identification de son intention positive et la découverte d'autres choix pour satisfaire cette intention et qui n'auront pas de conséquences problématiques.

• ***Reconstruction du passé :*** Transformation de la signification qui est donnée à l'expérience et/ou des croyances y relatives. Comparaison de la durée, en temps réel, du vécu positif et du vécu négatif (par les images).

• ***Relation d'aide :*** Accompagnement psychologique de personnes souffrantes, en situations d'apprentissage ou de changement.

• ***Ressources :*** Ensemble des savoir-faire utiles, stockés et conservés dans notre cerveau et notre système nerveux en vue des actions futures. Tous les atouts accessibles à la personne pour poursuivre ses objectifs.

S

• ***Signes minimaux :***
Microcomportements inconscients qui lorsqu'ils changent donnent des informations sur les modifications de l'état interne de l'émetteur.

• ***Stratégie :*** Une série d'étapes comportementales et mentales explicites utilisées pour atteindre un objectif spécifique. En PNL, l'aspect le plus important d'une stratégie se situe dans les systèmes de représentation utilisés pour articuler les étapes en question.

• ***Structure de surface :*** Les mots ou le langage utilisé pour décrire ou témoigner des principales représentations sensorielles emmagasinées dans le cerveau.

• ***Structure profonde :*** Les cartes neurologiques conscientes et inconscientes utilisées par les individus pour organiser et guider leur comportement.

• ***Submodalité :*** Structure de la représentation subjective de l'expérience de la personne. Composante spécifique de la perception et/ou de la représentation sensorielle. Ce sont les plus petits éléments de représentation sensorielle dont on peut avoir conscience. On distingue des submodalités dans les différents canaux sensoriels connus, soit : des submodalités visuelles, des submodalités auditives, des submodalités kinesthésiques, des submodalités olfactives et gustatives.

• ***Suivre (synchroniser) et guider (pacing and leading) :*** Phases de synchronisation durant lesquelles le *coach* s'adapte à la posture, aux gestes, au rythme et au tonus du client, avant de pouvoir le guider.

• ***Swish :*** Technique pour gérer les compulsions qui implique l'utilisation des submodalités pour diminuer l'attirance vers des substances ou des comportements problématiques tout en augmentant simultanément celle pour un état désiré plus écologique.

• ***Synchronisation :*** Moyen d'établir un rapport de qualité dans une situation de communication. Reconnaissance de l'autre dans son Comportement externe et/ou son État interne et/ou son organisation de pensées. Méthode utilisée par les communicateurs pour établir le rapport rapidement en reproduisant certains aspects des comportements de leur interlocuteur.

• ***Synesthésie :*** Processus de chevauchement entre des systèmes de représentation, caractérisé par des phénomènes du genre « circuits vus-ressentis », dans lequel un individu ressent une sensation en voyant quelque chose, et « circuits entendus-ressentis », dans lequel un individu tire une sensation de ce qu'il entend. N'importe quelles modalités sensorielles peuvent être ainsi couplées deux par deux.

• ***Système sensoriel dominant :*** Système de perception et de représentation sensorielle qu'une personne utilise de préférence.

T

• ***TOTE :*** Test – Opérations – Test – Exit. Éléments de base d'une boucle de stratégie, en référence aux découvertes de la cybernétique.

• ***Transe :*** État altéré de conscience obtenu par induction hypnotique.

V

• ***VAKOG :*** Les cinq sens : V = visuel, A = auditif, K = kinesthésique, O = olfactif, G = gustatif.

• ***Valeur :*** Aspiration essentielle constituant une référence dans la vie d'un individu ; elle fait partie de son discours et est souvent identifiable au travers de ses gestes quotidiens.

• ***Visuel :*** Tout ce qui est perceptible par les yeux.

Bibliographie de référence

Andreas C. & S., *Au cœur de l'esprit,* La Tempérance, 2005.

Andreas C. & T., *La transformation essentielle,* La Tempérance, 2008.

Ansermet F. & Magistretti P., *À chacun son cerveau – Plasticité neuronale et inconscient,* Odile Jacob, 2004.

Bandler R. & Grinder J.

– *The Structure of Magic I – II – A Book About Language and Therapy,* Science & Behavior Books, 1975.

– *Les secrets de la communication,* Le jour, 1982 ; nouvelle édition, Éd. de l'Homme, 2005.

– *Trance-Formations PNL et techniques d'hypnose ericksonienne,* InterÉditions, 1982 ; nouvelle édition, 1998.

Bandler R., *Un cerveau pour changer,* InterÉditions, 1990 ; nouvelle édition, Pocket, 2008.

Bandura A., *L'Apprentissage social,* Mardaga, 1986 ; nouvelle édition, 1995.

Bateson G. & all., *La nouvelle communication,* Le Seuil, 1981.

Bateson G.

– *Vers une écologie de l'esprit,* Le Seuil, 2 tomes, 1977 ; nouvelle édition, 1995-2008.

– *La nature et la pensée,* Le Seuil, 1984.

Bergeret J. & Reid W., *Narcissisme et états limites,* Dunod, 2003.

Bidot N. & Morat B.

– *Agir ou subir ?,* InterÉditions, 1996.

– *S'entraîner à La PNL au quotidien,* Dunod, 1996 ; nouvelle édition, InterÉditions, 2008.

Bru M., *Les méthodes en pédagogie,* PUF, 1997 ; nouvelle édition, 2006.

Carter R., *Atlas du cerveau – Neurosciences du comportement : les nouveaux savoirs et leurs conséquences,* Autrement, 1999.

Cayrol A. & Barrère P., *La programmation neuro-linguistique (PNL) – Des techniques nouvelles pour favoriser l'évolution personnelle et professionnelle,* ESF, 1990.

Cayrol A. & Saint Paul J. (de), *Derrière la magie,* InterÉditions, 1984 ; nouvelle édition, 2010.

Crèvecœur J.-J., *Être pleinement soi-même,* Jouvence, 2000.

Cudicio C. & P., *PNL et relation thérapeutique – Mieux communiquer pour mieux soigner,* Lamarre, 1992.

Cudicio C.
– *Comprendre la PNL,* Éd. d'Organisation, 1986 ; nouvelle édition, 2006.
– *La PNL mémento,* Éd. d'Organisation, 1988.
– *Maîtriser l'art de la PNL,* Éd. d'Organisation, 1988 ; nouvelle édition, 1999.
– *Mieux vendre avec la PNL,* Éd. d'Organisation, 1989 ; nouvelle édition, 1996.
– *PNL et Communication – La dimension créatrice,* Éd. d'Organisation, 1992.

Damasio A., *L'erreur de Descartes,* Odile Jacob, 1994 ; nouvelle édition, 2010.

David I., Patry J. & Lafleur F., *Des mots et des phrases qui transforment – La programmation neurolinguistique appliquée à l'éducation,* Chenelière/McGraw-Hill, 2004.

Dilts R. & Bonissone G., *Des outils pour l'avenir,* Desclée de Brouwer, 1995 ; nouvelle édition, 2003.

Dilts R., Hallbom T. & Smith S., *Croyances et santé,* La Méridienne, 1994.

Dilts R.
– *Stratégies du génie : Vinci et Holmes,* Desclée de Brouwer, 1996.
– *Stratégies du génie : Aristote et Einstein,* Desclée de Brouwer, 1996.
– *Stratégies du génie : Freud et Tesla,* Desclée de Brower, 1996.
– *Stratégies du génie : Mozart et Disney,* Desclée de Brower, 1996.
– *Modéliser avec la PNL – Voyager au cœur des comportements et des pratiques efficaces,* InterÉditions, 2004.
– *Changer les systèmes de croyances avec la PNL,* InterÉditions/Dunod, 2006.

Dovero M. & Grebot E., *Enseigner, former, conseiller avec la PNL,* ESF, 1992.

Erickson M. H. & Rossi E.-L., *L'intégrale des articles de Milton H. Erickson. Tome I : De la nature de l'hypnose et de la suggestion,* Satas, 1980 ; nouvelle édition, 2009.

Esser M., *La PNL en perspective,* Labor, 1993 ; nouvelle édition, 2003.

Fagot-Lobel J. & Neyt Ch.-L., *Sachez comment on vous manipule – PNL de l'espace vital à la vision,* Mercure de France, 1992.

Farrugia N., *Dessine-moi une réussite,* Hommes & Groupes, 1986 : nouvelle édition, 1993.

Fèvre L. & Soto G.
– *Contes et métaphores,* Chronique sociale, 1994 ; nouvelle édition, 2004.
– *Guide du praticien en PNL,* Chronique sociale, 1995 ; nouvelle édition, 2007.

Fèvre L., Servais C. & Soto G., *Guide du maître praticien en PNL,* Chronique sociale, 1995 ; nouvelle édition, 2008.

Filliozat I., *Trouver son propre chemin,* Pocket, 1992.

Finn E., *Stratégies de communication – Un guide de la PNL,* Mortagne, 1989.

Fradin J., Le Moullec F., *Manager selon les personnalités – Les neurosciences au secours de la motivation,* Éd. d'Organisation, 2006.

Franz M.-L. (Von), *La femme dans les contes de fées,* Grasset, 1996.

Garibal-benichou D., *Recruter et être recruté avec la PNL,* Éd. d'Organisation, 1993.

Gassel M., *Des histoires pour apprendre,* Savoir pour être, 1994.

Girod A., *PNL et Performance sportive – Un mental pour gagner,* Amphora, 1999.

Goleman D., *L'intelligence émotionnelle,* R. Laffont, 1997 ; nouvelle édition, J'ai lu, 2006.

Gougaud H.

– *L'arbre d'amour et de sagesse,* Le Seuil, 1992.

– *Le rire de la grenouille – Petit traité de philosophie artisanale,* Satas, 2008.

Grau Ch., *Pour aider à mieux vivre – Les outils de La PNL au service de la relation d'aide,* Jouvence, 1996.

Grau Ch. & Metral A., *Aider à retrouver un emploi,* Jouvence, 1999.

Grinder J. & Bandler R.

– *Le recadrage : changer la perception de la réalité avec la PNL,* Dunod, 1982 ; nouvelle édition, 2005.

– *Les secrets de la communication,* Le Jour, 1982 ; nouvelle édition, J'ai lu, 2009.

Haley J., *Un thérapeute hors du commun : Milton H. Erickson,* Épi, 1984 ; nouvelle édition, Desclée de Brouwer, 2008.

Hall E.-T., *La dimension cachée,* Le Seuil, 1978.

Houssaye J., *Le triangle pédagogique,* Peter Lang, 1988 ; nouvelle édition, 2000.

Jodorowsky A., *La sagesse des contes,* Albin Michel, 2007.

Jung C.-G., *L'Homme et ses symboles,* R. Laffont, 2002.

Kerouac M., *La métaphore thérapeutique, ses contes, ses outils (études éricksoniennes),* Satas, 2004.

Kolb B. & Whishaw I., *Cerveau et comportement,* De Boeck, 2002 ; nouvelle édition, 2008.

Kourilsky F., *Du désir au plaisir de changer,* Dunod, 1999 ; nouvelle édition, 2008.

Laborde G., *Influencer avec intégrité,* Éd. d'Organisation, 1987.

Lassus R. (de), *Efficace et épanoui par la PNL,* Marabout, 1992.

Lassus R. (de), *La communication efficace par la PNL,* Marabout, 1992 ; nouvelle édition, 2007.

Lépineux R., Soleilhac N. & Zérah A., *La PNL à l'école – Outils pour la classe,* Nathan, 1996.

Longin P., *Agir en leader avec la PNL,* Dunod, 1993 ; nouvelle édition, 2006.

Lübeck W., *Le manuel de la PNL,* Médicis, 1995 ; nouvelle édition, 2008.

Maslow A., *L'accomplissement de soi – De la motivation à la plénitude,* Eyrolles, 2004.

McCann D., *Savoir influencer ses collaborateurs,* TOP, 1991.

Meirieu P., *Apprendre… oui, mais comment,* ESF, 1989 ; nouvelle édition, 2010.

Mialaret G. (sous la direction de), *Vocabulaire de l'éducation,* PUF, 1979.

Mills J.-C. & Crowley R.-J., *Métaphores thérapeutiques pour enfants,* Desclée de Brouwer, 1995.

Missoum G. & Lhabouz J.-M., *Piloter sa vie en champion,* L'Âge du Verseau, 1990 ; nouvelle édition, Belfond, 1998.

Missoum G. & Selva CH., *Savoir définir et gérer ses objectifs,* ESF, 1997.

Missoum G., *La PNL appliquée,* Vigot, 1996.

Moral M., *Coaching d'équipe – Outils et pratiques,* Armand Colin, 2006 ; nouvelle édition, 2010.

Not L., *Enseigner et faire apprendre,* Privat, 1987.

Nuttin J., *Théorie de la motivation humaine,* PUF, 1985 ; nouvelle édition, 1996.

O'Connor J. & McDermott I., *Harmonisez votre corps et esprit,* Éd. de l'Homme, 1993.

O'Connor J. & Seymour J., *Introduction à la PNL,* Vigot, 1995.

O'Hanlon H. & Martin M., *L'hypnose orientée vers la solution : une approche éricksonienne,* Satas, 1995.

O'Hanlon W. & Weiner-Davis M., *L'orientation vers les solutions,* Satas, 1995.

Osterrieth P.-A., *Faire des adultes,* Mardaga, 1998.

Perrot-Gallien F., *Savoir se préparer à un examen à tout âge avec la PNL,* InterÉditions, 1998.

Pierson M.-L., *Guide des psychothérapies,* Bayard, 1993.

Pina A. & D., *Sources et ressources de la PNL,* InterÉditions, 1997 ; nouvelle édition, 2001.

Robbins A.

– *Pouvoir illimité,* R. Laffont, 1989 ; nouvelle édition, J'ai lu, 2008.

– *L'éveil de votre puissance intérieure,* Edi-Inter SA/Le Jour, 1993 ; nouvelle édition, Éd. de l'Homme, 2007.

– *De la part d'un ami,* Un Monde différent, 1996.

Rogers C.-R., *Liberté pour apprendre,* Dunod, 1984 ; nouvelle édition, 1999.

Rosenthal R. & Jacobson L., *Pygmalion à l'école,* Casterman, 1971 ; nouvelle édition, 1994.

Saint Paul J. (de), *Choisir sa vie,* InterÉditions, 1993 ; nouvelle édition, 2006.

Saint Paul J. (de) & Tenenbaum S., *L'esprit de la magie,* InterÉditions, 1995 ; nouvelle édition, 2005.

Sary P., *La stratégie de la programmation neuro-linguistique dans l'entreprise et ses tactiques,* Retz, 1990.

Selva Ch., *La programmation neuro-linguistique appliquée à la négociation,* ESF, 1992.

Singer Ch., *Derniers fragments d'un long voyage,* Albin Michel, 2007.

Tennenbaum S.

– *L'hypnose éricksonienne : un sommeil qui éveille,* InterÉditions, 1996 ; nouvelle édition, 2005.

– *Nos paysages intérieurs,* InterÉditions, 2007.

Thiry A. & Lellouche Y., *Apprendre à apprendre avec la PNL,* De Boeck, 1995 ; nouvelle édition, 2007.

Turner J. & Hevin B.

– *Dico PNL,* éd. d'Organisation, 1995 ; nouvelle édition, InterÉdition, 2006.

– *Construire sa vie adulte – Devenir son propre coach,* InterÉditions, 2000.

– *Pratique du Coaching – Comment construire et mener une relation,* InterÉditions, 2006.

Turner J., *La ligne du temps – Un outil pour dresser son bilan personnel et réorganiser sa vie,* InterÉditions, 2003 ; nouvelle édition, 2007.

Pour vous former selon la pédagogie préconisée dans ce livre avec Christiane Grau, contactez le **Centre de développement des ressources humaines Étincelle.**

Fondé et dirigé par Christiane Grau, le Centre propose des formations en Programmation neurolinguistique (PNL) et des séminaires à thèmes qui utilisent ou non les applications de la PNL.

Fondé en 1998, ce Centre de formation a développé ses activités sous des formes différentes dans 4 pays : la Suisse, le Portugal, la Bulgarie et la Pologne.

La mission du Centre Étincelle consiste à permettre aux êtres humains de se réaliser, d'améliorer leurs relations, leurs performances personnelles et professionnelles dans le respect des valeurs humanistes.

Plus d'informations sur les activités
du Centre Étincelle se trouvent sur :

http://www.etincelle.ch

ou à l'adresse suivante :

Centre Étincelle

Molignon 49

CH - 1984 Les Haudères

Tél. +41 (0) 79 658 37 46 Tél. + fax +41 (0) 27 283 19 20